ÉLÉMENTS

DE LA

POLITIQUE.

TOME CINQUIEME.

ÉLÉMENTS

DE LA

POLITIQUE,

OU

RECHERCHE

DES

VRAIS PRINCIPES

DE

L'ÉCONOMIE SOCIALE.

TOME CINQUIEME.

A LONDRES.

M. DCC. LXXIII.

TABLE
DES CHAPITRES

Contenus dans le Tome V.

LIVRE IX.

SECTION I.

CHAPITRE I.

TABLE

CHAPITRE II.

CHAPITRE III.

CHAPITRE IV.

Fin de la Table du Tome cinquieme.

ÉLÉMENTS

ÉLÉMENTS
DE LA
POLITIQUE.

LIVRE NEUVIEME.
SECTION I.

*Discussion des raisons pour & contre la Classi-
fication légale des Citoyens ; ou Réponse
aux Objections que l'on pourroit faire contre ce qui a été dit jusqu'ici.*

CHAPITRE PREMIER.

*Des nouveaux Systémes ou des Projets de réforme.
D'où vient la manie de réformer. Défi aux Réformateurs, par lequel l'Auteur rend raison des
motifs qui l'ont porté à poser une hypothese, &
à la suivre, ou à proposer un plan de réforme dé-
taillé. Que la conspiration contre les loix, d'où
naît l'inégalité des conditions, doit être attribuée
aux vices de l'éducation.*

JE me suis quelquefois demandé comment il est
possible que les maximes les plus fausses trouvent tant d'approbateurs, & les systêmes les
plus absurdes tant d'apologistes, auxquels on ne peut

refufer ni beaucoup d'efprit, ni une logique affez faine.
Je n'en ai trouvé qu'une raifon, mais qui, feule, me
paroît fatisfaifante. C'eft que la plupart des hommes
ne voyent que d'un côté, & ne fe tournent jamais pour
regarder autour d'eux. Ils n'attachent d'importance
qu'à une ou deux parties, & c'eft à quoi ils bornent
leur attention ; ou bien ils font affez équitables pour
penfer que la fociété a plufieurs befoins auxquels il
doit être pourvu auffi-bien qu'à ceux dont ils s'occupent : mais ou ils croyent qu'il y a été fuffifamment
pourvu, & n'étendent pas jufques-là leur plan de réforme ; ou ils attribuent à certaines caufes des effets
qu'elles n'ont pas, ou qui font dus en partie à d'autres
caufes, & négligent celles-ci qu'ils ne connoiffent pas,
ou dont ils croyent pouvoir fe paffer.

L'enthoufiafme eft la fource la plus féconde de ces
fortes d'erreurs. L'ignorance les rend plus groffieres &
plus dangereufes, la préfomption empêche qu'on ne
revienne. Souvent des paffions perfonnelles entrent
pour beaucoup dans le parti que prennent les réformateurs ; & de toutes les fources de leurs fophifmes politiques, c'eft tout à la fois la plus impure & la plus
abondante.

Croyons pourtant que la mauvaife foi eft ici plus
rare qu'on ne devroit fe l'imaginer. Il y a bien peu
d'hommes qui puiffent voir l'enfemble de la fociété,
& en démêler les refforts, bien moins encore qui
ayent penfé à le faire avant d'avancer les maximes auxquelles les ont conduits leurs fpéculations, non fur les
chofes, mais fur les idées imparfaites qu'ils s'en font

formées, ou qu'ils ont reçues des personnes qu'ils ont choisies pour leurs oracles.

J'ai déja présenté le tableau en raccourci des différents enthoufiafmes qui fe font fuccédés chez quelques nations; & loin d'en faire la critique, en déprifant les objets qui les firent naitre, j'ai foutenu qu'en aucun temps ces nations ne fe paffionnerent fans raifon pour des chofes de peu d'importance.

Aujourd'hui que les Philofophes ne fouhaitent à tous les hommes que des richeffes, de la liberté, & leur affranchiffement des préjugés, & que les Politiques ne fouhaitent aux Etats que des richeffes fans dettes, dirai-je que les uns & les autres ont tort de former ces vœux ? Non, certainement, je ne le dirai pas. Je dirai feulement que les uns & les autres ont tort de s'y borner.

Philofophe humain & équitable, dirai-je à l'un d'eux, prenez garde que votre équité ne foit que dans votre cœur, & que votre efprit ne foit très-injufte par le feul effet d'une erreur de calcul. Vous ne voulez point de préjugés, & tout eft préjugé dans ce monde. Vous voulez y fubftituer la raifon; mais pour faire agir tous les citoyens par raifon, il faut leur apprendre à tous tant de chofes, que, s'ils le favent une fois, ils feront ou Philofophes comme vous, ou mendiants comme des Derviches, ou cyniques comme Diogene, & vous n'aurez point de pain. Avez-vous calculé tous les effets de lumieres philofophiques, fuivant la différence des efprits qui les reçoivent, & des circonftances dans lefquelles chacun peut en être frappé ? Vous êtes-vous bien affûré

de la poſſibilité de faire parvenir ces lumieres dans
toute leur pureté juſqu'aux dernieres claſſes ? Ou, ſi
vous en déſeſpérez, ſi déja vous renoncez à vos principes d'équité, ou aux conſéquence de l'égalité des
hommes, avez-vous fixé les bornes au-delà deſquelles
ne doit pas s'étendre votre enſeignement, de maniere
que le reflet de vos maximes lumineuſes ne puiſſe porter
de fauſſes lueurs dans les parties de la nation que vous
abandonnez aux ténebres des préjugés ? Vous ſavez,
ſans doute, car vous avez bien étudié l'hiſtoire de l'eſprit & du cœur humain, que la Philoſophie religieuſe
de Luther s'étant étendue rapidement aux dernieres
claſſes du peuple, par une propagation qu'il ne put
ni diriger, ni modifier, ſes principes ſur la liberté religieuſe & chrétienne devinrent des maximes extravagan-
tes pour les Anabaptiſtes, & des motifs de révolte pour
les payſans. On accuſa le Réformateur de l'Allemagne
d'avoir préparé le bouleverſement de la ſociété, &
d'être l'auteur des déſordres les plus affreux ; & on eut
raiſon. Il ſoutint qu'il n'avoit pas enſeigné ce que
croyoit cette foule de forcenés ; & il eut auſſi raiſon.
Mais ſa doctrine reçue par le peuple, comme le peuple pouvoit la recevoir, n'étoit plus ſa doctrine ; elle
étoit devenue le délire d'un fanatiſme inſenſé. La raiſon, direz-vous, qui parle par votre bouche, tient un
langage bien différent de celui que tenoit un Moine
irrité. Elle eſt froide & modérée, d'accord. Mais en
premier lieu, ce ne fut pas le langage que tint Luther,
& que n'entendirent ni les payſans rebelles, ni les fa-
natiques Anabaptiſtes, qui échauffa leur imagination.

Ce ne furent point les livres remplis de fiel qu'il compofa, qui irriterent fes prétendus difciples. La plupart ne favoient pas lire. Mais un novateur fait cent difciples pires que lui ; ceux-ci chacun cent autres ; & tout un peuple fe trouve perverti par une doctrine qui n'a point d'auteur certain. Il a faifi une idée par fon mauvais côté, & là-deffus il a arrangé toutes fes autres idées, fuivant fon intérêt, ou ce qu'il croit l'être.

Je vous répondrai en fecond lieu, que votre froide raifon, fi elle parle fon langage, éclairera peu d'efprits, & n'échauffera pas un cœur. C'eft une belle chofe que la raifon. Mais il en eft d'elle comme de la vertu. Dites moi quel eft l'état d'un homme, & je vous dirai ce qui, pour lui, eft vertu : car la vertu en général n'eft que l'amour & l'accompliffement du devoir. De même, dites-moi quel homme penfe, & je vous dirai comment il doit penfer pour être raifonnable ; car la raifon eft pour chacun dans la justeffe avec laquelle il déduit une conféquence d'un principe & d'un fait, ou fon adhéfion aux maximes de conduite qui découlent de fa pofition.

Mais fi vous prétendez établir des principes généraux qui foient évidents pour tous, vous faites un roman, qui ne deviendra une hiftoire que quand vous aurez trouvé des hommes tels que ne feront jamais ceux qui rampent fur ce globe.

Je ne connois qu'un principe commun, dominant & certain de la conduite de tous les hommes. Encore ne confifte-t-il que dans un mot. C'eft l'intérêt. Mais il y a autant d'intérêts différents qu'il y a d'hommes ; &

de plus, chaque homme a un faux intérêt très-différent du véritable, & qu'il lui fubſtitue le plus ſouvent.

Je vous accorde pour un moment un pouvoir auſſi étendu qu'il le faudroit pour arranger, comme vous le voudriez, tous les individus entre leſquels ſe partage l'eſpece humaine. Vous croyez que tout va bien. Endormez-vous dans cette penſée délicieuſe : à votre réveil, vous trouverez déja du dérangement, & bientôt le monde ſera encore plus mal qu'il n'étoit ; car je ne vous ai pas accordé le pouvoir de changer la nature humaine.

Je viens à vous, Politiques profonds, qui ne ſouhaitez aux Etats que des richeſſes, & qui, pour rendre leur opulence auſſi grande qu'il eſt poſſible, ne voulez pas qu'aucun citoyen penſe à autre choſe qu'à s'enrichir.

Je commence par vous avertir que vous ne devez pas enſeigner cette doctrine à tous les peuples, & que, pour n'être pas traîtres à votre patrie, loin de la faire imprimer, vous ne devez la confier qu'à ceux de vos concitoyens, dont la diſcrétion ſera à toute épreuve. Si votre ſecret vient à être divulgué, & qu'on adopte par-tout vos maximes, tous les peuples ; &, chez chacun d'eux, tous les citoyens ſe retrancheront ſur la conſommation, & feront les plus grands efforts pour produire beaucoup. Qui donc achetera ? Dans votre patrie même, ſi telle eſt la maxime de tous les citoyens, nul ne ſera riche ; ou, qui ne le ſera pas ne pourra le devenir. Si tous étoient riches, comment le feroient-ils ? Il faudroit que, du Pays étranger, il

leur vint des pauvres ; & fi ceux-ci, comme étrangers, pouvoient refter pauvres, leurs enfants, comme
citoyens, devroient devenir riches. Mais non. Vous
comptez pour la dépenfe, fur l'extravagance des gens
opulents. C'eft-à-dire, qu'il n'y aura chez vous que
des pauvres avides, qui deviendront riches, & des
riches prodigues, qui deviendront pauvres. Eh ! de
grace, fouffrez qu'entre tant d'hommes, il y en ait quelques-uns qui ne foient pas emportés par le mouvement rapide de cette roue que Plutus devoit enlever
à la fortune : car celle-ci fe mêle auffi des honneurs
& des dignités, & c'eft de quoi vous ne tenez aucun compte.

Mais fi vous l'emportez, que deviendra la fociété ?
Elle aura beaucoup d'or, & point de fer ; elle n'aura
ni police, ni juftice, puifque tout devra fe vendre,
afin qu'il n'y ait point de métier qui n'enrichiffe celui
qui le fera.

Relifez mon Ouvrage que j'ai auffi relu avant d'é-
crire ceci ; & fi ce que je viens de dire ne vous rappelle pas tout ce que j'ai déja allégué contre votre
fyftéme d'opulence publique, & fi ce n'en eft pas affez pour vous faire renoncer, je finirai par vous faire
un défi à vous & aux Philofophes avec lefquels je
viens de m'entretenir.

Choififfez entre vous celui que vous croirez le plus
confommé dans votre doctrine. Vous, Philofophes,
élifez un autre Platon, & accordez-lui le même droit
que s'attribua ce Philofophe, de créer une République, mais non celui qu'il s'arrogea de créer des hom-

mes tels qu'ils n'exiſterent jamais ; & vous, Politiques, députez celui d'entre vous qui a le plus de vénération pour la richeſſe, qui la regarde ſincérement comme le nerf de la guerre, la clef des cabinets, la conciliatrice des nations, la ſource des vertus, le prix des ſervices, quels qu'ils ſoient, la rançon même des ames.

Que chacun de ces deux députés prenne la plume, & commence par établir ſes principes ; qu'il en déduiſe des maximes, & que, paſſant delà à l'application, il trace la forme d'un Gouvernement, dans les reſſorts duquel il n'entre rien qui ne s'accorde avec ſa premiere théorie.

Quand ces deux plans ſeront dreſſés, produiſez-les, & que le Public ſoit juge entre vous & moi. Mais ne croyez pas lui en impoſer, en ſupprimant les beſoins de la ſociété, auxquels vous ne pourrez ſatisfaire, ou en ſuppoſant comme naturelles à l'homme des paſſions qui ne le ſont pas, ou en exigeant qu'elles ſe perpétuent & gardent leur activité, malgré une contradiction continuelle, & ſans que vous leur donniez d'aliment. Si vous en uſez ainſi, votre mauvaiſe foi ſera manifeſte, & le Public vous condamnera.

Il vous condamnera encore, ſi vous aſſignez à une cauſe les effets d'une autre cauſe ; ſi d'une exception vous faites une regle ; ſi vous ſubordonnez le principal à l'acceſſoire, ou ſubſtituez l'un à l'autre ; ſi vous cherchez au-dehors de l'Etat un ſupplément à ſa conſtitution intérieure, parce que vous n'aurez pas pu pourvoir à tout, & ſi vous prétendiez pallier ce vice eſſen-

tiel par le prétexte d'un plus grand bien, ou le justi-
fier par des exemples.

Je me soumets moi-même à cette épreuve, avant
de vous la propoſer. J'ai donné mon plan, & ne crois
pas que, dans la formation de ce plan, mes maximes
m'ayent conduit à aucune abſurdité.

Je ne crois pas non plus qu'en ajoutant à ce que
vous avez lu dans les Livres précédents ce que contient
celui-ci, j'aye omis aucun beſoin eſſentiel de la ſociété
ou des individus ; c'eſt-à-dire, que je crois avoir
pourvu à tout ce qu'exige l'intégrité d'une ſociété parfaite , & à tout ce qui eſt requis, pour que nul citoyen ne ſoit malheureux que par ſa faute, ou par
des coups du ſort. Ai-je fait naître dans aucune claſſe
une ſeule paſſion qui dût faire le ſupplice des citoyens
de cette claſſe? Y en ai-je ſupprimé aucune, qui fût néceſſaire pour aſſurer le ſervice de la ſociété? Ai-je
exigé d'aucun citoyen des efforts héroïques de vertu,
dont l'Etat eût beſoin, & ſur leſquels il ne pût compter? Si j'ai donné dans un ſeul de ces écarts, mon
plan eſt défectueux; mais j'oſe avancer que, d'après
mes principes, il ſera plus facile de le corriger, qu'il
ne vous ſera poſſible d'arranger ſeulement enſemble
deux parties de l'adminiſtration à l'aide de ces maximes éphémeres, que vos pareils ont ſi ſouvent avan-
cées, pour éblouir leurs lecteurs ou leurs auditeurs,
& ſans ſe mettre en peine des conſéquences pernicieu-
ſes qu'elles pouvoient avoir à d'autres égards, dont
ils détournoient la vue.

Sans doute, on me reprochera d'avoir été minucieux dans l'expofition de mon plan ; mais ce reproche fera l'éloge de ma bonne foi. On évite les détails, quand on n'eft pas fûr de la bonté des maximes. C'eft dans les petites chofes, rapprochées de grandes, qu'il eft facile de faifir la jufteffe ou l'inexactitude des combinaifons.

D'ailleurs, qu'ai-je fait qui puiffe être un jufte fujet de blâme ? Y a-t-il quelque chofe de méprifable, de tout ce qui peut intéreffer la profpérité publique & le bonheur dus individus ? Qu'ai-je fait que n'ayent pas fait avant moi le divin Platon & la fage Xénophon ? Devois-je me foutenir dans la région la plus fublime de la théorie, au rifque de voir mes maximes défigurées dans l'application qu'on auroit pu en faire ? J'ai fait moi-même cette application dans plufieurs parties, pour indiquer comment elle doit être faite dans les autres, & en même-temps pour me rendre plus intelligible.

Si je m'étois épargné les détails, on auroit dit, peut-être : Voilà de belles maximes, mais il faudroit une République, comme celle de Platon, pour pouvoir les réduire en pratique.

Si l'on m'objecte encore que mon plan ne peut convenir qu'à une grande Monarchie ; & qu'ainfi mon Ouvrage ne contient pas les Eléments de la Politique pour tous les peuples, que ce né font pas même des éléments, je répondrai deux chofes. La premiere, que mes principes & mes maximes font pour tous les peuples, & que c'eft à ceux qui connoiffent bien chaque peuple, à les appliquer à fon état. Si elles font inapplicables quelque part, c'eſt que la conſtitution y eſt très-vicieuſe, ou qu'un Etat n'embraſſe pas un peuple, mais n'eſt qu'un petit domaine, qu'on ne peut appeller une ſociété.

Ma ſeconde réponſe eſt, que, ſi mon plan ne convient dans les détails qu'à une grande Monarchie, & s'il convient ſur-tout à un Royaume que je n'ai pas beſoin de nommer, je ne diffimule pas que c'eſt ce Royaume que j'ai eu principalement en vue. Comme citoyen du monde, j'ai aſſez fait, en développant les maximes les plus propres à rendre les hommes heureux. J'ai dû faire beaucoup davantage, comme citoyen de ma patrie. Car, je l'avoue de bonne foi, ſi j'aime tous les hommes, je n'aime pas toutes les ſociétés, & j'aime juſqu'à l'enthouſiaſme celle dans laquelle je ſuis né.

Je dois de l'amour à tous les hommes, parce que chacun d'eux eſt mon prochain. Mais que me fait à moi la forme d'un Gouvernement que les hommes ont établi, dont je ne ſuis pas l'auteur, dont les loix me ſont étrangeres? Tout ce que je puis pour ma patrie, au contraire, je le lui dois. Je reſpecte ſa conſtitution; je me croirois coupable, ſi je cherchois à l'altérer, parce que cette conſtitution exiſte par des loix qui ſont obligatoires pour moi, & dont j'ai droit de réclamer le bénéfice, comme je ne dois pas l'envier à mes concitoyens. Qu'ils ſoient tous animés de ce même eſprit; qu'ils ne groſſiſſent plus les avantages dont ils ſont privés, en exagérant les charges qu'ils ſupportent : & la juſtice, en rentrant dans leurs cœurs, ramenera dans leur esprit toutes les raisons qu'ils ont de consentir à ce que chacun soit maintenu dans ses droits, ou qu'à chacun soit rendu ce qui lui appartient.

Tout est compensé dans une société qui a des loix; hors pour ceux qui échappent à l'inspection de celles-ci, & se font un cœur sophistique, & un front d'airain, pour n'aimer que ce qu'ils possedent sans l'avoir mérité, & pour ne pas rougir d'être des frêlons au milieu des abeilles. Je ne parle point des vices du Gouvernement qui produisent la facilité des abus, ni des défauts de l'administration que je reconnois dans le fait, & que je ne suppose pas dans la théorie. Il en résulte des injustices; c'est-à-dire, que l'éducation des citoyens étant bonne, ils sont privés, sans qu'il y ait de leur faute, de ce qu'ils apprirent à aimer; ou que l'éducation étant abandonnée au hasard, tel en reçoit une qui lui fait aimer ce qui n'étoit pas fait pour lui, & tel autre ne desire même pas un bien auquel il avoit droit, & qui n'en est pas un pour lui.

Sans doute, de pareils défauts dans l'administration, font des malheureux, ou des citoyens inutiles, onéreux même à la patrie. Celui-ci porte un titre qu'il croit lui suffire, & qu'il n'a pas dû mériter, mais qui devoit être, pour ceux qui le formerent, un moyen de lui inspirer des desirs. Celui-là s'indigne de voir au-dessus de lui, en vertu de la loi, un citoyen qui vaut mieux que lui. Pourquoi a-t-il appris à desirer une supériorité pour laquelle il ne naquit pas? Il a l'esprit orné, il croit avoir des vertus; mais ce sont telles d'une autre condition. Il employe ses talents à dissoudre la chaîne d'acier qui le retient dans une place, où il ne se trouve pas bien : vous dites qu'il a été bien élevé ; je le nie, & j'ajoute que l'homme auquel il se compare, a aussi été mal élevé. S'ils l'eussent été bien tous les deux ils n'auroient point de desirs qui ne pussent être satisfaits, sans enfreindre ou sans abroger les loix qui leur marquerent leur place.

J'entends des murmures s'élever contre ce que je dis ici, quoique ce ne soit que la répétition, en d'autres termes, de ce que j'ai déja dit. Je dois encore les écouter, & y répondre. Puissé-je prouver à mes concitoyens, que c'est d'eux-mêmes, & non des loix, qu'ils doivent être mécontents !

CHAPITRE II.

*Objections contre la classification légale des citoyens ;
avec les réponses à ces objections. On discute
l'opinion des meilleurs & plus sages Ecrivains
de l'antiquité. Parallele de la Démocratie & de
la Tyrannie. Ce qu'il faut entendre par un citoyen en politique. Différence entre la puissance
de terre & de celle de mer, relativement à la consti-
titution intérieure.*

DIALOGUE

ENTRE L'AUTEUR ET TIMOPHTONE.

TIMOPHTONE.

IL faut avoir renoncé à l'estime publique, je dirois
même à toute pudeur, pour ressusciter dans ce siecle
éclairé de vieilles maximes, qui rameneroient l'anti-
que barbarie dont nous avons eu tant de peine à se-
couer le joug.

L'AUTEUR.

Je n'ai pourtant pas renoncé à l'estime publique, &
moins encore à la pudeur : mais je n'ai peut-être pas
du Public la même idée que vous ; &, sans doute,
la pudeur est un mot qui a deux sens très-différents.

TIMOPHTONE.

Le Public est composé de gens sensés, qui n'approuveront jamais qu'on asservisse à des préjugés ridicules, ni leurs paroles, ni leurs actions; & l'entreprendre comme vous faites, c'est déclarer la guerre à tout ce Public; ce que ne fera jamais un homme à qui il restera un peu de retenue.

L'AUTEUR.

Vous êtes un peu dur, Monsieur; mais c'est, sans doute, votre ton ordinaire, ou un effet de votre vivacité.

TIMOPHTONE.

Qui est-ce qui n'en auroit pas, quand on voit un seul homme qui prétend être plus sage que toute l'Europe?

L'AUTEUR.

Vous parliez tout-à-l'heure du Public, maintenant vous parlez de l'Europe, bientôt vous ferez parler tout l'univers, pour peu qu'il veuille se mêler de la conversation.

TIMOPHTONE.

Oui, Monsieur, toute l'Europe est revenue des ridicules préjugés qui ont si long-temps fait rougir l'humanité. Voyez ce qu'est en Italie cette classification que vous croyez si nécessaire?

L'AUTEUR.

Je la trouve encore en quelques endroits; mais, dites-moi, qu'est-ce que c'est que le reste?

TIMOPHTONE.

En Allemagne, elle n'exifte, en certains endroits, dans toute fa rigueur, que pour y montrer toute fon inutilité. Ailleurs, c'eft-à-dire dans les deux portions de l'Allemagne, où l'on penfe, on travaille à la détruire fi on ne l'a déja fait.

L'AUTEUR.

Ce n'eft pas précifément où l'on penfe, que l'on détruit la claffification nationale ; c'eft où l'on penfe mal. Où elle eft inutile, c'eft qu'il n'exifte pas proprement de Gouvernement qui la puiff: mettre à profit ; ou il n'y a point-là de Princes, ou les Princes font trop petits pour pouvoir employer les débris qui leur font échus d'une vafte conftitution.

TIMOPHTONE.

Vous prononcez comme un Docteur ; mais vous ne prouvez rien.

L'AUTEUR.

Et vous-même, avez-vous prouvé quelque chofe ? Je fais ce que vous avez fait le premier.

TIMOPHTONE.

On penfe mal, dites-vous, où l'on s'efforce de détruire la claffification. Quelle preuve en avez-vous ?

L'AUTEUR.

Si vous infiftez là-deffus, je commencerai par vous demander la preuve du fait que vous alléguez ?

TIMOPHTONE.

TIMOPHTONE.

Il n'a pas befoin de preuve : il eft de notoriété publique.

L'AUTEUR.

Avez-vous vu quelqu'édit dans lequel ce projet foit annoncé & motivé ?

TIMOPHTONE.

N'eft-ce que par des édits que les Princes réforment la conftitution de leurs Etats ? Une conduite foutenue de leur part eft plus efficace qu'un édit, & ne révolte aucun ordre.

L'AUTEUR.

Je vous entends. Quelques Princes ont des vues qu'ils n'ofent avouer, quoique tout-puiffants, & que vous devinez. Ils fe conduifent par des motifs que vous ignorez, & auxquels pourtant vous donnez des éloges. En vérité, voilà un genre de preuves qui m'eft nouveau.

TIMOPHTONE.

Quand les Princes font bien, je leur fuppofe de bons motifs. Qu'y a-t-il en cela qui doive vous choquer ?

L'AUTEUR.

Je ne me choque de rien. Je dis feulement qu'un fait douteux, & dont le motif eft inconnu, ne doit pas être cité en exemple, ni faire autorité en faveur d'une maxime.

TIMOPHTONE.

Le fait eft-il vrai, ou ne l'eft-il pas ?

L'Auteur.

C'eſt à vous à le prouver, & je ne ſuis pas obligé de vous fournir des armes contre moi, lorſqu'en niant le fait, je ne gagnerois rien avec vous.

Timophtone.

Ce n'eſt pas-là diſputer de bonne foi. Pour moi, je ne cherche qu'à prouver la vérité.

L'Auteur.

Voilà ce que vous avez dit de mieux juſqu'ici. Vous ne cherchez pas la vérité; mais vous cherchez à la prouver; c'eſt-à-dire que votre opinion, avant que vous l'ayiez prouvée, eſt déja la vérité. Il ne s'agit plus que de la revêtir de ſes preuves. Eh bien, je conſens à vous ſervir. Il eſt vrai que, dans deux grandes portions de l'Allemagne, on ſe conduit comme ſi l'on vouloit détruire toute claſſification légale.

Timophtone.

Enfin, vous avouez ce que vous ne pouvez nier. Voilà, en vérité, un effort bien généreux.

L'Auteur.

Dans une partie de l'Allemagne, on n'a que deux objets, auxquels tout le reſte eſt ſubordonné. On veut avoir autant de ſoldats qu'on en peut entretenir, & autant d'argent qu'il eſt poſſible, pour entretenir beaucoup de ſoldats.

Timophtone.

Après.

L'AUTEUR.

Pour avoir beaucoup de soldats, il faut avoir beau=
coup de chefs. Or ceux-ci sont toujours plus chers que
les Soldats, & ils le deviennent à l'excès, quand ils
n'ont rien de chez eux, & qu'ils font la guerre pour
gagner. C'étoit le cas où se trouvoit la plus puissante
Maison de l'Allemagne, depuis que la milice étant devenue roturiere par la suppression de la Gendarmerie
& du service féodal, la Noblesse répugnoit à entrer
dans cette milice. Il falloit payer de gros gages à des
paysans, ou à des artisans devenus Officiers; & comme
ils retenoient de leur premier état le desir de gagner,
il falloit encore leur permettre des profits, & c'étoit
aux dépens des Pays où ils étoient en quartier, &
qu'ils mettoient à contribution, comme s'ils eussent été
chez l'ennemi.

TIMOPHTONE.

Quoique vous vous écartiez, je veux bien vous
suivre. Qu'étoit-il besoin que les Officiers gagnassent
beaucoup d'argent? Celui qui avoit servi comme soldat pour cinq sols, ne pouvoit-il pas servir, comme
Officier, pour le même prix?

L'AUTEUR.

Je ne me suis point écarté; & ce sera encore sans
perdre de vue la question principale, que je répondrai
à celle-ci. Je suppose qu'il fallût séduire une recrue
que l'on vouloit faire, par quelqu'espérance qui lui
adoucit la servitude où l'on vouloit l'entraîner; un
avancement possible n'étoit-il pas un appas nécessaire?

T I M O P H T O N E.

Assurément.

L'A u t e u r.

Un avancement purement honorifique, auroit-il été un appas suffisant pour cette classe de citoyens?

T I M O P H T O N E.

Si je dois dire ce que je pense, je ne le crois pas. Mais c'est un crime des loix & des mœurs, que la bassesse des sentiments que l'on reproche si injustement à cette classe malheureuse.

L'A u t e u r.

C'est une autre question, à laquelle nous pourrons revenir. Toujours est-il certain qu'à des gens avides d'argent, il falloit en donner un peu, & en faire espérer beaucoup.

T I M O P H T O N E.

Je le crois ainsi.

L'A u t e u r.

Il ne suffisoit pas de promettre : il falloit que les soldats parvenus fussent opulents; & afin que l'on en trouvât d'autres qui voulussent parvenir, & aussi pour que l'on fût sûr des chefs, & que l'on ne craignît ni leur négligence, ni leur désertion.

T I M O P H T O N E.

Je ne vois pas que la chose pût être autrement avec des hommes tels que vous le supposez.

L'Auteur.

Vous conviendrez donc que ces chefs devoient être fort chers, & que la licence qu'il falloit tolérer ne pouvoit manquer de ruiner le Pays. D'où il devoit arriver que le Souverain en tirât fort peu d'argent.

Timophtone.

C'étoient-là de grands désordres; & il est bien surprenant qu'on les ait soufferts.

L'Auteur.

On s'en est en effet lassé; & pour y remédier, autrement que par des ordonnances, qui ne servoient qu'à dégoûter les Officiers, soit par la contrainte, soit par la punition des contraventions. . . .

Timophtone.

On a haussé leur solde.

L'Auteur.

On en a fait semblant. Mais c'eût été une autre folie de la hausser à proportion des profits que l'on vouloit retrancher. On l'a réellement diminuée; mais en même-temps on a cherché d'autres hommes pour en faire des chefs.

Timophtone.

Et ces hommes, où les a-t-on cherchés?

L'Auteur.

Dans la Noblesse, à qui l'on a tâché de donner du goût pour cette milice, qu'elle dédaignoit depuis long-temps.

TIMOPHTONE.

Cette Nobleſſe méritoit bien d'être dédaignée elle-même.

L'AUTEUR.

Tant qu'il vous plaira ; mais on avoit déſeſpéré de trouver ailleurs une ambition prédominante ſur les autres paſſions , & cet honneur, qui n'étant autre que la crainte de perdre, ſuppoſe qu'on a déja quelque choſe. On ne penſoit pas à chercher un déſintéreſſement parfait ; & quand on l'auroit trouvé, s'il n'avoit pas été joint à une fortune honnète dans un aſſez grand nombre de ſujets courageux & ambitieux par état, on n'auroit pas pu en faire une qualité indiſpenſable. Il ſuffiſoit que l'intérêt ne fût pas la paſſion dominante des hommes que l'on cherchoit.

TIMOPHTONE.

Comment s'y eſt-on pris pour donner à cette inutile & fiere Nobleſſe le goût du ſervice ?

L'AUTEUR.

Elle n'étoit pas inutile, quoiqu'elle ſervît peu, ſoit dit en paſſant, & ſauf la preuve, s'il en eſt beſoin. Mais pour répondre à votre queſtion, je vous dirai qu'on a fait aſſez mal deux fort bonnes choſes.

On a accordé aux militaires des honneurs de Cour, dont la nation eſt très-avide. Cela étoit bien penſé ; car un Officier eſt un défenſeur honorable de la patrie. Il doit paroître reſpectable à ſes ſubalternes, & avoir bonne opinion de ſon état. Mais on a en même-temps reſtreint les honneurs des ſimples Nobles ; ce

qui étoit mal fait, puifque, pour concevoir des fentiments élevés, il faut avoir une haute opinion de ce
qu'on eft.

La feconde chofe qu'on a faite, à été de mettre la
Noblefſe mal à ſon aiſe chez elle, & d'altérer les grandes
fortunes : ce qui n'étoit pas bien ; mais on n'a péché
que dans la forme. Il falloit ſimplement favoriſer la
diviſion des fortunes. Ne triomphez pourtant pas,
quand je vous dirai que des contributions exceſſives
font entrées dans l'exécution de ce plan. Le luxe a
encore plus fait : ce qui eft un grand mal ; & quant
aux contributions, on peut en charger la Nobleſſe,
fans l'avilir, dans un Pays où il y a un intervalle prefqu'immenſe à tous autres égards entre le Noble & le
payſan. Où cet intervalle n'eft que dans le titre, les
fentiments & un ancien préjugé, ſi vous abrogez les
franchiſes, vous ôtez aux mœurs l'appui de la loi ; vous
mettez en contradiction la réalité & l'opinion : vous devez donc anéantir celle-ci avec le temps. Mais quoiqu'on ne coure point encore ce riſque dans le Pays
dont nous parlons, il n'en eft pas moins vrai qu'on y
a trop fait pour mettre la Nobleſſe dans le cas d'avoir
beſoin des modiques appointements qui font attachés aux
places militaires. On doit penſer que l'opulence de
quelques membres contribue auſſi au luſtre de l'ordre,
& que, pour certains emplois, un Noble opulent
vaut mieux qu'un autre.

TIMOPHTONE.

A-t-on réuſſi à rendre la Nobleſſe militaire dans le
Pays dont nous parlons ?

L'A u t e u r.

Le fuccès n'eft pas encore complet, parce qu'il
refte à cet ordre deux très-bons métiers, dont l'un occupe beaucoup de cadets, & l'autre, beaucoup d'ainés.

T i m o p h t o n e.

Quels font ces métiers, je vous prie?

L'A u t e u r.

Le premier eft celui de porter un titre eccléfiaftique réfervé à la Nobleffe, & de manger quelques biens
facrés, dont les maîtres de pofte ont leur bonne part,
parce que ces bons Clercs font fouvent en route pour
courir ce qu'on appelle des Péremptoires.

L'autre métier eft celui de préfider à la police, &
de rendre la juftice fur ce qu'on appelle le Banc des
Nobles : car il faut que la plupart des tribunaux foient
mi - partis des Nobles & de Docteurs : & comme la
Nobleffe n'eft pas extrêmement nombreufe, elle ne peut
fuffire à ces deux profeffions & à la milice; mais elle
eft fuppléée dans cette derniere partie par un très-
grand nombre de Nobles, que le refte de l'Allemagne
fournit aux troupes dont nous parlons.

T i m o p h t o n e.

C'eft une véritable manie d'employer des Nobles
étrangers, plutôt que des fujets qui ne font pas Nobles, mais qui auroient de plus le zele patriotique, &
une fidélité à l'épreuve.

L'A u t e u r.

C'eft fur quoi je n'ai rien à vous dire, finon qu'on

fe trouve bien de cette méthode, & qu'on ne penfe pas à la changer. Dites-moi maintenant s'il vous refte quelqu'envie de citer cette partie de l'Allemagne, comme fourniffant en votre faveur un fuffrage d'un grand poids ?

TIMOPHTONE.

Je citerai du moins la puiffance rivale de celle dont nous venons de parler.

L'AUTEUR.

Vous n'en ferez rien, fi vous vous fouvenez de ce que j'en ai déja dit. Mais de plus, ce ne fera jamais dans un camp que j'irai chercher le modele d'une conftitution monarchique & durable. Paffez donc outre, fi vous m'en croyez.

TIMOPHTONE.

Qu'eft-il befoin de parcourir toute l'Europe, pour ne trouver par-tout que des reftes de barbarie ? Au moins eft-il certain que tous les Princes de l'Europe travaillent à ruiner leur Nobleffe, où il y en a.

L'AUTEUR.

Prefque tous les Princes de l'Europe font auffi des dettes; en conclurez-vous que ce foit bien de s'endetter ? Prefque tous furchargent leurs peuples d'impôts, & ne veulent qu'aucun privilege arrête ou géne leurs opérations de finance : eft-ce un motif bien louable, & dont vous ayiez envie de vous prévaloir ? Il n'en fut pas de même autrefois, lorfque les Princes fe regardoient encore comme les premiers Nobles de leur

Etat, & regardoient les autres Nobles comme leurs compagnons d'armes, les gardiens de leur autorité, les garants de leur grandeur, les défenseurs privilégiés de leur territoire.

Les peuples s'en trouvent-ils mieux pour avoir des défenseurs mercenaires, dont les exploits, souvent inutiles, parce que souvent un caprice fait agir à tort & à travers ces bras désœuvrés; dont les exploits, dis-je, feront encore payés par la dixieme génération, qui aura oublié jusqu'à la date des guerres dont elle supportera le fardeau.

C'est-là ce que vous n'appellerez pas des restes de barbarie; car les Barbares, de qui nous descendons, ne savoient pas ce que c'étoit que de faire la guerre à crédit. Mais cette invention n'est non plus ni Grecque, ni Romaine, ni Egyptienne, que je sache. Quel nom lui donnerez-vous?

T I M O P H T O N E.

Ce n'est pas de quoi il s'agit. Mais prouvez-moi que la belle antiquité ait connu un ordre de Noblesse, & qu'aucun Sage en ait imaginé l'institution, comme une chose qui pût jamais être nécessaire, ou seulement utile?

L'A u t e u r.

Vous voilà dégoûté des voyages, & vous vous rejettez sur l'histoire. Croyez-vous donc que je sois obligé de vous suivre par-tout?

T I M O P H T O N E.

Quand on soutient, comme vous, une these qui

ne peut être avouée par la raison, on doit avoir recours aux autorités, & celle de l'antiquité est respectable.

L'AUTEUR.

Remarquez, je vous prie, Monsieur, que ce n'est pas moi qui ai eu recours à ce moyen de défense : c'est vous qui avez compté 'de me faire perdre courage, en me montrant ma solitude. Prouvez donc que l'antiquité est contre moi, puisque vous n'avez pas réussi à m'ôter tous les suffrages de nos contemporains.

TIMOPHTONE.

Si je n'y ai pas réussi dans les contrées où vous m'avez égaré, je n'ai pas renoncé à vous écraser sous le poids des suffrages qui doivent en avoir le plus pour vous; mais puisque nous en sommes à l'antiquité, dites-moi si vous n'avez jamais lu que les anciens recommandoient sur-tout l'égalité des citoyens, & qu'ils regardoient comme une playe faite à la constitution tout ce qui tendoit à altérer, cette égalité?

L'AUTEUR.

Je vous demanderai à mon tour, si vous avez lu les Ouvrages politiques de quelqu'Ecrivain Spartiate, ou ceux de quelque Ministre Macédonien, ou ceux d'un Athénien, qui ait écrit avant Codrus, ou ceux d'un Thébain, contemporain de Cadmus, ou ceux d'un Perse, compagnon de Cyrus, ou ceux de quelque Prêtre Egyptien, ou ceux d'un Romain, qui ait vécu avant l'expulsion des Tarquins, ou ceux d'un Cartha-

ginois, qui ait vu la Reine Didon, ou enfin ceux d'un
Tofcan, qui ait occompagné Porfenna au fiege de Rome.

T I M O P H T O N E.

Vous m'excédez avec vos citations négatives. Que
voulez-vous dire?

L'A U T E U R.

Qu'aucun des écrits qui nous reftent de la belle
antiquité, n'ayant eu pour Auteur un homme qui ait
écrit pour un Etat monarchique, tous les Auteurs que
vous pourrez me citer, font récufables fur la queftion dont il s'agit, & que vous ne pouvez excepter contre ma récufation, fans vous rendre fufpect d'en vouloir autant au trône, qu'à la Noblesse qui en eft le
foutien.

T I M O P H T O N E.

On fait trop qu'aujourd'hui le trône a d'autres foutiens que votre Noblesse, pour que je craigne de me
rendre fufpect en l'attaquant. Ainfi vous pouviez vous
épargner cette invective.

L'A U T E U R.

Vous reffemblez à un matelot de nouvelle recrue,
qui s'eft embarqué par un temps calme, & qui trouvé
dans la manœuvre du vaiffeau beaucoup de pieces
inutiles. Si on l'en croyoit, combien on fimplifieroit
les cordages; combien on les rendroit plus faciles à
manier; que d'ancres & de cabeftans on auroit laiffés
dans le port! Avez-vous vu un orage politique, ou
êtes-vous fûr qu'il ne s'en élevera plus?

T I M O P H T O N E.

Comment s'en éleveroit-il? C'eſt prévoir les malheurs de bien loin; ou plutôt c'eſt ſe faire un fantôme dans l'obſcurité de l'avenir, que de compter pour quelque choſe la poſſibilité d'un pareil orage. Cherchez de meilleurs raiſons, ſi vous voulez convaincre les gens ſenſés.

L'A u t e u r.

Je n'ai lu nulle part que vingt ans avant une révolution, le commun des hommes l'ait prévue; je doute même qu'il y ait des Sages, qui, dans cet éloignement, ayent pu annoncer un pareil développement des germes de diſcorde qu'à peine ils devoient appercevoir.

Il en eſt de ces orages comme de ceux qu'on éprouve ſur la mer. On les prévoit lorſqu'ils ſont près d'éclatér, & ſouvent même on les prévoit & on s'y prépare trop tard. A bon compte, gardons tous nos cordages & nos ancres.

T I M O P H T O N E.

Nous avons tout cela dans ces corps intermédiaires, qui ſont les médiateurs naturels entre le Souverain & les ſujets.

L'A u t e u r.

Ce cable-là me paroît bien foible. Je craindrois beaucoup qu'il ne laiſſât l'ancre dans le ſable, pendant que le vaiſſeau iroit ſe briſer contre les écueils.

T I M O P H T O N E.

Penſez-vous donc que tant de corps, qui n'en font plus qu'un, ſoient d'une force médiocre?

L'AUTEUR.

Penſez-vous qu'un cable, pour avoir cent braſſes de longueur, en ſoit plus fort? S'il caſſe en un endroit, tout le reſte ne ſert plus à rien.

TIMOPHTONE.

Ainſi le plus ſublime génie de ce ſiecle n'eſt pour vous qu'un viſionnaire?

L'AUTEUR.

Vous voudriez bien m'en faire un ennemi; mais vous n'y réuſſirez pas. J'étends ſa doctrine, loin de la réfuter. Un corps intermédiaire, dans l'ordre légal, eſt utile & même néceſſaire. Il a deux fonctions; celle d'épargner au Souverain la triſte néceſſité de juger & de condamner, & celle de défendre les loix, ou de les reconnoître.

Il arrête donc d'un côté les écarts de la tyrannie; & par le reſpect qu'il doit ſe concilier, il tranquilliſe les peuples. Mais ceci n'a lieu que dans le calme, & lorſque la loi eſt encore la baſe & le lien de tout; car ce corps intermédiaire n'eſt que par la loi. Si le Souverain s'oublie au point d'employer la force par laquelle il ne regne pas, ou qu'une partie de la nation ait recours à la force qui ne réſide pas dans le corps intermédiaire dont nous parlons; dans ces deux cas, dis-je, qu'arrivera-t-il?

TIMOPHTONE.

Le plus fort l'emportera, & fera de nouvelles loix qui lui feront avantageuſes; car tel eſt le droit du plus fort, lorfque, de part & d'autre, on a pris la force pour arbitre.

L'Auteur.

Fort bien : c'eft-à-dire que la fociété mourra de la premiere maladie qu'elle aura.

Timophtone.

Elle ne mourra pas ; mais la conftitution fera chan-gée : c'eft-à-dire, que, fi le Souverain eft le plus fort, à l'aide de fes troupes mercenaires, il deviendra def-pote ; & que, s'il eft le plus foible, il perdra la cou-ronne, ou les droits qui y furent attachés.

L'Auteur.

Si ce n'eft pas-là la mort de la fociété, c'eft celle de la conftitution. Or celle-ci eft bonne, ou elle eft mauvaife. De plus, un changement de conftitution eft fuivi d'une nouveauté, d'où naît un déplacement dont on a pas pris l'habitude ; ce qui conduit à une autre crife, & finalement à plufieurs révolutions confécutives. Appellez-vous fociété, une foule d'hommes qui s'agi-tent en fens contraires, s'entre-dégradent & s'entre-dé-chirent?

Timophtone.

Il eft vrai qu'en cet état une fociété ne mérite plus ce nom. Elle peut renaître ; mais elle eft morte dès que les loix & les mœurs n'ont plus d'empire fur les indi-vidus qui la compofent.

L'Auteur.

Nous voilà donc d'accord fur ce point. Mais mainte-nant, n'imaginez-vous pas qu'il puiffe y avoir un corps intermédiaire dans l'ordre de la force, comme dans celui des loix?

TIMOPHTONE.

Je ne l'imagine point.

L'AUTEUR.

Supposez avec moi que toute la force ne réside, ni dans le Souverain qui peut opprimer, ni dans le peuple que peut saisir & enflammer une aveugle fureur, soit fanatisme, soit mécontentement.

TIMOPHTONE.

Je le suppose, puisque vous le voulez, quoique je ne le conçoive pas.

L'AUTEUR.

Vous ne le concevez pas, parce que vous ne voyez des troupes mercenaires & réglées que du côté du Prince, & la multitude qui accable, que du côté du peuple. C'est peut-être là le cas où se trouve l'Empire Ottoman. Mais imaginez pour un moment un ordre qui soit au-dessus du peuple, & au-dessous du Prince; pour qui le despotisme de celui-ci ne soit pas, comme pour les satellites d'un tyran, un moyen d'obtenir de plus grands avantages; qui ne se fasse pas des des griefs, de ce qui irrite le peuple, parce qu'il n'est pas de la même condition : n'est-il pas évident qu'un tel ordre ne s'unira pas au peuple, auquel dès-lors il seroit asservi, parce que celui-ci seroit plus nombreux, & avec lequel il ne pourroit espérer que l'égalité, ce qui seroit pour lui une dégradation ? N'est-il pas encore

évident

évident que ce même ordre ne pourroit se joindre au Souverain pour faire prévaloir le despotisme, qui ne connoît ni loix, ni privileges, & sous lequel il n'existeroit plus que précairement, c'est-à-dire, qu'il n'existeroit pas; car en fait de constitution, ce qui est précaire, n'est pas?

T I M O P H T O N E.

Ces deux points me paroissent évidents. Il ne reste plus qu'à trouver un ordre qui puisse n'être pas écrasé entre les troupes mercenaires d'un côté, & la multitude armée de l'autre.

L'A U T E U R.

Peut-être ne serai-je pas plus heureux que vous à trouver cet ordre, si, par des troupes mercenaires, vous entendez un corps de satellites étrangers, comme les Gaulois & les Italiens de Denys l'ancien, ou une armée composée uniquement de vagabonds, sans biens, sans familles, & sans autre état que celui de soldat, comme furent les armées de l'Empire Romain depuis Auguste, les Mammelucs en Egypte, &c.

Mais si ce que vous appellez des troupes mercenaires, ne l'est qu'à certains égards; si l'élite de ces troupes est prise dans l'ordre dont j'ai supposé l'existance, en conserve l'esprit, & le rend dominant dans le reste des troupes que je suppose lui être militairement subordonnées, ne concevez-vous pas que ces troupes ne s'armeront pas contre l'ordre qu'elles respecteront; qu'elles seront pourtant fidelles au Prince, pour empêcher qu'on ne lui arrache rien par la for-

ee; que l'ordre lui fera fidele auffi dans la même vue;
mais qu'en fauvant le pécheur, s'il eft permis de parler ainfi, & les troupes & l'ordre de concert lui feront une loi de fe convertir? Si le Prince eft innocent,
il y aura encore bien moins de difficulté.

T I M O P H T O N E.

Il pourra bien l'être toujours, & le péuple fera
facrifié par le Prince à l'ordre, & par l'ordre au
Prince.

L'A U T E U R.

Vous fuppofez une chofe impoffible. Si le Prince
facrifioit le peuple à l'ordre, il feroit fortir le peuple
de fa main, ou feroit la dupe d'un partage qu'il feroit
avec un ordre nombreux, & plus voifin que lui des
individus qu'il s'agiroit d'afservir ou de dépouiller. Si
l'ordre facrifioit le peuple au Prince, il lui accorderoit
le pouvoir defpotique fur la partie la plus nombreufe
de la nation; c'eft-à-dire, qu'il fe mettroit entre le ci-
meterre & le billot. Vous avez donc fuppofé une
convention extravagante. Or, c'eft fuppofer l'impoffible en pareille matiere.

T I M O P H T O N E.

Cet ordre, auquel vous attribuez la fonction de
corps intermédiaire, relativement à la force, quel fera-
t-il, je vous prie ?

L'A U T E U R.

Ce fera celui en qui réfidera effentiellement le courage ; qui aura des prérogatives par lefquelles il fe
trouvera élevé au-deffus du peuple, & intéreffé au

maintien de la royauté; qui fera affez nombreux pour
en impofer au peuple, & n'être pas accablé par une
bande de fatellites; qui aura affez de richeffes, & affez de crédit; qui fera affez répandu dans les Provinces, & fur-tout dans les campagnes, pour retenir dans
le devoir une partie de la multitude, & empêcher que
le défordre ne devienne général. L'ordre qui réunira
tous ces avantages, fera le corps intermédiaire dont
je parle.

TIMOPHTONE.

Rien n'eft plus clair. Cet ordre doit être celui de
la Nobleffe; mais je vous avertis qu'il n'aura bientôt
plus la plupart des attributs que vous avez prouvé
être néceffaires à votre corps intermédiaire. Préparez-
vous donc à chercher un autre.

L'AUTEUR.

Il m'eft impoffible de prévoir comment un autre
ordre lui pourra être fubftitué, fans devenir à fon
tour un corps de nobleffe, & tel précifément que
devroit être celui qui exifte. Il y auroit donc de la
folie à chercher ce qu'on ne trouvera point, lorfqu'on peut réparer & garder ce qu'on a.

TIMOPHTONE.

Vous m'avez attiré fur un champ de bataille, où
tout l'avantage eft pour vous, après m'avoir fait quitter une pofition où j'étois inattaquable. Je vous y
ramene, & je vous demande ce que les anciens, qui
étoient très-fages, entendoient par l'égalité des citoyens?

L'Auteur.

C'eſt à vous à me le dire, s'il importe que nous
le ſachions : mais je vous ai déja répondu que ce
que les anciens ont dit du Gouvernement républicain, nous eſt étranger.

Timophtone.

Ceci eſt une défaite ; car vous ſavez bien que,
d'un Gouvernement à l'autre, il y a variété dans les
maximes par la différence des combinaiſons, & non
dans les principes qui naiſſent de la nature de l'homme, & de l'origine, ainſi que de l'objet, de toute ſociété.

L'Auteur.

Je ſais ce que vous venez de dire ; & tout ce que je
demande, eſt que vous vous en ſouveniez.

Timophtone.

Je vous promets de m'en ſouvenir ; mais dites-moi
maintenant ce que les anciens entendoient par l'égalité civile ?

L'Auteur.

Ayez la bonté de me le dire vous-même, vous
qui avez cité cette égalité, autrefois ſi recommandée,
comme une objection victorieuſe contre mes maximes.

Timophtone.

Par égalité entre les citoyens, les anciens entendoient la jouiſſance de droits égaux, & autant qu'il
étoit poſſible, de fortunes égales ; car, à ce dernier
égard, une diſproportion trop grande entre les citoyens

leur paroissoit avoir de grands inconvénients, & même ménacer la constitution.

L'AUTEUR.

Ce qu'on entendoit par égalité à Athenes, par exemple, étoit-il la même chose que ce que l'on appelloit ainsi à Rome?

TIMOPHTONE.

Apparemment, si vous parlez de Rome libre.

L'AUTEUR.

C'est ainsi que je l'ai entendu. Mais nous conclurons delà, qu'à Rome comme à Athenes, il n'y avoit aucune prérogative attachée à la naissance ; en sorte qu'on y devenoit Sénateur, comme à Athenes on devenoit Aréopagite.

TIMOPHTONE.

Ceci n'est pas exact, puisqu'à Rome il y avoit des familles patriciennes ; mais l'égalité & la parité se retrouvoit, en ce que tout citoyen pouvoit aspirer aux dignités, & par elles, au patriciat.

L'AUTEUR.

Il restoit pourtant une différence, puisque l'un naissoit patricien, & devenoit Sénateur par le droit de sa naissance ; tandis que l'autre devoit solliciter les dignités, entrer par elles dans le Sénat, & acquérir, avec beaucoup de peine, le patriciat à sa famille.

TIMOPHTONE.

Je suis obligé de reconnoître cette différence.

C iij

L'Auteur.

Ainſi l'égalité n'étoit pas à Rome ce qu'elle étoit à Athenes. N'en ſavez-vous point une définition ſous laquelle elle ait été commune à ces deux Républiques?

Timophtone.

Vous me ferez plaiſir de me dire la vôtre.

L'Auteur.

Volontiers; mais je ſuis un peu ſurpris que vous ayiez fait une citation, & que ce ſoit à moi à expliquer ce qu'elle ſignifie.

J'entends par égalité entre les citoyens, la jouiſſance égale des droits qui dérivent néceſſairement de cette qualité; & je diſtingue les droits des prérogatives, au maintien deſquelles s'étendent ces droits, auſſi-bien qu'à la ſûreté des fortunes, quoiqu'inégales entre elles.

Ainſi c'eſt un droit de tous les citoyens d'être libre, autant que le comportent les loix; mais ce n'eſt pas un droit des citoyens en général, d'avoir de l'autorité, ou du pouvoir : ce peut être l'objet d'une prérogative. C'eſt un droit des citoyens, de conſerver chacun le bien qu'il a; mais ce n'eſt pas un droit d'être riche : c'eſt la prérogative de ceux qui ont acquis de grands biens, ou qui en ont hérité.

C'eſt un droit des citoyens de n'être ni gênés, ni moleſtés par qui que ce ſoit; mais ce n'en eſt pas un de n'être contenus par aucune loi. Ce n'en eſt pas un non plus que ce que la loi accorde à l'un, elle l'ac

corde à l'autre; car la loi peut avoir égard à la naiſ
ſance, aux richeſſes, à l'éducation, & fonder ſur toutes ces choſes, ou ſur chacune d'elles, ou ſur une
d'entre elles ſeulement, une différence qui ſera prérogative pour les uns, & excluſion pour les autres.

Vous voyez que l'égalité, ainſi définie, peut ſe
retrouver dans toutes les ſociétés qui ſont gouvernées
par des loix.

T I M O P H T O N E.

J'en conviens; mais il me ſemble que votre définition la réduit à rien.

L'A U T E U R.

Prenez la peine d'y réfléchir, & vous trouverez,
qu'ainſi définie, l'égalité reſte ce qu'elle doit être, &
que, ſous toute autre définition, elle eſt une chimere
ou une véritable iniquité, qui ne peut avoir lieu que
ſous la faulx du Deſpote, ſoit que le Deſpote ſoit un
homme, ſoit que ce ſoit une multitude plus monſtrueuſe encore qu'un homme. Mais puiſque vous avez
cité, je citerai auſſi; & au-lieu d'alléguer vaguement
l'opinion de l'antiquité, je vous nommerai Xénophon
& Platon, que vous ne pouvez récuſer, & je vous
demanderai ſi vous trouvez dans leurs écrits que l'é-
galité abſolue des citoyens ſoit un moyen de rendre
la ſociété heureuſe & floriſſante; pour moi, j'y ai
trouvé le contraire. Je vous demanderai encore ſi les
Spartiates, qui rétabliſſoient ou favoriſoient par-tout
l'Ariſtocratie, étoient partiſans de l'égalité; je vous
demanderai ſi le peuple d'Athenes, ou celui de Syracu-

C iv

se, ces deux tyrans à vingt mille têtes, purent, à force d'injustices & de forfaits, établir l'égalité qu'ils idolâtroient, & à laquelle ils ne pouvoient eux-mêmes plier leurs opinions, puisqu'ils rendoient hommage, malgré eux, à la naissance, à la richesse, aux talents. Ils brisoient ensuite leurs idoles, direz-vous; mais est-ce un exemple à citer?

T I M O P H T O N E.

Ou vous défigurez l'antiquité, ou c'est un Pays dans lequel j'ai voyagé les yeux fermés; car je ne m'y reconnois plus. Du moins conviendrez-vous que, par la loi, tous les citoyens étoient égaux à Athenes & à Syracuse.

L'A u t e u r.

J'en conviens, & c'est par-là précisément que je prouve, contre votre opinion, que l'égalité de fait ne peut subsister entre les hommes, puisque les mœurs & les préjugés triompherent de la loi dans ces deux Républiques. L'inégalité de richesse y fut prodigieuse. On y connut une Noblesse que donna une longue suite d'aïeux illustres, qui fut même relative à la seule origine.

Le crédit, comme les talents, furent inégalement partagés. Que fait donc la loi, lorsqu'elle détermine la différence des conditions, que n'ait pas commencé la nature, & que n'achevent pas des préjugés, dont les hommes ne se défendirent jamais, & dont il n'y a pas d'apparence que jamais ils se défassent?

TIMOPHTONE.

Vous ne vous contentez pas de m'avoir chaſſé de mes avant-poſtes, vous voulez me prévenir juſques dans mon dernier retranchement; mais je me défends encore où vous croyez m'avoir battu. Athenes fut une République floriſſante, malgré l'égalité légale des citoyens. Cette égalité peut donc ſe concilier avec l'état de ſociété.

L'AUTEUR.

Il faudra que je détruiſe Athenes pour vous en faire ſortir. Cette République fut floriſſante, en partie comme l'eſt aujourd'hui une autre République que vous ne donnerez pourtant pas comme un modele que doivent ſuivre les Etats qui ont beſoin d'une bonne milice. Elle gagna beaucoup d'argent par ſon commerce, & en acheta des ſoldats. Elle fut encore floriſſante, comme le ſeroit aujourd'hui une Monarchie bien réglée, par l'appui qu'elle trouva dans l'ordre des aiſés, ou des poſſeſſeurs des terres, leſquels compoſoient véritablement un corps de Nobleſſe.

Liſez le Livre économique de Xénophon, & voyez-y quelle étoit la condition de ces hommes diſtingués. Avec un bien qui vaut cinq cents mines, diſoit Socrate à Critobule, vous êtes très-pauvre; & moi qui n'ai que la valeur de cinq mines, je ſuis très-riche. En premier lieu, vous êtes obligé de faire beaucoup de ſacrifices, & de les faire magnifiques; ſans quoi vous ne ſeriez toléré, ni par les Dieux, ni par les hommes. Il vous faut en ſecond lieu recevoir beaucoup d'hôtes chez vous, & les traiter splendidement. De plus, vous de-vez inviter à votre table un grand nombre de citoyens, & vous les attacher par des bienfaits, si vous voulez vous conserver l'appui de vos partisans. Je remarque de plus que, dans le moment même, notre Ville vous assujettit à de grandes dépenses, comme de nourrir des chevaux, de donner des chœurs, de présider aux exer-cices, de prendre la défense des clients qui vous tom-bent en partage. Si nous avons un jour la guerre, il faudra que vous mettiez en mer, & que vous teniez des galeres à si grands fraix, & vous payerez de si fortes taxes, qu'il est à craindre que vous n'y puissiez subvenir. Prenez garde de manquer en quelque chose par esprit d'économie. Les Athéniens vous mettroient à l'amende, comme s'ils vous avoient surpris volant leur bien.

Comparez avec ce passage, qui ne vous présente que le triste tableau des vexations que faisoient éprouver aux riches, ces jaloux républicains, ces partisans ou-trés, & ces violateurs effrontés de l'égalité; comparez, dis-je, avec ce passage, ce que Socrate met dans la bou-che du sage Ischomaque, qui étoit l'un des propriétai-res opulents dont je parle.

Ce vertueux citoyen s'exerçoit tous les jours à mon-ter à cheval, de la maniere dont il falloit s'y exercer alors, pour bien faire le service de la cavalerie, qui étoit celui auquel il étoit obligé en temps de guerre, & qu'il faisoit avec distinction : car il passoit pour être tout à la fois le cavalier le plus adroit, & l'un des plus riches citoyens d'Athenes. Il étoit aussi un des plus vigoureux, & n'étoit pas le moins heureux à la guerre, parce qu'il y portoit une santé parfaite, & qu'elle n'avoit pour lui que ses dangers inévitables. La vie champêtre lui procuroit ces avantages, en même-temps qu'il augmentoit la valeur de son bien par les soins les plus assidus & les plus laborieux; en sorte que les mêmes fatigues qu'il se donnoit pour être toujours prêt à faire campagne, étoient aussi celles d'un excellent économe : car il croyoit qu'il convenoit à un bon citoyen & à un homme sensé, d'améliorer son bien. Qu'y a-t-il en effet de plus agréable, disoit-il, que de rendre aux Dieux un culte magnifique, de pouvoir secourir ses amis indigents, & de contribuer, autant qu'on le peut, à donner à sa patrie tout l'éclat qu'elle doit tirer de l'opulence des citoyens ? Vous voyez que ce qui ne vous paroissoit être qu'une servitude imposée aux riches par un peuple envieux, étoit aussi regardé par eux comme un devoir aussi sacré qu'honorable pour ceux qui le remplissoient. Mais observez en même-temps que cet Ischomaque étoit un agriculteur, ou un riche propriétaire ; & rappellez-vous, si jamais vous avez lu le *Traité des Revenus*, ce que Xénophon nous apprend dans ce Traité, que le peuple d'Athenes se soucioit peu du continent ; qu'il n'y avoit que les propriétaires des terres qui fussent de bons guerriers sur terre, & qui eussent à cœur la défense du territoire de la République, & que le seul moyen qu'eût pu imaginer ce profond Politique pour renouveller le peuple d'Athenes, avoit été de faire de tous les citoyens autant d'hommes aisés & intéressés à la conservation du continent.

Ajoutez à ces confidérations celles que vous offre le même Auteur dans le Livre économique que j'ai déja cité. Tous les arts, difoit encore Socrate, ne font pas dignes d'un citoyen qui veut augmenter fa fortune, & fe tenir en état de fervir fa patrie.

Les petits métiers qu'on appelle infames, font méprifés avec une raifon dans une République : çar ils dégradent le corps, & s'oppofent à fa perfection, puifqu'ils obligent ceux qui les exercent à refter affis, à demeurer à l'ombre, & à être auprès du feu pendant des jours entiers ; mais fi le corps eft efféminé, l'ame doit être encore bien plus foible. De plus, ces arts malhonnêtes occupent fi fort ceux qui les profeffent, qu'il ne leur refte point de temps à donner ni à leurs amis, ni à la République. D'où il arrive que ces gens-là ne peuvent ni fervir les premiers, ni défendre la feconde. Auffi dans quelques Villes, dans celles fur-tout qui font belliqueufes, eft-il défendu à tout citoyen d'exercer ces arts malhonnétes. Quant à nous, continue Socrate, n'ayons pas honte d'imiter le Roi de Perfe. Ce Monarque ne croit pas qu'il y ait deux arts plus excellents & plus néceffaires, que l'agriculture & l'art militaire ; & c'eft auffi à les maintenir dans un état brillant, & à les perfectionner, qu'il donne tous fes foins. Ces deux arts font freres, & fe tiennent par la main. L'agriculture, outre le plaifir pur qu'elle donne à ceux qui s'en occupent férieufement, augmente leur aifance, exerce leurs corps, & leur donne ou leur conferve toute la force dont ils ont befoin pour faire ce qui convient à des hommes libres. Elle eft la nourriciere de tous les biens,

mais elle ne porte point à en jouir dans la molleffe ;
elle accoutume, au contraire, ceux qui l'aiment, à fouffrir les rigueurs de l'hyver & les chaleurs de l'été ; elle
rend plus robuftes ceux qui travaillent de leurs mains,
plus alertes & plus difficiles à fatiguer, ceux qui ne lui
donnent que leurs foins , mais qui, pour avoir l'œil
à tout, fe levent de grand matin , & font en peu de
temps beaucoup de chemin. Il n'y a point de faifon qui
leur donne du relâche , parce que chacune a fes travaux.

Le cultivateur doit-il enfuite fervir dans la cavalerie ; c'eft fur la terre, c'eft par lui-même qu'ont été
élevés & dreffés pour la guerre les chevaux qu'il
montera. Doit-il fervir dans l'infanterie ; fon corps
endurci au travail, eft à l'épreuve des plus grandes fatigues. La vue même des fruits de la terre, que l'on
doit défendre contre l'ennemi, fi on veut les recueillir, la poffeffion d'une partie du fol, qui eft le domaine de la fociété, ont encore une influence directe
fur la réfolution de combattre. Ce font des biens
qu'on ne peut ni quitter, ni emporter. Il faut donc
les défendre. Mais de plus, quel autre art, plus que
l'agriculture, rend les hommes vîtes à la courfe,
adroits à tirer, légers à fauter ? Quel genre de vie,
plus que celui qu'on mene dans fa terre, met en état
d'occuper utilement , & de bien traiter fes domeftiques,
de rendre la vie agréable à fa femme, de procurer
à fes enfants ce qu'il peut y avoir pour eux de plus
defirable, d'être généreux envers fes amis ? Où peut-
on mieux traiter fes hôtes, & fe procurer des plai-

firs purs & fimples, tels que les avoue la nature ? C'eft-là que cette bonne mere nous enfeigne la fage libéralité ; elle nous enfeigne encore la juftice : car elle ne donne rien qu'au travail, & finit toujours par le récompenfer. Elle nous accoutume à cet ordre qui profcrit les defirs immodérés, & toute avidité qui n'eft pas jointe à une volonté égale de travailler. Enfin, l'agriculture nous apprend à nous aider les uns les autres, puifqu'elle rend l'homme néceffaire à l'homme, foit pour la défenfe, foit pour le travail. Elle eft encore une école admirable du grand art de gouverner les hommes, & de commander les guerriers, puifqu'elle nous oblige à ufer d'adreffe pour tirer beaucoup de travail de ceux que nous employons, fans payer trop cher leurs bras, & auffi fans les chagriner, ni les dégoûter. Il faut que nous entretenions en eux la gayeté, que nous faffions naître entre eux l'émulation, que nous ménagions les petites efpérances que nous pouvons leur donner, & les craintes que nous fommes en état de leur infpirer, de maniere, qu'à peu de fraix, & fans jamais épuifer ces reffources, nous en tirions tout le parti pôffible...

TIMOPHTONE.

En vérité, voilà une belle tirade fur l'agriculture, & que j'aurois entendue avec plaifir, fi elle n'étoit pas auffi déplacée ; mais qu'a ceci de commun avec la queftion que nous devons difcuter ?

L'AUTEUR.

Avez-vous oublié que c'eft Xénophon qui fait ainfi parler Socrate ?

TIMOPHTONE.

Au moins ferois-je excufable de ne m'en pas fou-
venir. Mais encore, à quel propos cette citation?

L'AUTEUR.

A propos de l'égalité entre les citoyens d'Athenes.
Croyez-vous, en vérité, qu'un petit citoyen qui gagnoit fa vie fur le port, fur les galeres, ou dans la
place publique, où il portoit un fuffrage déja vendu,
fût l'égal du bon & honnête Ifchomaque, ou de tel
autre Athénien qui, comme lui, faifoit valoir un
grand domaine, occupoit beaucoup d'efclaves, & fe
faifoit beaucoup d'amis?

TIMOPHTONE.

Il étoit l'égal des autres par la loi, quoiqu'acciden-
tellement il leur fût très-fupérieur.

L'AUTEUR.

Etoit-ce auffi un accident lorfqu'un propriétaire,
par la nature de fa fortune, & par fon genre de vie,
avoit toutes les vertus dont nous venons de voir que
l'agriculture eft l'école, & qu'on n'en trouvoit pas le
premier germe dans les autres citoyens, foit que les
beaux arts fourniffent à leur fubfiftance, foit que le
commerce les enrichît, foit qu'avec une fortune médiocre & des talents pour la guerre ou pour l'économie, ils fuffent enchaînés dans la Ville par leur
goût pour les plaifirs & les chofes frivoles, fans acquérir jamais, ni la gloire que donnent les armes,
ni l'aifance que prouve l'induftrie champêtre? Cette
critique eft encore de Socrate, ou de fon Difciple.

T I M O P H T O N E.

L'inégalité dont vous parlez étoit très-réelle, comme la précédente; mais c'étoit encore une inégalité fortuite, & qui n'étoit que dans les individus.

L'A U T E U R.

Souvenez-vous que vous avez été le premier à me citer la sage antiquité; &, par cette raison, passez-moi mes citations. En voici encore une ou deux. Platon a fait dire à Socrate, que la Démocratie, qui est le triomphe de l'égalité, est l'empire des méchants sur les bons, & il a comparé cet empire à celui que les passions ont sur la raison dans un homme pervers.

Cette remarque est très-juste, puisqu'où les droits de tous les citoyens sont égaux, le petit nombre, comme ailleurs, est celui des hommes à qui leur naissance & leur aisance ont procuré ou facilité une éducation capable de leur élever l'ame, & de leur inspirer les sentiments, qui, plus que les qualifications légales, font les citoyens. D'où il suit que l'autorité résidant dans le grand nombre ou dans la pluralité, elle se trouve entre les mains de ceux qui sont légalement & non moralement citoyens. D'après cet exposé, croyez-vous que Platon & son maître Socrate ayent été partisans de l'égalité légale, ou qu'ils n'ayent pas eu de bonnes raisons pour la désapprouver?

T I M O P H T O N E.

Platon a fait un plan de République où il n'y a pas le sens commun.

L'A U T E U R.

L'AUTEUR.

Vous n'aimez plus Platon, comme je vois. Peut-
être ferez-vous plus content de Xénophon, qui ra-
mena les dix mille Grecs du fond de la Perfe.

TIMOPHTONE.

Voyons ce qu'il dit. Je n'ai vu de lui jufqu'ici que
fon goût pour l'agriculture.

L'AUTEUR.

Il commence à vous être fufpect, ce me femble:
Vous entrevoyez qu'il n'a donné de fi grands éloges
à l'agriculture, que pour revendiquer une grande fupériorité fur les autres citoyens, en faveur des propriétaires de terres qui devoient faire le petit nombre à
Athenes. Il fe peut bien qu'il ait eu cette penfée; car
il fait encore dire à Socrate ces paroles remarquables:
Il me paroîtroit bien étonnant qu'un homme libre préférât quelqu'autre profeffion à celle d'une terre, & crût
trouver une occupation plus agréable ou plus profita-
ble que l'agriculture. Ne femble-t-il pas qu'en cet endroit il ait voulu infinuer que ceux-là n'étoient pas
libres, ou ne méritoient pas de l'être, qui ne tenoient
à la patrie que par leur naiffance, & ne lui étoient attachés que par la protection qu'elle accordoit à leur
induftrie, ou par les droits dont elle les faifoit jouir,
& dont ils abufoient?

TIMOPHTONE.

N'avez-vous point de meilleure preuve que telle ait
été l'opinion de Xénophon?

L'Auteur.

J'ai encore la tirade que vous m'avez reprochée, & par laquelle il paroît qu'il étoit tenté de reléguer toutes les vertus chez les propriétaires des terres, chez ceux fur-tout à qui leur aifance donnoit quelques avantages fur les autres, & une grande fupériorité fur un certain nombre d'hommes qu'on appelloit efclaves.

Timophtone.

Il paroît en effet que c'eft-là ce que Xénophon a voulu dire; d'où l'on pourroit conclure qu'il n'aimoit ni le féjour des Villes, ni les beaux arts, ni le commerce. Mais de cette conjecture, il y a encore loin à une preuve complette de fon averfion pour l'égalité légale.

L'Auteur.

J'ai encore à vous dire que, dans fon Traité des Revenus, il a dreffé un plan pour réformer la République d'Athenes, & que le fonds de ce plan étoit de tranfporter fur le continent la fortune de cette République & de fes citoyens. Il propofoit pour cet effet de mettre dans toute leur valeur les mines d'argent de l'Attique, & foutenoit que le produit pouvoit en être affez grand pour que chaque citoyen en tirât un revenu confidérable. Par ce moyen, difoit-il, il n'y aura point d'Athénien, jouiffant des droits de cité, qui ne puiffe recevoir une excellente éducation, & la donner à fes enfants. Aucun d'eux n'aura befoin de s'adonner aux profeffions lucratives, ni de proftituer fon fuffrage; tous auront ce loifir, qui permet à l'ame de fe replier fur elle-même; & en fe faifant, pour ainfi dire, un point d'appui de l'excellence de fon étre, de s'élancer vers la gloire, qui eft pour les autres la preuve de cette excellence. Les arts libéraux, les exercices de toute efpece, & la guerre, feront les feules occupations, les plaifirs & le métier unique de tous ceux que la liberté & l'aifance, fans laquelle elle n'eft qu'une chimere ou un abus, auront rendu dignes de partager les droits de la cité.

TIMOPHTONE.

C'étoit-là un beau projet, & qui prouve bien juf-qu'à quel excès d'enthoufiafme le fage Xénophon étoit partifan de l'égalité. Il ne manquoit à ce projet que la poffibilité de l'exécution.

L'AUTEUR.

Mais s'il étoit prouvé que ce projet étoit inexécu-table, il reftoit auffi prouvé, que les citoyens, qui ne joignoient pas à la liberté cette aifance, fans laquelle elle n'étoit qu'une chimere, & la fource des plus grands abus par l'incapacité d'en ufer, qui réfultoit d'une mauvaife éducation, & d'un genre de vie incompatible avec les vertus fociales & les talents qu'elles font naî-tre; il étoit, dis-je, prouvé, par le raifonnement de Xé-nophon, que ces citoyens devoient abandonner l'exer-cice de leurs droits politiques à ceux qui pouvoient feuls remplir les devoirs réfultants de ces droits, & qu'il falloit faire deux claffes de citoyens.

TIMOPHTONE.

C'eft une conféquence que Xénophon ne tira jamais

de fon raifonnement, & qu'il eft malhonnête de lui imputer.

L'Auteur.

Vous êtes bien décifif. Vous ne le feriez pas tant, fi vous aviez lu fon Traité du Gouvernement d'Athenes, & fur-tout fi vous l'aviez comparé avec un Traité femblable qu'il a compofé fur le Gouvernement de Sparte. Vous y auriez vu combien il détestoit la démocratie Athénienne. Mais, fans fortir de fon plan, je vous demande comment vous imaginez la poffibilité de ce plan de réforme?

Timophtone.

Je ne l'imagine point; je la nie.

L'Auteur.

Xénophon étoit donc un fou & un vifionnaire. Au moins devriez-vous croire, fur la réputation de ce grand homme, qu'il ne propofa pas une idée abfurde, & qu'elle étoit du moins plaufible.

Timophtone.

Je devrois le croire, fi les réputations n'étoient pas fi trompeufes; mais je ne conçois pas comment dans un Etat tous les citoyens peuvent être aifés, & fe faire fervir. Il faut qu'il y ait des pauvres & des valets, pour qu'il y ait des riches qui fe faffent fervir.

L'Auteur.

Avez-vous donc oublié que Xénophon vivoit dans un temps & dans un Pays où il y avoit des efclaves, & que de plus on comptoit à Athenes un très-grand nombre d'habitants qui n'étoient pas citoyens ? Ainsi, pour exécuter son plan, il ne s'agissoit que de faire acheter par la République environ six mille esclaves, & de les employer à l'exploitation des mines. Le reste dépendoit du succès de cette entreprise. Mais il est clair que déja il y avoit deux ou trois classes légales dans l'Attique; que la derniere, au sentiment de Xénophon, n'étoit pas assez nombreuse, ou pouvoit être mieux employée, & que c'étoit pour augmenter le nombre des riches, jusqu'à concurrence de celui des citoyens, qu'il proposoit d'augmenter le nombre des pauvres. Car les esclaves étoient alors ce que sont nos pauvres laborieux, c'est-à dire nos journaliers & nos artisans.

TIMOPHTONE.

Voilà une idée bien simple, mais qui a pour moi le mérite de la nouveauté. Je n'avois jamais pensé à la servitude que pour l'abhorrer, & il ne m'étoit pas venu dans l'esprit de rapprocher cet état de celui des citoyens qu'il tenoit à une certaine élévation; au-lieu qu'aujourd'hui est citoyen qui est homme, fût-il le dernier des hommes.

L'AUTEUR.

Vous me permettrez de ne pas adopter, sans examen, ce parallele entre les qualifications d'un citoyen d'Athenes, par exemple, & celle des hommes à qui nos Ecrivains modernes prodiguent le titre avili de citoyens. Trouvez bon qu'auparavant je fasse encore une digression.

TIMOPHTONE.

Comme il vous plaira. Je fuis déja fi dérouté, que je n'ai rien de mieux à faire que de vous fuivre, jufqu'à ce que je me reconnoiffe.

L'AUTEUR.

Ifchomaque, ce *bon & honnête homme* que Socrate même admira ; Ifchomaque, après avoir dit comment il formoit les efclaves qu'il deftinoit à commander les autres fous lui, & à tenir fa place, ajoute ce qui fuit : Quand je fuis parvenu à développer en eux des fentiments d'équité tels qu'on puiffe les appeller des hommes juftes, & qu'à cette qualité effentielle ils joignent encore un defir vif de mériter & d'obtenir mes éloges, je commence à les traiter comme des hommes libres, & non-feulement je les enrichis, je les honore auffi *comme de bons & honnêtes hommes* ; car, felon moi, l'homme avide d'honneur differe de l'homme intéreffé, en ce que, par le defir d'être honoré & eftimé, il eft fermement réfolu à travailler toutes les fois qu'il le doit, à courir des dangers, & à s'abftenir de tout gain fordide. Vous comprenez, fans doute, où tend cette réflexion, & qu'elle regarde beaucoup moins Ifchomaque & fes efclaves, que les légiflateurs & les membres des fociétés politiques. On eft libre, ou l'on mérite de l'être, à proportion que l'on aime la juftice, & que l'on fent le befoin de l'eftime & de la confidération; ce qui fuppofe qu'on n'eft plus tyrannifé par les befoins phyfiques, au point de rechercher toute efpece de gain, de préférer un repos honteux à des travaux utiles, &

une fécurité ignoble aux périls dont eft hériffé le chemin de l'honneur. Mais fi la liberté eft un attribut ef-
fentie du citoyen, on ne jouit donc de ce dernier titre
qu'à proportion que l'on eft libre ; & encore ne fuffit-
il pas d'être libre pour être citoyen dans toute l'étendue de ce terme, il faut encore tenir à la patrie par
des liens vifibles, tels que la propriété, & des prérogatives inhérentes à la conftitution & en dépendantes.

Telle eft la doctrine de Xénophon, fuivant laquelle
il y auroit eu peu de citoyens à Athenes, quoiqu'on
ne donnât pas ce titre aux efclaves, aux étrangers, ou
fils d'étrangers, ni aux fimples habitants.

TIMOPHTONE.

Enfin, l'égalité étoit donc auffi bannie d'Athenes,
& ne l'étoit pourtant pas encore affez, puifqu'il n'y
avoit point de proportion entre les droits des citoyens
& leurs qualifications perfonnelles ou réelles. C'eft-à-
dire que le régime de cette République étoit vicieux,
en ce que, fuivant la loi, avec une fortune honnête,
une éducation diftinguée, des vertus fociales, des talents, &, pour ainfi dire, une valeur intrinfeque plus
grande, un Athénien n'étoit pas plus citoyen que ne
l'étoit fon voifin, à qui tout cela manquoit.

L'AUTEUR.

Vous avez bien faifi ma penfée, qui eft auffi celle
de Xénophon Mais il nous refte encore une obfervation à faire. C'eft que tout citoyen d'Athenes, qui
voyoit au-deffous de lui deux ou trois claffés d'hommes, étoit pourtant très-fupérieur à cette foule de fujets

que nous appellons citoyens, & qui ne le font que par
la localité de leur naiffance.

TIMOPHTONE.

Cette réflexion me paroît jufte : mais qu'en concluez-
vous ?

L'AUTEUR.

Ne pourrois-je pas conclure que les citoyens d'A-
thenes reffembloient à notre Nobleffe, qui voit au-deffous d'elle deux ou trois claffes de fujets, & à qui
cette pofition doit naturellement infpirer les fentiments
qui font les hommes libres & les citoyens?

TIMOPHTONE.

Il y a, en effet, de la reffemblance; mais j'entrevois qu'elle n'eft pas parfaite, fans pouvoir bien démêler ce qui y manque. D'ailleurs, vous ne voudriez
pas faire, contre l'égalité des Nobles entre eux, les
mêmes raifonnements que vous avez empruntés de
Xénophon contre l'égalité des citoyens.

L'AUTEUR.

Non, certainement ce n'eft pas mon intention, quoique l'inégalité accidentelle doive être foufferte dans
cet ordre, comme à Athenes, parce qu'il feroit impoffible, & peut être inutile de l'empêcher; mais, pour
ce qui regarde la différence que vous foupçonnez entre l'état d'un Noble chez nous, & celui d'un citoyen
à Athenes, ne vous rappellez-vous pas l'éloge de l'a-
griculture & de la vie champêtre que m'a fourni le
fage Socrate?

TIMOPHTONE.

Assurément, & je me souviens aussi que je l'ai trouvé très-étranger à la question que nous débattons entre nous.

L'AUTEUR.

Ajoutez la consistance qu'un homme acquiert par la propriété d'une terre, à ce qu'étoit un simple citoyen d'Athenes ; ajoutez aux vertus qui naissent de la liberté, celles que fait germer & que développe la supériorité d'un propriétaire sur ses laboureurs & ses domestiques, supériorité dans laquelle il doit être né ; joignez-y encore toutes les qualités du corps, & cette activité de l'ame, cette mobilité, cet intérêt direct à la sûreté de la patrie qui naissent de la vie & des occupations champêtres, sans oublier l'aisance qui en est le fruit, la générosité, dont la nature donne sans cesse des leçons à qui s'allaite, pour ainsi dire, à ses mamelles : & d'un citoyen, qui n'étoit qu'un bourgeois, vous aurez fait un Gentilhomme. Prenez toutes ces choses séparément, & vous aurez la différence que vous cherchiez entre un citoyen d'Athenes & un Noble, ou celle que Xénophon mettoit entre un citoyen, tel qu'étoient la plupart des Athéniens, & un véritable citoyen, selon l'idée qu'il s'en faisoit.

TIMOPHTONE.

Voilà des qualifications que je n'ai jamais cru être essentielles à la Noblesse, & dont je doute que l'on reconnoisse généralement la nécessité.

Combien de Nobles qui le sont, sans contredit, par

leur origine, & qui ne devroient pas l'être, si on a égard à leur éducation & à leur genre de vie! Ce sont ceux, par exemple, qui naissent & sont élevés dans les grandes Villes, où ils ne jouissent d'aucune supériorité, & où leur maniere de vivre ne differe pas de celle des bourgeois; ce sont ceux encore qui naissent, pour ainsi dire, & vivent à la Cour, ou, toujours rampants, comme des esclaves, ils doivent en acquérir les vices; ne seroient-ce pas aussi ceux qui n'ont qu'une très-petite propriété, dont ils vivent avec peine, & dont la pauvreté doit abaisser l'ame autant que leur naissance l'éleve?

L'A u t e u r.

Pour les Nobles devenus bourgeois, & les courtisans, quoique j'eusse quelque chose à dire en leur faveur, je vous les abandonne; mais pour les campagnards qui sont pauvres, je soutiens qu'ils n'en sont pas moins dignes de leur état, parce que leur pauvreté ne les avilit pas; que c'est un état violent pour eux; que, pour l'ordinaire, la partie de leur éducation, qui est vraiment nationale, n'en souffre pas, & que ce qui y manque, sans qu'il y ait de leur faute, peut être aisément suppléé lorsqu'ils se trouvent à portée de servir l'Etat, & pourroit l'être encore plutôt, si cet objet important attiroit pour un moment l'attention du Gouvernement.

T i m o p h t o n e.

L'enthousiasme vous aveugle, ce me semble, & vous n'oubliez pas assez ce que vous fûtes, si vos aveux sont sinceres. Ne comptez-vous donc pour rien là douceur des mœurs, la politeſſe dans les manieres, la culture de l'eſprit, le goût pour les belles choſes? Car tout cela manque à la pauvre Nobleſſe dont vous parlez.

L'Auteur.

Ne me dénoncez pas au beau-Sexe de la Capitale & de la Cour, ni aux beaux eſprits qui brillent dans les ruelles, & s'aſſemblent pour raiſonner gravement chez les coquettes ſurannées. C'eſt une confidence que je vais vous faire, & c'eſt aſſez vous dire que vous êtes obligé au ſecret. Je ne fais aucun cas en politique de la douceur des mœurs, de la politeſſe dans les manieres, de la culture de l'eſprit, ni du goût pour les belles choſes. Ce ſont des ornements qui ne gâtent rien quand ils ne ſont point en diminution de la ſolidité, mais dont, en derniere analyſe, il ne réſulte aucun avantage pour le corps politique. Ce n'eſt pas que je ne gémiſſe en voyant la Nobleſſe de Province réduite à une éducation, ſouvent trop ſimple, ou même trop groſſiere ; elle eſt par-là hors de la place qui lui convient dans un ſiecle poli, aimable, & qui ſe pique d'être éclairé : mais ſi elle devoit acheter cette opinion de ſupériorité ſur les autres citoyens en ſe déplaçant, ou ſi ſa pauvreté étoit un obſtacle à ce qu'elle l'acquît jamais, je dirois qu'il faut laiſſer le tronc où ſont les racines, & qu'il vaut mieux avoir des Gentilshommes pauvres & conſidérés, que d'en avoir en petit nombre, & qui ſoient tous riches.

Je m'explique. C'eſt dans la terre que la véritable Nobleſſe a ſes racines. Les Provinces, & dans les

Provinces la campagne, font fon Pays natal. C'eft-là qu'elle eft dans fon élément; fi, fans la déplacer, on peut la façonner, fi, fans l'affoiblir, on peut la polir, je confens qu'on lui procure ces avantages. Autrement j'y renonce pour la plus grande partie de fes membres. L'opulence n'eft pas effentielle à la Nobleffe. Il eft bon que l'ordre en général ne foit pas privé de cet avantage; mais il feroit très-mal que la Nobleffe crût avoir un befoin effentiel d'être riche, & que la confidération qui lui eft due pour le bien de l'Etat, pût être confondue avec celle que s'attirent les richeffes; ce feroit encore un très-grand mal que la nobleffe ne fe perpétuât que par ceux de fes membres qui feroient riches. C'eft ici que revient ce que je vous ai dit, qu'une Nobleffe opulente peut n'être pas inutile, quoiqu'elle n'afflue pas dans le fervice militaire, mais que celle dont l'aifance eft médiocre, eft infiniment plus utile par fon aptitude à ce genre de fervice, & par le penchant qui l'y entraîne, lorfqu'elle eft animée d'un bon efprit. C'eft-là ce que fait bien le Prince, qui, depuis vingt-cinq ans, eft perfonnellement le rival redoutable de cette Puiffance d'Allemagne dont nous avons parlé. Je ne vous dirai pas qu'il s'y foit bien pris pour parvenir à fon but. Il ne faut pas avilir la Nobleffe chez elle, ni afficher le deffein de l'appauvrir pour la faire foupirer après des gages, & faire dépendre fa confidération du choix qu'elle fera d'un état. C'eft dire qu'un Gentilhomme n'eft rien par fa feule naiffance; & quand on a dit cela affez fouvent pour le faire croire, il ne refte plus

de quoi perfuader ce Gentilhomme qu'à raifon de fon
état légal, il doit avoir des fentiments fupérieurs à
ceux des autres hommes. Or, s'il n'a plus ces fentiments, il ne defirera pas même la confidération, qu'il
ne tiendra qu'à lui de retrouver fous l'uniforme. Il
s'engagera comme le fimple foldat, pour vivre &
n'être pas vexé. Le Prince dont je parle, n'a peut-
être pas encore éprouvé cet inconvénient dans toute
fon étendue, parce qu'il ne regne que depuis environ
vingt-cinq ans, & qu'il faut un certain temps pour
détruire l'efprit d'un ordre.

TIMOPHTONE.

La confidération que ce Prince paroît ôter à la
condition qui doit faire naître la vocation, il l'a donnée
à l'état qui eft le terme de cette vocation; il la
donne aux fciences, aux arts, à l'induftrie. Ce n'eft
qu'un déplacement que la raifon avoue, & dont le
fuccès fait l'éloge.

L'AUTEUR.

Si vous aviez daigné m'écouter, ou que j'euffe eu
le bonheur de me faire entendre, vous m'auriez épargné du moins la premiere & la derniere partie de votre réponfe.

TIMOPHTONE.

Vous ai-je rien objecté que vous euffiez prévenu?
Il ne me le paroît pas.

L'AUTEUR.

Vous allez en juger. N'ai-je pas dit qu'en ôtant

au Noble l'opinion de la supériorité de son état, on lui ôte le plus puissant motif qu'il ait de surpasser aussi par ses sentiments ceux qu'il croit être au-dessous de lui?

T I M O P H T O N E.

Vous l'avez dit, ou à peu près.

L'A U T E U R.

N'ai-je pas dit, qu'avili par la loi dans sa condition, & réduit, depuis sa naissance jusqu'à sa puberté, à n'avoir aucune idée avantageuse de lui-même, qui ne soit contredite par les faits, il désespérera de lui-même, & ne se retrouvera pas même l'amour, trop long-temps malheureux, de la considération?

T I M O P H T O N E.

C'est à peu près-là ce que vous avez dit.

L'A U T E U R.

A quoi servira donc de rendre l'état honorable, si celui qui doit l'embrasser, n'aime pas l'honneur? Et de plus, comment rendrez-vous cet état honorable, s'il ne l'est pas par l'espece d'hommes qui l'embrassera? Croyez-vous que l'on commande la considération, l'estime & le respect, ou que ces choses soient infailliblement attachées à quelques prérogatives que le Prince peut accorder?

T I M O P H T O N E.

Je ne le crois pas, quand ces prérogatives sont purement honorifiques, & que la réalité ne leur donne pas de corps.

L'Auteur.

Or, penfez-y bien, & vous trouverez que le Prince ne peut pas donner de la réalité aux honneurs militaires, fans renverfer la conftitution, ou dénaturer l'efprit de cet Etat. Il faut donc que la réalité foit dans les individus, que le Prince paroiffe leur faire rendre ce qui leur eft dû, & non leur rien accorder par fa pleine puiffance. D'où il fuit que l'état militaire ne doit avoir qu'une confidération analogue à la condition & aux fentiments du plus grand nombre de ceux qui doivent l'embraffer.

Quant aux fuccès que vous prétendez faire l'éloge de la politique de certain Prince, je vous ai déja dit qu'il faut attendre pour la louer par cet endroit, qu'elle ait fuffifamment réagi fur les mœurs. Un Prince, qui, en vingt-cinq ans, mangeroit tout fon revenu de cent ans, & qui par-là feroit une figure quatre fois plus grande que fa puiffance naturelle ne le comporteroit, un tel Prince feroit-il, à votre avis, un bien habile homme? Je ne le crois pas. Or, telle eft la conduite d'un autre Prince qui épuife les mœurs à force de s'en prévaloir fans les réparer.

Quant à la confidération que l'on accorde aux fciences, aux arts, à l'induftrie, je vous déclare que c'eft en grande partie une manie de notre fiecle. Les fciences veulent être encouragées par des récompenfes, parce qu'elles font fans lucre pour celui qui les poffede; mais ce n'eft pas au Prince à faire la réputation des favants, parce qu'il ne le peut pas. Les

arts utiles n'ont befoin que de n'être pas gênés, &
portent, ainfi que l'induftrie, leur récompenfe avec
eux. Mais ces confidérations font déplacées ici, & c'eft
affez mal-à-propos que vous y avez donné occafion
par une réflexion très-étrangere à la queftion que nous
traitons.

TIMOPHTONE.

Cette réflexion n'étoit pas auffi déplacée que vous
le prétendez, & je compte bien de vous y ramener ; mais je dois encore retourner dans la patrie
des arts & des fciences, pour y trouver de quoi
vous confondre, &, avec vous, ce prétendu réformateur, qui en étoit un digne citoyen par fes ta-
lens, mais non par fes fentiments. Je veux parler
de Xénophon, qui prétendit réformer Athenes, & mé-
rita bien de paffer la plus grande partie de fa vie,
hors de cette Ville, auffi polie, qu'aimable & favante.

Quelle opinion peut-on avoir de ce Politique,
quand on le voit attacher la puiffance & la gloire
d'un état à des inftitutions qui étoient certainement
contraires à celles de fa patrie, & que l'on fait pourtant à quel comble de gloire elle s'éleva par fa marine, & même par fes exploits fur terre? Marathon ne
doit pas être féparé de Salamine, ni Miltiade de Thé-
miftocle & d'Alcibiade.

En fe rappellant ces noms fameux, qui ne croira
que Xénophon étoit un vifionnaire, lorfqu'il propofoit la refonte d'une République auffi refpectable ?

L'AUTEUR.

Enfin, vous voilà auffi brouillé avec Xénophon; &
je

Je ne défespere pas qu'il ne vous en arrive de même avec tous les anciens, après avoir cité en votre faveur toute l'antiquité. Xénophon eft un vifionnaire, dites-vous, &, fans doute, n'a connu, ni les hommes, ni les chofes. Expliquez-vous, de grace, ou attendez-vous à une explication dont vous pourriez n'être pas content.

TIMOP TONE.

Je m'explique, puifqu'il le faut, pour éviter une explication fâcheufe, dont vous paroiffez me menacer.

Quand une République auffi foible qu'Athenes, par l'étendue de fon territoire & fa population abfolue, remporte une victoire comme celle de Marathon; quand elle s'affure pour un grand nombre d'années l'empire de la mer; quand elle lutte avec fuccès contre une autre République, telle que Sparte, & n'eft atterrée qu'après avoir fait de grandes fautes, & effuyé de grands malheurs, peut-on dire que fon régime foit mauvais, & que, par le vice de fa conftitution, il y ait difette de ces vertus & de ces talents qui fixent la deftinée des nations, autant qu'elle peut être fixée?

L'AUTEUR.

Quand Denys l'ancien lutte avec avantage contre les Carthaginois; quand il enleve à cet ennemi formidable une grande partie de la Sicile; quand il éleve la gloire de Syracufe fur terre & fur mer, plus haut qu'elle n'avoit jamais été portée fous les aufpices de la liberté; quand enfin il meurt dans fon lit, & laiffe à fon fils le fceptre de fer, dont il fembloit qu'il devoit être brifé, peut-on dire que la Tyrannie détruife les vertus qui foutiennent & élevent les Empires, & que ce ne foit pas au contraire le régime le plus propre à les faire naître & à les développer ?

TIMOPHTONÉ.

Croyez-vous, par une comparaifon auffi défectueufe, avoir répondu à mon objection ? Si vous vous en flattez, vous avez tort, & je vais vous le prouver.

Denys parvint à s'arroger toute l'autorité dans un Etat où il y avoit abondance de richeffes & de vertus, mais où dominoit à l'excès le levain des Républiques, l'efprit de faction & la difcorde.

Il fit un bien apparent, en mettant fin aux profcriptions, & on dut lui en favoir quelque gré; du refte, il employa la valeur guerriere & la fierté Grecque qui exiftoient encore, pour vaincre les Carthaginois par le bras des citoyens qu'il opprimoit, & l'argent de ces mêmes citoyens qu'il leur extorquoit fans mefure, pour acheter & payer des fatellites qui étoient des guerriers de plus contre Carthage, & fes gardiens contre les Syracufains. Mais, fans parler des crimes qu'il commit, & des terreurs qui le tourmenterent fans ceffe, il eft certain que l'argent commençoit à lui manquer lorfqu'il mourut, qu'il voyoit du moins le bout de fes reffources, & que fi la Tyrannie eût duré plus long-temps, Syracufe fe feroit vue prefque déferte, & n'auroit plus contenu qu'un peuple né dans la fervitude, & avili par l'habitude de cet état. Sans argent, & entouré d'efclaves, qu'eût fait le Tyran pour fa gloire, ou pour la défenfe de fon Etat ? Soutenez, fi vous le pouvez, le parallele que vous avez voulu faire entre la Démocratie d'Athenes, & la Tyrannie du trop habile Denys.

L'Auteur.

Je ne me fuis pas engagé à faire voir la parité. J'ai feulement voulu dire que quelques fuccès ne prouvent rien, & que ce n'eft pas toujours par la gloire dont brille une nation fous une époque, qu'il faut juger de la bonté de fon régime & de fes mœurs. Mais fi vous me promettez de vous rendre, au cas que j'entreprenne le parallele, & que je le foutienne, je ne refufe pas le défi. Sans cette promeffe, je m'épargnerai une peine qui feroit en pure perte, fi j'en dois juger par l'impreffion qu'ont faite jufqu'ici fur vous tous les raifonnements par lefquels j'ai détruit vos objections.

Timophtone.

Vous me paroiffez piqué, & je vois que la réfiftance vous déplaît. Mais je n'en fuis que plus réfolu à ne vous rien céder, que vous ne me l'ayiez arraché. Loin donc d'accepter la propofition que vous me faites, je vous déclare que tout ce que je pourrai faire pour vous, fera de ne plus vous parler d'Athenes, fi vous réuffiffez dans le parallele que je vous ai propofé. Quand il feroit prouvé que le régime d'Athenes fut mauvais; quand il feroit certain, comme je le crois, que l'égalité des citoyens eft impoffible dans le fait, injufte dans le droit, & pernicieufe en politique, il me refteroit encore des reffources dont je me réferve de faire ufage;

& qu'il faudra m'enlever avant que j'adopte toutes vos maximes.

L'AUTEUR.

Après ce que je viens d'entendre, il ne me reste aucun regret d'avoir entrepris avec vous cette pénible discussion. J'accepte donc avec plaisir & le défi & la condition. Pour procéder avec ordre, je distinguerai deux sortes de puissances : celle d'un peuple sur le continent, & celle que lui donne sur mer le nombre de ses matelots & de ses vaisseaux.

TIMOPHTONE.

Je ne vois pas trop à quoi peut vous servir cette distinction. Mais ce n'est pas à moi à m'en mettre en peine. Commencez par laquelle puissance vous voudrez.

L'AUTEUR.

Je suivrai l'ordre des temps ; & comme la bataille de Marathon précéda celle de Salamine, je parlerai d'abord des forces de terre.

Le plus cruel des tyrans, suivant Socrate, est la multitude, où elle a toute l'autorité. C'est aussi le plus jaloux, le plus capricieux & le plus injuste des maîtres. Elle a tous les vices des tyrans. Elle aime, comme eux, les flatteurs, récompense la flatterie, & finit par étouffer ceux qu'elle a d'abord caressés; elle porte envie à l'opulence, prend ombrage du crédit qu'elle a elle-même donné, estime & déteste la vertu, craint les talents supérieurs, fait un crime d'une naissance distinguée, & ne pardonne pas les exploits dont elle a profité. Tel est le portrait que nous ont laissé Platon & Xénophon de la terrible Démocratie, dont leur patrie leur avoit fourni le modele.

Pour peu que l'on connoisse l'histoire de cette République, & qu'on ait étudié la vie des Tyrans, on ne peut disconvenir de la ressemblance du portrait, ni de l'exactitude du parallele. Timide & féroce tour à tour, fier & bas tout ensemble, fougueux & indécis par intervalle, insolent dans la prospérité, découragé par le moindre revers, le peuple est encore l'image du Tyran; ou celui-ci est celle du peuple. Réfléchissez-y ; & quand vous y aurez bien pensé, dites-moi ce que vous pensez & du portrait & de la comparaison?

TIMOPHTONE.

Plus j'y réfléchis, & plus je trouve l'un & l'autre frappants. Continuez, de grace.

L'AUTEUR.

Si le peuple & le tyran ont le même caractere, leur despotisme doit produire les mêmes effets. Sous l'autorité de l'un & de l'autre, tout ce qui est vil & bas, tout ce qui ne peut rien perdre & aspire à gagner, tout ce qui n'est digne ni d'être estimé, ni d'être craint, doit être parfaitement en sûreté. Le peuple composé pour la plus grande partie de cette classe ignoble, la favorise, & veut qu'on la respecte; ce sentiment alloit si loin chez les Athéniens, qu'ils vouloient que, jusques dans leurs esclaves, on respectât leur image.

Le Tyran qui n'a rien à craindre des derniers des hommes, & n'en peut rien tirer, est d'intelligence avec

eux. Il fait qu'ils portent envie aux riches & aux meilleurs citoyens, & les compte entre ses complices se-
crets, lorsqu'il dépouille les riches, & déshonore ou
fait disparoître ceux dont le mérite lui fait ombrage.
Souvent il tire de la poussiere ces viles créatures,
parce qu'il est sûr de ne trouver en elles aucun sentiment qui répugne aux siens, ou rallentisse leur obéissance, & qu'il pourra toujours les replonger dans le
néant, sans que personne le trouve mauvais, pas même ce vil peuple du milieu duquel il les aura tirées, &
qui aura commencé à les envier dès qu'il les aura vues
au-dessus de lui. Car il hait & envie ses semblables,
lorsqu'ils s'élevent, au-lieu qu'il hait seulement dans les
grandes places ceux qui lui ont toujours été supérieurs.
Tel est le peuple sous le Despote ; & lorsqu'il est lui-
même Despote, il hait les Grands, les craint, & les
punit de sa propre lâcheté. Il envie & méprise ses vils
favoris, & les replonge dans la fange dès qu'il en est
las.

Dès qu'on m'accordera que, sous un Tyran, tout
s'avilit, que la vertu ou l'amour de chaque citoyen
pour ses devoirs, fait place au vice, ou à un intérêt
qui n'est pas celui de la société ; dès qu'il est prouvé
que la crainte détruit l'émulation, laisse imparfaites les
opérations de l'ame, & réduit celles du corps à un
méchanisme presque physique ; si, dis-je, tels & autres semblables sont les inconvénients de la tyrannie,
tels doivent être aussi ceux de la démocratie, non sur
le bas peuple, mais sur ceux des citoyens que la naissance, la fortune & les talents destinent à en être

la victime, parce qu'ils devroient en être les chefs.

Appliquons cette théorie aux faits, après avoir observé que, dans un calme d'une certaine durée, le peuple se remet insensiblement à sa place, & s'y tient ou à peu près, tant qu'il n'arrive pas de changement notable dans l'état des choses. Nous connoissons fort peu l'histoire d'Athenes avant la bataille de Marathon. La division qui y avoit régné entre les habitants de la côte & ceux des montagnes, quelques combats de l'aristocratie naturelle contre la démocratie légale, avoient marqué cette époque. Mais il est certain que, jusqu'à la fameuse bataille à laquelle nous la terminons, les arts, l'industrie & le commerce avoient été beaucoup moins florissants à Athenes, qu'ils ne le furent depuis. Le peuple qui possédoit les terres, devoit donc être plus considéré à proportion que les ressources étoient moindres pour les citoyens non-possessionnés, & le nombre de ceux-ci devoit être aussi moindre, parce que chacun avoit dû être plus soigneux de garder son domaine, qu'un moindre luxe avoit déplacé moins de fortunes, en les ôtant aux uns pour les ajouter à celles des autres, & parce qu'il n'avoit pas pu y avoir le même nombre d'hommes qui vécussent sans terre.

C'étoient donc les propriétaires des terres, qui dominoient dans les assemblées, ou en qui résidoit la puissance souveraine. Dès-lors les assemblées devoient être moins tumultueuses, par le caractere même des cultivateurs, en qui des occupations presque continuelles diminuoient ou empêchoient de s'allumer à un certain point le feu des factions, & prévenoient la grande fermentation d'idées à laquelle sont sujets les hommes oisifs, qui ont une imagination bouillante. La supériorité des grands propriétaires, qu'on mesuroit à l'œil, en imposoit davantage par son évidence, & par la légitimité de ses titres. Une subsistance assurée, & une vie laborieuse, étoient autant d'obstacles à la fréquence des assemblées de toute espece, qui, dans la suite, furent la ressource d'un peuple souvent désœuvré, pour vivre de la table & des offrandes des riches, & pour se faire payer des suffrages. Enfin, l'intérêt des propriétaires des terres étant encore l'intérêt dominant, la défense du territoire d'Athenes fut le premier objet de l'attention publique ; la considération que s'attiroient tous les guerriers, & la considération plus grande encore de ceux qui servoient le plus souvent & à plus de fraix, étoient dominantes dans les préjugés, comme elles étoient les mieux méritées.

Les troupes de terre furent donc les principales troupes de la République ; ce que le sage Xénophon prétendoit devoir être toujours, si Athenes vouloit avoir une existence propre & assurée, & non une fortune précaire, comme la lui donnerent le commerce & la marine ; ce furent des citoyens aisés qui exercerent l'autorité, ce que Xénophon voulut rétablir sur l'ancien pied, par un moyen qu'il croyoit praticable, & qui étoient aussi doux qu'auroit été violent un nouveau partage des terres. Enfin, la Démocratie étant presqu'aristocratique, les meilleurs citoyens n'avoient été ni opprimés, ni découragés ; c'est-à-dire, que la tyrannie n'avoit encore ni énervé, ni avili, & que

toutes les têtes n'étoient pas encore de niveau, lorfque les Athéniens compoferent avec leurs alliés une
armée de dix mille hommes que commanda Miltia-
des, c'eft-à-dire, le citoyen d'Athenes le plus iliuftre
par fa naiffance, le plus opulent, & celui dont la
grandeur étoit la plus indépendante de la République,
puifque, de fon chef, il étoit Prince ou Roi de la Cher-
fonnefe de Thrace. La qualité feule du Commandant
indique affez que le peuple Athénien n'étoit point encore parvenu à ce degré de folie, qui fixa depuis fon
choix fur des hommes vils, pour en faire des Généraux, ou qui lui fit partager le commandement à l'in-
fini, afin que tout fe trouvât rapproché, autant qu'il
étoit poffible, de la petiteffe de ceux qui donnoient les
commiffions.

Cependant le commerce fit des progrès, l'oppreffion
des alliés remplit les tréfors, le fafte de Périclès mul-
tiplia les moyens de vivre fans patrimoine, & l'on
vit d'un côté les terres fe réunir par le difcrédit dans
lequel elles tomberent, & l'attention des gens fages à
augmenter leurs fonds folides ; de l'autre, la multitude donner la préférence au commerce, parce qu'il
étoit acceffible à tous, à la marine, parce que le pauvre étoit payé par le riche pour monter les galeres,
& entretenu à fes dépens, & auffi parce que, pour
des pareffeux, il eft plus agréable de ne voir entre
eux & l'opulence qu'un combat incertain, & une mort
plus incertaine encore, qu'il ne l'eft de voir de longs
travaux terminés par une foible efpérance.

La population d'Athenes, & fa pofition, l'activité

des Athéniens, leur ardeur pour le gain, leur caractere halardeux, qui faifoit partie de leur légéreté, leur donnerent de grands fuccès fur mer, & dès-lors la marine fut le centre unique à quoi tout dut aboutir. Le continent fut négligé, & dès-lors les poffeffeurs des terres, qui compofoient les troupes de terre, comptés pour rien. Leur crédit fut anéanti, & leur opulence taxée fans regle & fans mefure. Ils devinrent la proye du tyran, & ce tyran étoit un peuple fougueux.

Les gens de mer, au contraire, la plupart aventuriers, qui gagnoient beaucoup, & dépenfoient encore davantage, devinrent des gens très-importants. C'étoit dans leurs mains qu'étoit la fortune de l'Etat.

Tous ceux qui fervirent fur mer fans fortune patrimoniale, fans poffeffions fixes, fans mœurs héréditaires, jouirent de la plus grande confidération. On ménagea jufqu'aux efclaves, & Xénophon attefte que leur condition fut telle, qu'on étoit obligé de leur permettre un luxe fcandaleux, parce que la République ne pouvoit s'en paffer.

Il arriva alors à Athenes ce que nos aïeux ont vu arriver chez nos voifins dans le fiecle dernier. Le déplacement des richeffes conduifit fur l'échafaud un Roi qui avoit méconnu le déplacement de crédit & de pouvoir qui en avoit été la fuite; la Nobleffe fut écrafée fous les débris du trône; les troupes de terre partagerent les fuites de cette révolution par une profcription prefqu'entiere, & l'effet de toutes ces révolutions fut & eft encore, que la nation ne doit rien

être que fur les flots ; que les poffeffeurs des terres
font peu de chofe, & doivent être facrifiés au grand
intérêt du commerce qui eft prefque tout. Le fyftême des dettes publiques , inconnu aux Athéniens,
auffi - bien que l'ordre monftrueux & puiffant des
créanciers de l'Etat, eft un élément de plus dans cette
combinaifon ; mais du refte, la reffemblance eft très-
grande entre la nation dont je parle & le peuple d'A-
thenes. Xénophon prédifoit ce que devoit être cette
nation, lorfqu'il difoit qu'il ne manquoit à la République que d'avoir fa Capitale dans une Ifle.

Il annonçoit encore quelle feroit la foibleffe & le
fyftême de nos rivaux, lorfqu'il obfervoit qu'Athenes n'avoit & ne pouvoit avoir des alliés, c'eft-à-
dire, des efclaves, que fur les côtes où ils faifoient
partie de fon empire maritime, & dans les Ifles où
ils étoient féparés les uns des autres par l'élement
fur lequel les Athéniens étoient les plus forts, parce
que, s'ils euffent pu fe raffembler, Athenes n'auroit pu
leur oppofer fur terre qu'une armée méprifable.

Si vous doutez de la jufteffe de mes remarques,
examinez quelle figure firent fur le continent les troupes de terre de la République Athénienne, depuis
qu'elle fe fut livrée toute entiere à la marine.

Des mercenaires étrangers en compoferent la meilleure part, & encore cette funefte reffource ne put-
elle rien produire qui rappellât la journée de Marathon.

Lifez auffi l'hiftoire de ces affemblées populaires
qu'agita un efprit de vertige, auquel on ne peut com-

parer que celui qui bouleversa votre Capitale sous
un Prévôt Marcel, pendant la longue frénésie d'un de
vos Monarques, & lorsque le fanatisme eut fait de
vos bourgeois une troupe de forcenés. Vous pourrez
le comparer aussi à celui qui régna dans le camp de
Cromwel. La seule différence que vous remarquerez,
vint de ce qu'à Athenes la Démocratie étoit légale, &
qu'elle ne le fut pas dans les autres cas dont je viens
de parler. C'est la même différence qu'il y auroit entre
un Prince légitime qui seroit despote & tyran, &
un tyran qui seroit usurpateur.

Je crois vous avoir expliqué comment les Athéniens, malgré la Démocratie, se couvrirent de gloire
à Marathon, & pourquoi ils perdirent ensuite toute
leur réputation dans les guerres de terre.

T I M O P H T O N E.

Ce que vous venez de me dire me paroît très-sa-
tisfaisant ; & quoique j'entrevoye un peu de conjecture dans ce qui regarde l'époque & les causes de la
révolution, je ne puis rien opposer à votre raisonnement, puisque les principaux faits qu'il suppose,
& même les inductions que vous tirez de ces faits,
sont appuyés sur le témoignage & les réflexions de
Xénophon, Auteur très-grave, auquel je ne puis en
opposer aucun autre : mais vous me devez encore
compte de la gloire que les Athéniens acquirent sur
mer ; & si elle fut due à l'égalité des citoyens, c'est,
à mon avis, un bon équivalent de ce qu'ils perdirent sur
terre.

L'Auteur.

Vous ne me faites grace de rien, puisque vous aimez mieux établir une parité qui n'exiftera jamais, que de me tenir quitte d'une feule de mes promeffes. Non, & vous le favez mieux que moi, il n'y aura jamais aucune comparaifon à faire entre la confiftance & les forces que donnent à un peuple la marine & le commerce d'induftrie, & celles qu'il ne doit qu'à fes fonds de terre, & à la bonté de fon agriculture.

Timophtone.

Vous changez l'état de la queftion : car il ne s'agit pas de comparer deux chofes exclufives l'une de l'autre. On peut avoir de bons fonds & une excellente agriculture, & en même-temps faire un riche commerce. Nos voifins en font une preuve vivante.

L'Auteur.

Je pourrois vous répondre que j'exige une proportion entre le commerce & l'agriculture, & que cette proportion utile à l'un & à l'autre, eft indifpenfablement néceffaire pour la confervation des mœurs, la fûreté de la fubfiftance des citoyens, & le maintien du meilleur régime que puiffe avoir une nation. Mais ce feroit une nouvelle difcuffion dans laquelle je m'engagerois avec vous, & qui pourroit nous mener trop loin.

Timophtone.

Je ferois pourtant très-curieux d'entendre ce que vous pourriez dire fur cette matiere. Elle me paroît offrir une fpéculation toute nouvelle, & dont je n'ai pas même trouvé de traces dans les premiers Livres de vos Eléments. Je confens que vous preniez du temps pour mettre vos idées en ordre , & que nous remettions à un autre jour l'examen de l'utilité & de la raifon de cette proportion , de la différence entre la puiffance de terre & celle de mer , & des principes de droit naturel qui ont rapport à l'égalité légale des hommes. Car c'eft-là mon dernier retranchement, & dans lequel je me retirerai , dès que vous aurez achevé de prouver que l'égalité entre les citoyens ; loin de contribuer au bonheur de la fociété , y feroit un obftacle infurmontable.

L'Auteur.

J'accepte le délai que vous m'accordez. Auffi-bien cette converfation n'a-t-elle déja été que trop longue. La vanité que l'on tire de la facilité de parler fans préparation ; m'a toujours paru mal entendue ; & je renonce volontiers à cette efpece de gloire. A demain donc, fi vous le voulez bien, la continuation de cet entretien.

Timophtone.

A demain , j'y confens.

CHAPITRE III.

Suite du Chapitre précédent. Qu'il doit y avoir une proportion entre l'agriculture, ou les richesses propres & essentielles d'un peuple terrier, & son commerce. Que l'esprit dominant de la marine, relatif à son origine & aux moyens par lesquels elle se soutient, n'est pas l'esprit des troupes de terre. Exemple d'Athenes. Pourquoi & comment l'honneur est la vertu des Monarchies plutôt que des autres Gouvernements. Qu'il ne peut être suppléé, & n'existe point sans classification ; que c'est sur la différence de naissance que celle-ci doit être principalement fondée.

SECOND DIALOGUE

ENTRE L'AUTEUR ET TIMOPHTONE.

TIMOPHTONE.

Vous m'avez fait passer une nuit bien inquiete, après une soirée bien occupée. J'ai ouvert votre Politique Athénien aux endroits que vous m'avez indiqués, & que je n'avois jamais lus. Quel portrait il fait de cette République, dont l'intérêt étoit de tenir les gens de bien dans l'oppression, de ruiner les riches, & de maintenir l'empire des citoyens les plus pauvres & les plus mal élevés, fur la partie la plus faine, la plus éclairée, la plus vertueufe de la nation !

L'A u t e u r.

Vous avez pourtant vu que, de l'aveu de Xénophon même, le peuple d'Athenes ne pouvoit pas fe mieux conduire pour l'intérêt de la Démocratie. Son Ouvrage contient prefque toutes les maximes qui doivent être néceffairement adoptées par-tout où l'on voudra maintenir le pouvoir de la multitude. Il faudra même la forcer à égorger les citoyens qu'elle admirera ; &, pour cet effet, il fera néceffaire qu'il y ait un College d'accufateurs, qui n'auront d'autre occupation que de chercher la vertu, de la couvrir d'un mafque, & de la livrer ainfi défigurée à la fureur d'un peuple féduit.

T i m o p h t o n e.

Sous ce point de vue, le Traité de Xénophon fur le Gouvernement d'Athenes reffembleroit au Prince de Machiavel, ce que je ne veux pas croire pour fon honneur.

L'A u t e u r.

La comparaifon eft affez jufte ; mais il y a cette différence, que le Philofophe Grec difoit ce qui étoit, & préfentoit feulement un mauvais régime avec toute fa difformité, fans rien donner de fon crû.

T i m o p h t o n e.

Peut-être en donnant un chef unique à la multi-

tude

tude compofée de fujets égaux entre eux, corrige-
roit-on ce que la Démocratie avoit de vicieux à Athenes.

L'A U T E U R.

C'eft ici une queftion nouvelle à laquelle je crois
avoir déja répondu, mais que nous traiterons encore,
fi vous le jugez à propos, après avoir difcuté les deux
points dont nous avons remis l'examen à ce fecond
entretien.

T I M O P H T O N E.

Entrez donc en matiere, je vous prie. Vous exigiez
une proportion entre le commerce & l'agriculture,
& vous prétendiez qu'il étoit poffible de fixer la raifon de cette proportion. Vouliez-vous dire qu'une
étendue de terrein &'un nombre d'hommes étant donnés, on peut fixer la portion de ce terrein & la quantité de ces hommes qui devront être affignées au commerce?

L'A U T E U R.

Commençons, s'il vous plaît, par le principe général, qui eft, felon moi, la néceffité d'une proportion
quelconque, & permettez-moi un apologue.

J'avois deux vóifins, dont l'un faifoit valoir une
groffe métairie qu'il tenoit à ferme, & l'autre n'avoit
pour tout domaine qu'une maifon, de grandes écuries,
un bon nombre de chevaux & de chariots, qui étoient
à lui en toute propriété. Le fermier n'avoit ni moins
de chevaux, ni moins de chariots, & le tout étoit auffi
à lui.

Celui-là gagnoit fa vie en faifant le métier de roulier,

& s'en trouvoit très-bien. Tous les ans il augmentoit son mobilier & l'étendue de ses entreprises. Ses chevaux étoient bien nourris, & ne dépérissoient pas, malgré l'excès du travail, parce qu'ils avoient aussi quelque repos de temps à autre. Cet habile roulier, pour mettre tout à profit, vendoit jusqu'à son fumier.

Le fermier vit que cette économie étoit bonne, & dit en lui-même : Pourquoi n'ajouterois-je pas cette industrie au soin de faire valoir ma ferme ? Mes chevaux chomment souvent, & chommeroient encore davantage, si ce n'étoit que, pour ne les pas nourrir sans rien faire, & mes valets aussi, je les employe à charrier des terres & du fumier. Quel profit m'en revient-il ? Le fonds s'améliore peut-être un peu. Mais une journée de charroi rapporteroit de l'argent comptant, & me feroit plus de profit qu'une chétive amélioration.

Après avoir raisonné ainsi avec lui-même, il offrit à quelques particuliers, ses voisins, de faire des charrois pour eux dans les saisons mortes. Comme on étoit content du roulier son voisin, il eut bien de la peine à trouver des pratiques, & il ne gagna pas autant que le roulier, parce que ses valets, accoutumés à être bien nourris, faisoient plus de dépense dans les auberges que les valets de roulier.

Cependant ses chevaux se ruinoient, & ses valets prenoient du goût pour leur nouveau métier. Quand fut revenu le temps des travaux champêtres, les chevaux eurent peine à y suffire, & les valets travaillèrent mal ; ils furent même insolents dans la maison de leur maître, comme s'ils avoient encore été dans un cabaret. Rien n'étoit bien à leur gré, & il auroit fallu d'autres valets pour les servir.

Cette année se passa pourtant assez bien; & quand le fermier fit son compte; il se trouva un peu plus d'argent comptant qu'à l'ordinaire. Bon, dit-il, voilà qui va bien. Pour peu que j'augmente encore le nombre de mes pratiques; je deviendrai riche à jamais. C'est une grande sottise de n'être que fermier. Il économisa sur le charroi des engrais, ne déplaça pas une livre pesant de terre, ne fit pas un fossé, & laissa ses grains dans les greniers, faute de temps pour les porter au marché. Il avoit toujours compté trouver du temps pour cela; mais il fut si occupé, que l'année se passa sans qu'il eût rien vendu. Quand le temps de payer son maître arriva, il vendit tout dans le grenier, à quelques sols de perte par boisseau. C'étoit peu de chose. Mais quand vint la moisson, il fut un peu triste; car il n'eut que les deux tiers de la récolte ordinaire.

Il eut pourtant encore du profit au bout de l'année; & admira toujours davantage son habileté.

D'après des calculs très-justes, il vendit ses bœufs & ses vaches, faucha tous ses herbages, retrancha encore la moitié des engrais, & ne sema que la moitié de bled. Le reste fut mis en avoine; car il augmenta beaucoup le nombre de ses chevaux.

Le roulier qui n'étoit que roulier, s'apperçut qu'il avoit un rival dangereux, & se crut perdu. Mais après y avoir réfléchi, il prit son parti. Il alla trouver les pratiques du fermier; & leur offrit ses services à un quart meilleur marché. Sa propofition fut acceptée par les uns, les autres s'en prévalurent auprès du fermier, qui fut obligé d'en paffer par le prix que fon concurrent lui avoit fait. Tous deux perdirent, & le roulier s'y étoit bien attendu; mais fa réfolution étoit prife, d'y mettre jufqu'au dernier fol de fes épargnes.

L'année fut très-mauvaife pour le fermier; car il perdit doublement, par le mauvais produit de fa ferme, & par le bas prix des charrois. Mais il difoit en lui-même: Je n'achete ni foin, ni avoine; mon voifin achete tout cela. Il fera plutôt las que moi. Cependant il fallut payer le propriétaire. Toutes les épargnes du fermier y pafferent. La fermiere en enragea. Elle regrettoit de plus fes vaches, fa laiterie, fes fromages, fes bœufs. Elle querella fon mari. Ne vois-tu pas que tu es une fotte, lui dit-il? A préfent que tu n'as rien à faire, tu es comme une dame. Donne-toi du bon temps, & laiffe-moi faire. J'en fais plus long que toi. A la bonne heure, dit la fermiere; & elle fe réfigna. Les valets s'étoient auffi tous réfignés, & déja la plupart étoient des nouveaux venus qui n'avoient jamais labouré, ni charrié de fumier. Il y avoit trop de cette vilaine denrée: on en vendit; & cela rendit encore de l'argent.

Le roulier foutint la gageure pendant toute l'année fuivante. A la rigueur, il ne perdoit rien; mais il gagnoit peu, & faifoit mauvaife chere. Le fermier n'auroit rien perdu non plus, s'il avoit pu mettre toute fa maifon au régime, & qu'il n'eût pas eu de fermages à payer. Mais par les deux raifons contraires, il perdoit

féellement. Cependant fes terres mal labourées & pri-
vées d'engrais, rendoient peu d'avoine ; fes herbages,
devenus des prés, commençoient à s'épuifer. A la fin
de cette troifieme année, il ne put pas payer fon maître. Ce fut encore pis la quatrieme ; car tous fes chevaux, fes meubles, fes chariots furent vendus : & attaqué en juftice, pour avoir détérioré la terre contre les
claufes de fon bail, il en fut pour tout fon petit patrimoine, & devint journalier ou mendiant, je ne fais
lequel des deux.

Voilà mon apologue.

TIMOPHTONE.

Il a été un peu long, & la morale m'en paroît com-
pliquée. Vous frondez, ce me femble, les peuples
terriers, qui veulent être les voituriers de l'univers, ou
s'adonner au commerce d'induftrie. Vous prétendez
qu'ils ont moins de facilités pour ce commerce, que
les peuples qui n'ont, pour ainfi dire, que des maifons,
des ports & des magafins.

Le motif de votre critique eft, que les peuples terriers ne peuvent s'adonner à ce commerce, fans préjudice de leur agriculture, à moins que la population ne
fût exceffive chez eux ; ce qui n'eft jamais arrivé, &
n'arrivera jamais dans un grand territoire. Mais que
voulez-vous dire par la culture de l'avoine fubftituée
à celle du froment, par la fauchaifon des herbages, auparavant exploités par des beftiaux, par la vente de
ceux-ci, qu'on remplace par des chevaux ?

L'AUTEUR.

Le changement de culture défigne la manie de ceux

qui abandonnent les productions naturelles de leurs terres, pour y fubftituer celles qui peuvent être un objet direct de commerce, foit qu'on les vende en nature, foit que çe foient des matieres premieres pour les manufactures du luxe.

La vente des beftiaux eft le découragement, l'expatriation ou la ftérilité des agriculteurs, ou la néceffité dans laquelle on les met de devenir artifans, ou matelots, ou marchands. Ceux-ci font les chevaux de roulier. Le fumier que l'on fouftrait à l'agriculture, eft l'argent que l'on tire de la circulation des Provinces pour l'amonceler dans les Villes, ou le placer dans le commerce. Le roulier vend fon fumier, & a raifon. C'eft-à-dire que le peuple voiturier trouve fon compte à placer de l'argent chez fes voifins, pour en tirer un gros intérêt. Mais le tirer ; qui le fait, fait une fottife, parce qu'il peut l'employer beaucoup plus utilement à l'amélioration de fes fonds.

Quand le fermier eft lui-même fon voiturier, il fait bien, s'il peut l'être fans négliger fes autres travaux ; autrement il fait mieux de donner quelque chofe à gagner au voiturier, pour gagner lui-même davantage. Les valets, dégoûtés des travaux de la ferme, font les fujets arrachés à l'agriculture, qui n'y retournent plus. Vous retrouvez-vous maintenant dans la morale de mon apologue ?

TIMOPHTONE.

Très-bien. Il n'y a que deux points que je n'entends pas ; mais il ne faut pas exiger que tout ait une signification. Qu'est-ce que c'est que la fermiere qui se plaint d'abord, & qui se résigne ensuite, & les valets qui deviennent insolents?

L'A u t e u r.

Ce n'est pourtant pas-là ce qu'il y a de plus obscur dans ma fable, & vous n'y trouvez de l'obscurité que pour n'y avoir pas bien réfléchi.

T i m o p h t o n e.

Mais encore, je ne sais ce que c'est que cette femme?

L'A u t e u r.

Si je vous disois que c'est le suprême Magistrat d'un peuple terrier, qui, en jettant les yeux sur son territoire, le voit presque désert, & qui, en examinant sa recette & sa dépense, trouve que la premiere diminue, & que la seconde augmente? Si pourtant il vous déplait que l'on désigne ainsi le suprême Magistrat, supposez que c'est un chef éclairé des finances, mais plus éclairé que ne le fut Colbert, un Sully, par exemple.

T i m o p h t o n e.

Et en ce cas, le fermier, qui sera-t-il?

L'A u t e u r.

Le Ministre ayant le département du commerce, ou plutôt le corps des négociants personnifié.

T i m o p h t o n e.

Ensuite: car je ne devine pas encore la morale.

F iv

L'Auteur.

Sully, car ce nom me plait beaucoup; Sully, par exemple, se plaint que les campagnes font mal cultivées, & presque désertes; que le tréfor est vuide, parce que les Provinces ne peuvent plus payer, & que le commerce paye peu, sous prétexte qu'il doit être favorisé; que cependant la dépense augmente, parce qu'il s'accumule beaucoup d'argent dans quelques endroits, d'où il ne sort que par un luxe excessif, dont le goût devient général, & qui tourne à la charge du tréfor public, parce que les penfionnaires de l'Etat ne doivent pas paroitre des gueux.

On répond au Protecteur de l'agriculture, qu'elle n'aura bientôt plus rien de commun avec les finances; que le commerce va devenir si floriffant, qu'il fournira seul à tout : & en attendant, il commence par vendre de l'argent au Miniftre des finances, qui n'a plus qu'à recevoir des efpeces, & à donner du papier. Le commerce tombe ensuite en décadence, par la concurrence, ou par des malheurs, ou faute d'une protection suffisante, & le fermier finit par n'avoir ni terres, ni chevaux.

Timophtone.

Il devoit payer davantage.

L'Auteur.

Cela est bientôt dit. Mais taxez les hafards, si vous pouvez. L'un se ruineroit en ne rien payant, tandis que l'autre, qui est heureux, s'enrichiroit encore en partageant ses profits par moitié avec l'Etat. D'ailleurs,

les gains font nécessairement bornés par la concurrence. Taxez encore le commerce, & on vous dira
que vous le ruinez. Entreprenez de le diriger au plus
grand bien de l'Etat, & les commerçants vous répondront qu'ils l'entendent mieux que vous, & que vous
n'avez qu'à les laisser faire. Délivrez-les de la concurrence des étrangers dans vos ports, & les cultivateurs seront à leur discrétion. Souffrez cette concurrence, & ils se plaindront de votre mauvaise politique.

TIMOPHTONE.

Je crains bien que ces commerçants ne soient aussi
les valets insolents, & que vous ne prétendiez que,
par le génie du commerce, par la fréquentation des
étrangers, par la vie même qu'ils menent, ils courent
grand risque de perdre les mœurs nationales, & de
devenir des sujets très-hargneux.

L'AUTEUR.

Puisque vous m'avez deviné, je n'ai plus rien à
vous dire sur ce point.

TIMOPHTONE.

Vous concluez de tout cela à la nécessité d'une
proportion.

L'AUTEUR.

Assurément.

TIMOPHTONE,

Et quelle est-elle ?

L'AUTEUR.

Il est facile de faire une pareille question, mais

très-difficile d'y répondre. Voyons cependant. Dans quel cas croyez-vous qu'un fermier pourroit devenir roulier, sans courir à sa ruine?

TIMOPHTONE.

Dans deux ou trois cas. Le premier seroit celui où il auroit assez de chevaux & de valets pour être son roulier à lui-même, sans préjudice de la culture de sés terres. Il ne craindroit pas la concurrence; & comme il gagneroit lui-même son argent, un petit gain lui suffiroit.

Un autre cas, bien plus rare, seroit celui ou par la nature de son fonds, il seroit obligé de faire beaucoup de foin & d'avoine, & où, pour l'employer avantageusement, il entretiendroit un grand nombre de chevaux, dont une partie serviroit à la culture, tandis que le reste seroit loué.

Tel seroit le cas d'un riche fermier, maitre de poste. La position peut équivaloir, en ce cas, au privilege exclusif. Mais il devroit toujours avoir plus de bœufs que de chevaux, si ses prairies n'étoient des marais, & ses champs des plaines de sable; ce qui supposeroit une bien mauvaise terre. A peine donc il seroit fermier dans ce dernier cas.

Il faudroit aussi qu'il eût assez de valets pour n'avoir pas besoin sur sa ferme de ceux qui feroient métier d'être sur les chemins, & je lui conseillerois toujours d'avoir un plus grand nombre des premiers que des seconds, & de tenir leurs intérêts séparés, afin de pouvoir réprimer avec le secours des uns l'insolence des autres.

Je ne prétends pas suivre votre comparaison : je raisonne seulement d'après votre supposition.

L'Auteur.

Vous avez si bien expliqué ma pensée, que, sans l'espece de protestation par laquelle vous avez fini, j'aurois juré que vous suiviez la comparaison, & qu'en d'autres termes, vous énonciez les maximes que j'ai eues en vue, lorsque j'ai affirmé la nécessité d'une proportion entre la classe marchande & les autres classes, entre les effets commerçables & la véritable richesse nationale, entre la masse d'argent qui circule entre les cultivateurs, & celle qui sert à faciliter les opérations du commerce.

Timophtone.

Je ne nierai point que je n'aye vu où vous vouliez aller, & que ce ne soit la raison pour laquelle j'ai suivi & développé votre hypothese d'une maniere dont vous avez été satisfait. Je conviendrois même avec vous de la nécessité d'une proportion, si j'étois aussi persuadé que vous paroissez l'être, que la nation doit rester telle qu'elle est. Mais je suis d'une opinion, & je forme des vœux absolument contraires, & le commerce me paroit être un des moyens les plus efficaces, pour faire de la nation ce qu'un habile cultivateur fait de sa terre.

L'Auteur.

Qu'en fait-il donc, de grace ?

TIMOPHTONE.

Il la renouvelle en la retournant. Il eſt juſte qu'enfin ceux qui furent ſi long-temps les derniers, deviennent les premiers; & c'eſt à quoi doivent tendre tous
les efforts des honnètes gens. Le commerce a déja beaucoup avancé cette révolution; les finances, que je
n'aime pas d'ailleurs, y ont auſſi contribué : nous
aurons obligation du reſte, au moins en grande partie, aux baux de vingt ans, au trefle, au ſain-foin,
à la luſerne, aux turnebs. Car enfin, ſi, pendant
vingt ans, les fermiers s'enrichiſſent au point de pouvoir acheter la terre qu'ils auront tenue à ferme, il
eſt évident que leurs maîtres qui en tiroient déja
fort peu, deviendront très-pauvres dans l'abondance
générale; d'où il arrivera qu'au bout de vingt ans,
ils ne pourront reprendre leur propre terre faute d'argent pour la faire valoir. Ainſi ils feront obligés de
la vendre, & nous aurons par-tout des fermiers parvenus par une induſtrie très-louable, au-lieu de Gentilshommes engourdis dans une nobleſſe furannée.

Comme pourtant je vois de grandes difficultés au
ſuccès complet de ce plan, je compte encore plus ſur
le commerce, & ſuis très-fâché d'en voir diminuer l'enthouſiaſme auquel nuit celui de l'agriculture. Il n'eſt
pas douteux que notre marine ne doive ſouffrir de
cette diminution; ce qui feroit un très-grand mal,
puiſque nous avons plus de côtes que de frontieres
ſur le continent.

Nous devons donc être une puiſſance maritime
plus qu'une puiſſance de terre. Or, l'exemple d'A-

thenes prouve, fuivant vous, qu'il n'eft pas befoin de tout cet attirail de vertus, d'éducation, de Nobleffe, de préjugés, pour foutenir une marine, comme il peut en être befoin pour foutenir un bon militaire fur terre. N'eft-ce pas-là votre penfée ?

L'Auteur.

Vous l'avez très-bien faifie, & il me paroît que je fuis difpenfé de vous faire voir comment Athenes eut une marine floriffante, quoique fes mœurs fuffent très-mauvaifes, & fon régime pervers, tandis que, par les mêmes caufes, fa puiffance fur terre étoit devenue très-méprifable.

Timophtoni.

Non pas, s'il vous plaît ; je prétends que vous me teniez parole, & que vous m'expliquiez précifément ce que vous venez de dire, fans rien changer à l'énoncé de la queftion.

L'Auteur.

Avant d'aller fous la terre, & de perdre pour jamais la vue de ce beau foleil, comme un gazon que la charrue renverfe, & fait tomber plus bas que n'étoient fes racines, avant de voir mon fermier, propriétaire de mon petit domaine, prendre mes enfants pour fes valets, je dois encore parler de Gouvernement, de marine, de troupes de terre. Eh ! Monfieur, eft-ce donc mon teftament de mort que je dois faire, avant d'être enterré tout vivant ?

TIMOPHTONE.

Vous devez tenir votre parole, tant que vous n'êtes pas sous la terre. On vous permettra ensuite de n'en point avoir.

L'AUTEUR.

Mais, sans doute, mon fermier sera homme de parole à ma place. Ce qui lui paroîtra très-étrange ; car ce ne sera pas en lui une habitude.

TIMOPHTONE.

La mauvaise foi est un vice de la servitude, que vous avez tort de reprocher à ceux que vous avez fait esclaves.

L'AUTEUR.

Je n'ai point fait d'esclaves, Monsieur ; & quand je donnai ma ferme, celui qui eut la préférence m'en fut très-obligé : quand je prends un domestique à mon service, il croit que je fais sa fortune ; & sans doute, il en sera de même de mes enfants, lorsqu'ils trouveront un bon maître. Il me semble qu'il y aura toujours de la pauvreté, ou bien il n'y aura plus ni richesse, ni aisance. Mon fermier est un puissant seigneur, en comparaison d'un homme qui seroit resté dans l'état de nature, tel qu'il plaît à vos semblables de l'imaginer. Mais relativement à moi, qui suis encore plus loin que lui de l'état de nature, il est pauvre. Il n'y a pas un de mes laquais qui voulût être Chéraquis, ou Huron, ou Hottentot.

Dès qu'il existe une société policée, il n'y a point

d'homme, en faisant partie, qui ne soit au-dessus d'un homme privé de toute société, ou d'un homme naturel. Mais plus chacun a par le bénéfice de la loi, plus il veut avoir. Le pauvre & l'avare desirent avant tout des biens physiques. Celui qui a ceux-ci en médiocre quantité, & à qui il est difficile de les augmenter, desire ce qu'on lui a appris à estimer, gloire, réputation, supériorité.

La société ne fait donc injustice à personne, tant que les loix sont observées; mais elle se fait du mal à elle-même, si elle favorise dans ses membres ces desirs avides qui tendent à son bouleversement, & qui l'opéreroient, s'ils étoient comblés. Ce sont des desirs contraires les uns aux autres, puisque l'accomplissement de tous, & même de quelques-uns, de deux seulement, est incompatible. De quel droit donc la société favoriseroit-elle le desir de l'un, plutôt que celui de l'autre? Elle approuve tous les desirs qui conviennent aux individus, suivant leur destination; elle n'y oppose d'autre obstacle que les loix : mais elle ne peut desirer elle-même ce que ses membres desirent, chacun pour soi, à l'exclusion ou au préjudice les uns des autres. Son devoir est de tourner au profit de la totalité, les passions des individus. Mais pour parler de la richesse & de la pauvreté en particulier, comme elle doit nécessairement contenir des pauvres & des riches, peu lui importeroit qui seroit pauvre ou riche, si elle n'avoit pas intérêt à ce que les fortunes fussent durables & héréditaires : durables, afin que l'éducation qui convient aux riches, ne restât pas d'un côté, pendant que

la richeſſe ſeroit paſſée de l'autre; héréditaires, pour
que le pere pauvre ne dût pas élever ſon fils comme
devant être riche, & que le pere riche ne dût pas élever
le ſien, comme devant être pauvre : car cela n'arrivant
pas, & les fortunes circulant pourtant ſans ceſſe, il en
réſulteroit un déplacement de ſentiments très-fâcheux,
& une contradiction pernicieuſe entre les mœurs & les
choſes.

TIMOPHTONE.

Vous venez de dire des choſes excellentes, & dont
je ſuis frappé; mais vous auriez dû les réſerver pour
le temps où nous examinerons la queſtion de droit,
& il me ſemble que c'eſt ici une digreſſion qui n'a
aucun rapport avec le point que nous devons diſcuter.

L'AUTEUR.

Il faut donc encore que je retourne à Athenes. En
vérité, pour un homme né dans une Monarchie, vous
aimez beaucoup cette Démocratie Athénienne. C'eſt
peut-être pour prendre le contre-pied de Platon & de
Xénophon, qui, étant nés à Athenes, donnoient la
préférence à la Monarchie modelée ſur tous les autres
Gouvernements.

TIMOPHTONE.

Je commence à croire que je ne tirerai pas grand
fruit de tous ces voyages que je vous fais faire dans
un Pays que vous paroiſſez mieux connoître que moi.
Mais le problême que vous m'avez promis de réſoudre, pique ma curioſité; & la maniere dont vous le

réſoudrez

réfoudrez pourra n'être pas indifférente à la caufe que j'ai entrepris de foutenir.

L'Auteur.

Il faut donc vous fatisfaire, & je ferai moi-même bien-aife de fixer mon attention fur un phénomene politique, qui n'a pas eu beaucoup d'obfervateurs.

La marine, dans fon origine, reffemble aux forces de terre, & a comme elles un berceau où elle prend fa premiere confiftance. L'agriculture eft le berceau de la milice. Elle néceffita autrefois à la guerre, par l'intérêt de la défenfe ; elle y fut toujours la meilleure préparation, comme dans tous les temps la poffeffion des terres fut le gage le plus affuré de la bravoure & de la fidélité des défenfeurs de la patrie.

La pêche reffemble, en quelque forte, à l'agriculture ; elle eft le véritable berceau de la marine : mais elle n'a pas relativement à celle-ci, ou n'a pas au même degré tous les avantages de l'agriculture relativement à la milice. Elle n'admet point de poffeffions exclufives ; elle n'attache pas autant ceux qui l'exercent, à un certain lieu, à une patrie déterminée.

Le commerce maritime ne peut être comparé à rien de ce qui, fur terre, eft relatif à la milice, parce qu'il tient à la marine par une reffemblance que n'a point la milice avec quelque profeffion qu'on la veuille comparer. La fcience de la navigation, & l'habitude des longs voyages, qui font communes à la marine marchande & à la marine militaire, établiffent entre elles une liaifon étroite, & rendent la premiere très-utile à la seconde. Mais ce n'est pas le négociant qui est utile à la marine militaire : ce sont les gens qui construisent & naviguent pour lui.

C'est, en quelque sorte, le contraire de ce qui arrive sur terre. Ce n'est pas le journalier, qui, dans les regles, est utile à la milice; ce n'est pas le fermier, ce n'est pas même le petit propriétaire qui travaille : c'est le propriétaire qui n'a pas besoin de travailler, mais qui a acquis le besoin de la gloire, & qui sont celui de s'occuper.

Une raison de cette différence, est que le cultivateur ordinaire ne s'accoutume à aucun danger, & prend l'habitude d'être sédentaire; en sorte que le goût pour la guerre, est une vertu dans le grand propriétaire.

Dans la marine, au contraire, & dans ce qui y est relatif, le négociant, que l'on peut comparer au grand propriétaire, s'habitue à être sédentaire, & ne contracte pas l'habitude des périls. Le pêcheur, au contraire, & ceux qui montent les vaisseaux marchands, acquierent l'habitude des voyages, qui est beaucoup sur mer, & qui n'est comptée pour rien sur terre; ils s'accoutument aussi à toutes sortes de périls, & cela dès leur enfance; en sorte que l'espece de courage qu'il leur faut, est en eux un effet de l'habitude, une espece d'insensibilité, telle à peu près que le courage des couvreurs, des danseurs de corde, & des gens qui travaillent dans les mines. Le principe de cette habitude est l'avidité, ou la nécessité d'avoir du pain. Ce qui en résulte, n'est pas une vertu, mais une maniere d'être, dont on peut tirer un parti avantageux.

Je viens de dire que les marins s'accoutument, dès l'enfance, à toutes fortes de périls, & je n'en excepte pas même ceux de la guerre; car il y a fur ce point une grande différence entre les cultivateurs & le peuple marin. Ceux-là font à l'abri, derriere une frontiere, & depuis long-temps n'ont pas beaucoup à craindre de l'ennemi; autrefois une frontiere mal défendue étoit ordinairement une Province déferte, parce que le cultivateur veut de la fûreté, & ne peut fuir avec tout ce qu'il a, ni recueillir, s'il n'a femé.

Le peuple marin, au contraire, n'a point de frontieres qui le couvrent; il peut trouver l'ennemi partout; mais il eft prefque toujours incertain que celui-ci le trouve. Lors même que cela arrive, il peut fuir ; ce qui eft encore une partie de l'art. Il fuit avec tout ce qui lui eft précieux , & l'incurfion de l'ennemi ne fait aucun tort à fon champ, & n'endommage point fa maifon. S'il ne peut pas fuir, il fe mefure avec l'ennemi, & fe défend, s'il le peut, parce qu'il fait qu'en fe rendant il perdra tout. C'eft l'amour de fes poffeffions ou l'avidité, qui le fait combattre. S'il ne peut pas fauver fon bien, il fe rend pour fauver fa vie.

Telle eft l'école du très-grand nombre de marins; & dans ce métier, ce qui eft étranger à l'art militaire, eft commun aux deux genres de marine, & eft plus effentiel que ce qu'il y a de particulier à la marine purement militaire.

Vous voyez par-là que l'amour du gain forme les

éleves de la marine militaire : ce qui ne peut avoir lieu pour la milice de terre.

Vous voyez encore que l'habitude donnant le courage & beaucoup d'autres chofes encore qui font plus effentielles dans ce métier que les vertus qu'on exige dans les autres guerriers, l'éducation morale n'eft pas de premiere néceffité, & ne peut même avoir lieu pour le très-grand nombre des marins. Il en eft donc dans la marine comme il en feroit dans la milice, fi cultiver un champ étoit à peu près la même chofe que faire la guerre ; car alors le journalier feroit meilleur guerrier que le grand propriétaire.

Il s'enfuit delà que le droit des gens dans la guerre de mer, & la difcipline militaire, doivent être très-différents de ce qu'ils font dans la guerre de terre. On ne prend, ni ne rançonne, ni ne pille le laboureur. On prend tout fur mer. Un Général d'armée ne dévalife point un porte-balle ; un amiral fait amener un pauvre voiturier, qui porte quelques bagatelles d'un port à l'autre. Pourquoi n'a-t-on point fupprimé cette efpece de barbarie ? C'eft qu'elle eft néceffaire au maintien de la forte d'efprit militaire qui doit régner dans la marine. C'eft que fi on ne pilloit pas les vaiffeaux marchands, la marine militaire manqueroit d'une des écoles qui lui font néceffaires, & perdroit elle-même une grande partie de l'activité que doivent avoir ceux qui la compofent.

Lors donc qu'un homme de beaucoup d'efprit, & qui joint beaucoup de jugement à de grandes connoiffances, a propofé de réformer le droit des gens établi fur mer,

& qui eſt à peu près celui des Sauvages de l'Amérique, il a prouvé qu'il étoit auſſi rempli d'humanité, qu'il avoit peu réfléchi ſur le génie de la marine.

D'après ces conſidérations que je pourrois encore étendre, il vous ſera aiſé de deviner pourquoi le peuple d'Athenes étoit aſſez bon pour avoir une marine floriſſante, lorſqu'il ne l'étoit pas aſſez pour avoir une bonne armée de terre.

Vous conclurez encore delà, qu'il y eut action & réaction des mauvaiſes mœurs ſur la marine, & de la marine ſur les mœurs, qu'elle rendit plus mauvaiſes, & ſur le régime, qu'elle rendit déteſtable. Auſſi dès que la marine d'Athenes eut été ruinée par le Spartiate Lyſandre, la Démocratie fut-elle terraſſée du même coup qui réduiſit cette République à ne plus exiſter que ſur le continent, & il fallut toute l'extravagance des trente Tyrans, pour qu'elle ſe relevât de ce coup terrible.

Etes-vous content de la ſolution de ce problème?

T I M O P H T O N E,

Très-content, & pour ce que vous avez dit, & pour ce que vous avez laiſſé à dire. Mais me voilà revenu d'Athenes pour long-temps; je ne trouve dans l'hiſtoire de cette République que des coups accablants pour l'égalité, dont elle m'avoit paru faire le panégyrique.

L'A u t e u r.

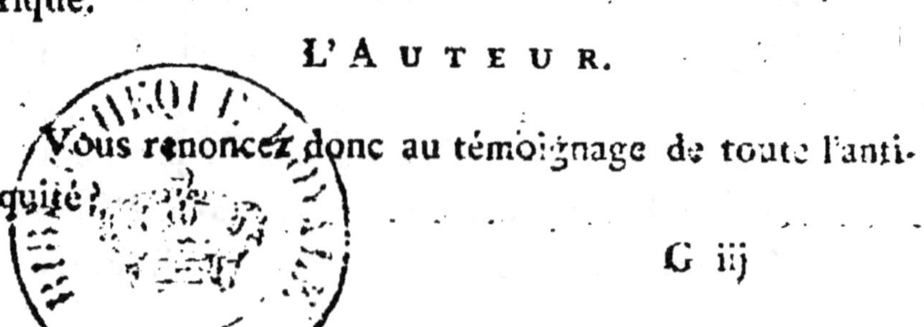

Vous renoncez donc au témoignage de toute l'antiquité?

G iij

TIMOPHTONE.

Vous m'y avez forcé.

L'AUTEUR.

Il me femble que vous avez auffi renoncé à m'é, grafer par la confpiration unanime de tous les Princes yivants, contre l'inégalité ou contre la nobleffe.

TIMOPHTONE.

Je ne vois plus dans leur conduîte à cet égard, que la condamnation de mes maximes, ou des opérations mal réfléchies que leur a paru exiger la néceffité du moment; & je conviens que la preuve qu'on en voudroit tirer, des inconvénients politiques de l'inégalité, feroit très-peu philofophique.

L'AUTEUR.

Me citerez-vous encore le Public, & me menacerez-vous de fon mépris & de fon indignation, pour avoir attaqué l'opinion de la partie la plus faine de ce Public?

TIMOPHTONE.

Oh, de ce côté, je ne puis vous raffurer contre le danger qui vous menace. Le Public eft très-décidé pour la philofophie, contre les préjugés.

L'AUTEUR.

De quelle philofophie entendez-vous parler? Eft-ce de celle d'Ariftote, ou de celle de Scot, ou de l'attraction de Newton? Et de quels préjugés encore? Eft-ce le mouvement du foleil autour de la terre, la chaleur de l'air dans les caves, ou la folidité du firmament?

Enfin, de quel Public? Eft-ce celui d'une Ville ou de toutes les Villes, celui d'une campagne ou de toutes les campagnes, ou feulement des châteaux & non des cabanes? Eft-ce celui des financiers ou des procureurs, des gens de cour ou des fuppôts de l'Univerfité, des Auteurs ou des Libraires, des jolies femmes & de leurs jolis hommes qu'il n'en faut pas féparer, ou des prudes & de leurs amis refpectables, des Encyclopédiftes ou de leurs adverfaires?

T I M O P H T O N E.

Quelles queftions, bon Dieu! Vous moquez-vous de moi, ou la tête vous a-t-elle tourné?

L'A U T E U R.

Ni l'un, ni l'autre. Mais comme tout eft préjugé ou autorité dans le monde moral, & qu'ici l'autorité n'a pas lieu, puifqu'il ne s'agit pas de révélation, je ne conçois pas ce que c'eft que la philofophie qu'on oppofe aux préjugés, fi ce n'eft celle qui, par des calculs & des démonftrations, redreffe dans notre entendement les erreurs de nos fens. Je fuis également très-embarraffé à deviner quel public eft décidé entre la philofophie ainfi nommée, & les préjugés, fon contraire. Car chaque claffe & même chaque homme a fes préjugés; mais comme il n'y en a peut-être aucun qui les ait tous, chaque homme a auffi fa philofophie. D'où il fuit que la philofophie, & les préjugés, fon contraire, ne font pas la même chofe dans deux quartiers différents de la même Ville, dans deux profeffions différentes dans le

G iv

même quartier, dans deux claſſes différentes du même corps, dans deux ordres différents de la même nation.

Demandez au plus ſage des Encyclopédiſtes, s'il voudroit que ſon individu, haut de cinq pieds trois pouces, fût confondu avec celui d'un laboureur de la même taille, & n'attirât pas plus l'attention du Public, & les faveurs de la Cour? Or, quand on a de quoi manger, boire & ſe vêtir; quand tout au plus on joint à cela de quoi ſatisfaire ſon goût dominant, qui, pour un tel homme, eſt le deſir de s'éclairer, en quoi même il entre déja une forte doſe de préjugé; quand, dis-je, on a ces choſes, n'eſt-ce pas un préjugé qui fait deſirer les faveurs de la Cour, & l'attention du Public?

Qu'un homme ſe croye ſupérieur aux autres hommes, parce qu'il a des connoiſſances, des doutes & des opinions que n'ont pas les autres, ou qu'il s'attribue une pareille ſupériorité, parce qu'il eſt né de certains parents, & qu'à raiſon de ſa naiſſance & d'une éducation qu'il doit à cette naiſſance, il a des opinions, des ſentiments & des volontés que n'ont pas les autres, n'eſt-ce pas à peu près la même prétention, juſte ou injuſte, ſuivant qu'on l'enviſagera, mais naturellement plus utile dans celui qui veut, que dans celui qui penſe? Car la ſociété a beſoin de volontés beaucoup plus que de méditations; & ſi l'on ſuppoſe que ces méditations ayent l'objet le plus utile à la ſociété, encore eſt-il vrai de dire qu'un ou deux Légiſlateurs ſuffiſent à une ſociété, & que ce ne ſeroit aſſez pour aucune d'avoir un ou deux hommes qui préféraſſent la gloire à leur repos, à leur fanté, & même à leur vie. Lors donc qu'un Savant ou un Philofophe envie la confidération à ceux qui, fans en favoir autant, ou fans raifonner auffi-bien que lui, font réfolus à mourir, fi le fort le veut, plutôt que de ne pas faire le métier qu'ils croyent leur convenir, il ne fait pas réflexion que l'Etat n'a pas befoin d'un grand nombre de Sages, ni de Savants, mais qu'il lui faut beaucoup de guerriers.

T I M O P H T O N E.

Vous frondez furieufement la Philofophie. Quel mal vous a-t-elle fait ?

L'A u t e u r.

Aucun. Mais rien n'eft moins philofophique, rien même n'eft plus abfurde, que les opinions auxquelles vos prétendus Philofophes voudroient donner la vogue, & qui ne feront recevables que lorfqu'on fera parvenu à retrancher d'un fyftême politique la moitié ou les trois quarts de ce qui y entre néceffairement; c'eftà-dire lorfque les hommes & les peuples auront ceffé d'être ce qu'ils font.

Vous prêchez la paix univerfelle; & fur le tombeau de Mars vous élevez le trône d'Apollon & des Mufes. Mais, avant que la paix foit fignée, ne nous défarmez pas, ou prenez garde que Mars ne foit qu'endormi; & qu'en fe réveillant, il ne renverfe le trône d'Apollon, & ne maltraite les neuf Sœurs, qu'il trouvera fans défenfe. Ce n'eft pas tout d'avoir fait quelques phrafes contre la folie des peuples qui s'entr'égorgent.

Ils ne cefferont pas pour cela de s'entr'égorger; & fi vous avez fait de tous vos concitoyens des Philofophes pacifiques, où en ferez-vous? Le peuple, qui fubjuguera votre patrie, pourra bien ne pas tant aimer les Philofophes que les efclaves utiles, foit laboureurs, foit foldats. C'eft une vilaine chofe, fans doute, qu'un Officier forti nouvellement de fa gentilhommiere, où il n'a lu ni un feul journal, ni une feule piece fugitive, & qui eft très-fier de fa naiffance & de fon uniforme, qui regarde du haut en bas le plus grand Mathématicien de l'Europe, & demande, avec dédain, ce que c'eft que la Henriade : cela, dis-je, eft très-mauffade.

Mais vous, qui avez plus de protections que lui, & qui favez, ce qu'il ignore, quelle gloire s'acquirent Leonidas & fes compagnons, pourquoi n'avez-vous pas follicité la Lieutenance dont ce jeune étourdi eft fi fier?

T I M O P H T O N E.

Eft-ce une queftion que vous me faites?

L'A U T E U R.

A vous, ou à qui vous voudrez, qui foit dans le même cas que vous.

T I M O P H T O N E.

Cela eft clair. C'eft donc moi qui aurois du folliter une Lieutenance! Moi, ambitionner un uniforme; moi, vivre dans une garnifon; moi, quitter mes amis, mes études, ma fociété, facrifier mon repos & l'état que je me fuis fait? Moi, à mon âge, avec la réputation dont je jouis, les efpérances que j'ai encore ; moi, devenir Lientenant d'infanterie ! En vérité, voilà une excellente plaifanterie.

L'A u t e u r.

Si, lorfque vous n'aviez que quinze ans, on avoit offert cette Lieutenance pour vous à votre pere, ne l'auroit-il pas acceptée avec joye?

T i m o p h t o n e.

Je doute que mon pere eût fait cette fottife. Il favoit trop bien que c'eft un métier de dupe, & que pour un qui y fait fortune, deux mille s'y ruinent, & y perdent leur plus bel âge, fans amaffer ni bien, ni même beaucoup de gloire. Qu'eft-ce, bon Dieu, que la gloire d'un vieux Capitaine réformé?

L'A u t e u r.

Le pere de ce Gentilhomme dont nous parlions tout-à-l'heure, étoit donc un fot; car votre pere étoit fage.

T i m o p h t o n e.

Qui fait s'il pouvoit faire autre chofe de fon fils?

L'A u t e u r.

Mais je fuppofe qu'il le pût.

T i m o p h t o n e.

De grace, qu'en auroit-il fait? Un homme de robe? Il faut être plus riche pour le devenir, que ne le font la plupart de nos Gentilshommes. Un marchand? Leurs préjugés s'y oppofent. Un homme de lettres? C'eft chez eux que se conserve le goût qu'eurent nos aïeux barbares pour la vénérable ignorance Franco-Gallicane.

L'A U T E U R.

Mais n'auroit-il pas pu en faire un cultivateur, ou un Ministre de Religion? Elle occupe tant de monde!

T I M O P H T O N E.

A parler franchement, il eût mieux fait; mais ces Gentilhommes de Province croiroient se déshonorer, s'ils ne servoient pas, ou du moins s'ils n'avoient pas frappé à toutes les portes pour obtenir du service, avant de se résigner à la vie tranquille & inutile qu'ils menent ensuite.

L'A U T E U R.

Vous leur supposez-là une étrange manie.

T I M O P H T O N E.

Très-étrange, en effet; mais très-réelle, & qui est encore assez générale. Vous le savez mieux que moi.

L'A U T E U R,

Cela me paroît fort heureux; car des gens qui regardent comme une grace' la permission de se faire casser la tête dans les regles, ne doivent pas être difficiles sur les conditions.

T I M O P H T O N E.

Apparemment; s'ils ne servoient pas, d'autres serviroient.

L'A U T E U R.

Cela n'est pas bien sûr; car il pourroit y avoir beau-

coup de gens auſſi ſages que Monſieur votre pere : &
ſi la Nobleſſe ne recherchoit pas les places militaires,
ce qui les tient en honneur, (car enfin, la Nobleſſe
donne encore un peu le ton,) il y auroit encore beaucoup moins de gens, qui, étant hors de cet ordre,
vouluſſent embraſſer ce métier ingrat & périlleux.

TIMOPHTONE.

Mais vous qui avez réfléchi ſur ces matieres, dites-moi ce qui peut entretenir ce penchant de la Nobleſſe pour le ſervice. Ce n'eſt pas l'amour de la
gloire. Quelle gloire peut-elle eſpérer dans le ſervice
ſubalterne, dans lequel la retient abaiſſée cette autre
Nobleſſe qui remplit la Cour & la Ville? Ce n'eſt
pas l'amour de l'argent; elle dépenſe du ſien pour
ſervir. Ce n'eſt pas l'amour de la patrie; elle ne ſait
pas ſeulement ce que c'eſt. Ce n'eſt pas qu'elle regarde le ſervice comme un devoir pour elle, & qu'elle
ſoit attachée à ſon devoir plus rigoureuſement que les
autres ordres : vous même n'oſeriez lui donner un pareil éloge. D'où vient donc encore une fois ce zele,
cette fureur, ou cette manie? Car on ne ſait quel
nom donner à une paſſion auſſi utile & auſſi extravagante.

L'AUTEUR.

Vous voilà bien embarraſſé, où il n'y a pas ſujet
de l'être. N'avez-vous jamais entendu parler de l'honneur.

TIMOPHTONE.

Je connois, ſans doute, l'honneur, qui eſt l'eſprit
des Monarchies, le point d'honneur, qui a fait faire

beaucoup de fottifes, & l'honneur des femmes, qu'on rélegue dans les Provinces, & auquel on ne croit gueres dans les Villes.

L'AUTEUR.

Vous êtes très-favant, ce me femble; mais en quoi confifte l'honneur d'une femme?

TIMOPHTONE.

La plaifante queftion! A ne pas manquer à ce qu'elle doit à la fidélité conjugale.

L'AUTEUR.

Les filles n'ont point d'honneur; car elles ne font pas tenues à la fidélité dont vous parlez.

TIMOPHTONE.

L'honneur des filles confifte à réferver pour leur mari futur tout ce qu'une femme doit avoir donné à fon mari, & tout ce qu'elle ne doit donner qu'à lui.

L'AUTEUR.

Cet honneur fait-il beaucoup d'honneur à une fille ou à une femme? ou bien y a-t-il de la gloire à être honnête femme?

TIMOPHTONE.

Malheur à la nation chez laquelle il y a de la gloire à acquérir pour les honnêtes femmes! C'eft une preuve qu'elles y font rares.

L'AUTEUR.

Où elles font en grand nombre, il n'y a donc point de gloire à l'être; & là même où elles font en petit nombre, elles ne peuvent se vanter d'être honnêtes, parce que ce seroit une preuve qu'elles s'en feroient un mérite : d'où l'on pourroit conclure ou qu'elles ont été tentées de cesser de l'être, ou qu'elles ne regardent pas comme un devoir la conservation de leur honneur.

TIMOPHTONE.

Cela est très-juste; mais qu'en concluez-vous?

L'AUTEUR.

Encore un mot, je vous prie, avant de venir à la conclusion. Ne pensez-vous pas qu'il y ait beaucoup de préjugés dans l'opinion que les femmes ont de l'honneur, & de ce qui peut y donner atteinte? Je ne parle pas de ce qui peut l'augmenter; car il n'est pas susceptible d'augmentation.

TIMOPHTONE.

Assurément, il y a des préjugés, & en très-grand nombre, dans tout ce système d'honneur; mais ce sont des préjugés salutaires, & qu'il faut respecter.

L'AUTEUR.

J'en suis d'accord, & cet aveu de votre part me fait un très-grand plaisir. Mais quelle est la récompense d'une honnête femme, sur-tout où elle n'a rien qui la distingue du plus grand nombre?

TIMOPHTONE.

Je ne lui connois point de récompense, à moins que ce n'en soit une d'éviter la punition.

L'Auteur.

Je suis de votre avis. Mais en quoi consiste cette punition?

Timophtone.

Dans la honte dont une femme est couverte, si sa faute est publique; &, si elle ne l'est pas, dans les reproches qu'elle se fait à elle-même, dans le mépris auquel elle s'attend de la part de celui-là même qui l'a séduite, & dans la pensée accablante qu'elle est déchue.

L'Auteur.

De quoi donc est-elle déchue, si elle n'a pas perdu l'estime du public? Et quand elle l'auroit perdue, pourroit-elle s'en affliger, s'il n'y a point de gloire à passer pour honnête femme?

Timophtone.

Apprenez donc, puisque vous êtes encore à l'apprendre, que, dans l'éducation que l'on donne aux filles bien nées, tout paroît se diriger vers ce point unique, comme si toute la vertu consistoit, pour une femme, dans ce qu'on appelle leur honneur : qu'on leur répete si souvent, & en tant de façons, qu'elles ne sont estimables qu'à proportion qu'elles sont sages & le paroissent; que la sagesse est leur vertu, sans laquelle elles auroient en vain toutes les autres; que c'est, pour ainsi dire, toute leur existence morale; que, dis-je, on leur répete si souvent ces maximes, qu'elles ne voyent rien de plus beau que cette vertu; que, sans oser le paroître, elles sont très-fieres de l'avoir conservée; qu'elles sont les premieres à mépriser souverainement,

ainsi

ainfi qu'on le leur a appris, celles de leurs femblables
qui n'ont pas confervé leur réputation fans tache ; &
que fi elles fe voyent fur le point d'être elles-mêmes
féduites ; elles croyent voir un précipice fous leurs
pieds ; que, fi elles fuccombent, elles croyent être
tombées dans l'abyme du mépris , & fe comparent elles-mêmes à ces objets méprifables dont elles fe font
rapprochées.

L'Auteur.

Pardonnez-moi d'avoir mal connu ces fentimens dans
un fiécle où ils font rares.

Timophtone.

Pas fi rares que vous le croyez, même dans les
Villes d'où on les croit bannis. L'étourderie des femmes & l'impertinence des hommes élevent beaucoup
de nuages fur la vertu, qui la font méconnoître où
elle eft encore. Je conviens qu'elle fuccombe fouvent, parce qu'elle n'a plus, comme autrefois, pour
barriere, la pudeur publique, & la crainte d'un mépris, qui eft prefque nul, pour être trop partagé!
Mais que de réfiftance n'oppofe-t'elle pas encore à
la féduction ! Et cette réfiftance doit être comptée
pour beaucoup dans un fiecle où les mœurs fem-
blent défendre aux hommes de remplir le cœur de
leurs femmes, & de faire partie de leur fociété.

Qui amufe les femmes , & elles ont grand befoin
d'amufement dans le défœuvrement des Villes ; qui
les amufe, dis-je, leur devient néceffaire : & que n'eft
pas capable de faire une femme défœuvrée , pour ne

pas refter dans l'abandon ! Mais je m'écarte fans m'en appercevoir. Je finis ma digreffion, en l'excufant par la néceffité où vous m'avez mis de vous faire voir comment la vertu n'eft pas encore éteinte dans les femmes, quoiqu'elle paroiffe devenir tous les jours plus rare. Je répéterai encore ce qu'un autre a dit avant moi, qu'une femme, qui donne dans des travers, fait plus de bruit que cent qui fe conduifent bien.

L'AUTEUR.

Vous êtes un défenfeur zélé du beau-Sexe, & je vous en fais gré ; car j'ai de cette moitié du genre humain la même opinion que vous.

Mais maintenant, revenons à l'honneur des hommes ; car ils ont auffi le leur, qui reffemble beaucoup à celui des femmes.

TIMOPHTONE.

Voilà une idée finguliere, & qui affurément eft très-neuve.

L'AUTEUR.

Neuve ou non, je la crois très-jufte, & je vous en fais juge.

L'honneur eft un compofé de préjugés qui tendent tous à compofer une exftence morale, qu'on peut perdre, & qu'il eft prefqu'impoffible de recouvrer. Il eft démontré que l'honneur, au moins de la même efpece, ne peut être commun à tous les individus d'une nation, parce qu'il entre dans fa compofition une idée de fupériorité, fondée fur certaines chofes, & de laquelle réfultent certaines obligations. L'édu-

cation forme ce compofé ; & pour qu'elle puiffe le former, il faut qu'elle commence par trouver de quoi
faire naître l'idée de fupériorité. Cette idée, une fois
bien enracinée, elle attache la perte, ou la confervation, mais non l'augmentation de la fupériorité déja
reconnue, à certaines actions, & à certains fentiments;
en forte que faire ou avoir les uns, c'eft faire ce
qu'on doit, & penfer comme on doit, fans qu'il y
ait de mérite à penfer & à agir ainfi ; & faire ou
avoir les autres, c'eft décheoir de fa fupériorité, ou
perdre fon exiftence morale. La réaction des devoirs
fur la fupériorité eft telle, qu'ils l'augmentent, comme
en prouvant l'excellence; c'eft-à-dire, que la fupériorité, qu'on peut appeller primitive, & les devoirs en
réfultants, conftituent cette exiftence morale, qu'on
appelle honneur.

Tout confifte donc ici dans le defir de conferver,
& la crainte de perdre; car il n'y a point de plus ni
de moins où il y a une fupériorité déterminée & des
devoirs étroits : l'opinion publique entre auffi pour
beaucoup dans tout ceci, mais de maniere qu'elle n'augmente pas le fonds, & que le plus ou le moins de
célébrité n'eft qu'une notoriété plus ou moins étendue
d'une chofe qui exifte par elle-même, & eft toujours
la même.

Cependant quoique l'opinion publique ne crée rien,
& qu'à la rigueur elle ne détruife rien, elle eft pourtant très-importante, parce qu'elle eft entrée pour
beaucoup dans la compofition de l'exiftence morale
dont je viens de parler. Le Public peut donc fe taire,

sans que cette exiftence en souffre. Mais s'il parle défavantageufement, il faut le détromper, ou tout eft perdu, hors le témoignage intérieur, qui eft un refte précieux, mais qui ne fuffit pas.

S'il y a un ordre d'hommes à qui l'honneur foit prefcrit, comme il l'eft à toutes les femmes, celui qui appartient à cet ordre ne peut fe vanter d'en avoir, & celui qui n'y appartient pas, s'il fe vante d'en avoir, déclare qu'il n'y eft pas obligé, & qu'ainfi fon honneur eft mal affuré, puifqu'il peche par les fondements. Où l'honneur eft la vertu de l'ordre, il influe fur tout, parce que tout ou prefque tout entre dans l'exiftence morale, dont il eft le réfultat ou la dénomination.

Or, comme il fe réduit à la crainte de 'perdre, puifqu'il exclut l'efpoir d'acquérir, il en réfulte une averfion générale pour toute perte quelle qu'elle foit. Delà vient que j'ai défini l'honneur, en difant que c'eft la crainte de perdre : par où il eft plus généralifé que fi je l'avois défini la crainte de décheoir. Trouvez-vous maintenant quelque reffemblance entre l'honneur des hommes & celui des femmes?

T I M O P H T O N E.

Beaucoup plus que je ne croyois. Mais dites-moi encore pourquoi l'idée de courage a la même analogie avec l'honneur des hommes, que la fidélité ou la fageffe avec l'honneur qui eft propre aux femmes?

L'A U T E U R.

Ce que vous dites ne me paroit pas exact. On ne peut pas dire qu'il y ait une analogie entre la fageffe des femmes & leur honneur, puifque l'une ne differe de l'autre, que comme la fin differe de l'idée collective qui renferme les moyens & la fin. Le courage au contraire, & fes moyens, ne font qu'une partie de l'honneur, lequel renferme ou exige beaucoup d'autres chofes. Mais deux raifons ont rendu l'idée de courage dominante dans celle d'honneur : la premiere, que c'eft la partie la plus noble & la plus fublime du compofé dans lequel confifte l'exiftence morale, celle même à laquelle plufieurs autres fe rapportent; la feconde raifon eft, que le courage a été depuis long-temps le dernier & fuprême arbitre de l'intégrité ou du délabrement de l'exiftence morale de ceux qui étoient tenus à cette vertu. Il entre donc néceffairement dans ce qu'on appelle honneur, comme partie effentielle, & comme fauve-garde du refte. Dites - moi maintenant ce qu'a voulu dire le grand homme, qui, le premier, a avancé que l'honneur eft la vertu des Monarchies?

T I M O P H T O N E.

Suivant ce que vous venez d'en dire, je ne vois pas qu'il foit plus la vertu des Monarchies que de toute autre conftitution où il devra y avoir du courage, de la fidélité à tenir fa parole, de l'averfion pour tout gain fordide & illicite, des loix dont l'activité fuppofée emporte la perpétuité des avantages une fois obtenus, ou la dégradation, pour faute connue ou fecrete, de celui qui décheoit de ces avantages, quels qu'ils foient, ne fuffent-ils même que pécuniaires.

H iij

L'Auteur.

Tout ce que vous dites-là n'eft pas tellement propre à la Monarchie, qu'on ne puiffe le trouver fous
tout autre Gouvernement, hors peut-être le Gouvernement defpotique, parce que l'exercice du pouvoir
y étant arbitraire, l'opinion y eft d'autant plus libre.
Il faut donc que l'immortel Montefquieu fe foit trompé, ou que nous ayions mal défini l'honneur.

Timophtone.

Je fuis pourtant très-content de l'idée que vous m'en
avez donnée ; & plutôt que de la rejetter, je croirai
fans peine que Montefquieu s'eft trompé.

L'Auteur.

Je n'aime pas à me trouver en contradiction manifefte avec un tel homme, quoique je ne le croye pas
infaillible. Je vous propoferai donc une obfervation
qui pourra nous concilier. Montefquieu n'ayant pas
défini l'honneur, & en trouvant plus dans les Monarchies que dans les autres Etats, s'eft perfuadé, beaucoup plus qu'il n'a été convaincu, que c'étoit la vertu
des Monarchies ; & il ne s'eft pas trompé, s'il a voulu
dire que c'eft dans les Monarchies que l'honneur fe plaît
davantage, comme on dit qu'un arbre ou une plante fe
plaît dans un terrein. Et en effet, comme l'honneur
fuppofe fupériorité, & par conféquent claffification
légale & non arbitraire, il eft évident qu'il ne doit pas
fe plaire fous le defpote, où toute claffification eft accidentelle ; il ne doit pas non plus être dans un terrein.

qui lui convienne, où le peuple est le maître, parce que ce qu'il y a de moins estimable étant le plus fort, on ne décheoit pas en rentrant dans la foule qui dispose de tout, & rien n'est solide au-dessus de cette foule.

L'Aristocratie est encore peu favorable à l'honneur, parce qu'au-dessous de plusieurs grands, la supériorité qui reste est trop peu de chose, & que les grands, en supposant même que la participation à la souveraineté ne nuise pas à l'honneur ; les grands, dis-je, sont en trop petit nombre pour composer un corps en qui réside l'honneur avec sûreté & utilité pour l'Etat. D'ailleurs, tout Gouvernement républicain exige une alternative d'élévation & d'abaissement, qui, à la longue, peut nuire à l'honneur. Il est donc très-vrai que c'est dans les Monarchies qu'il se plaît le plus ; mais c'est parce que, sous un chef unique, avec lequel rien n'entre en comparaison, il peut & doit y avoir des classes, dont les limites soient immuables. C'est, en un mot, parce que, dans une Monarchie, il doit y avoir un corps de noblesse nombreux, dont chaque individu ait la conscience de sa supériorité sur les membres des autres classes. Car c'est-là le premier germe de l'honneur, ainsi que je l'ai déja dit. Lors donc que Montesquieu a dit que l'honneur est la vertu des Monarchies, il a dit en d'autres termes que, dans les Monarchies, il doit y avoir supériorité d'un ordre sur les autres, & qu'où il n'y a point de noblesse, il n'y a point de véritable Monarchie.

TIMOPHTONE.

Tout cela me paroit très-conséquent ; mais je ne

puis acquiefcer à votre conclufion. Je la laifferai pourtant pour ce qu'elle vaut, afin de vous ramener à ce
Gentilhomme que nous avons vu fi fier de fon uniforme.

Je vous demandois comment, fans efpérer de gloire,
la plupart des Nobles ont un goût fi décidé pour le
fervice militaire; & là-deffus vous m'avez parlé de
l'honneur. Que vouliez-vous me faire entendre par-là?

L'Auteur.

Que la crainte de perdre tient lieu du defir d'acquérir, lorfque celui-ci fe trouve en défaut par le peu de
vraifemblance du fuccès.

Timophtone.

Qu'auroit donc à perdre un Gentilhomme qui ne
ferviroit pas?

L'Auteur.

Si c'étoit par fa faute, & fans bonnes raifons, qu'il
ne fervît pas, il feroit mécontent de lui-même, & fes
confreres en feroient auffi mécontents. On lui a dit
que les privileges de fa naiffance tirent leur origine du
fervice militaire, & que fon métier naturel eft de faire
la guerre; qu'il cefferoit d'être noble, s'il manquoit de
courage, & qu'il fe feroit foupçonner d'en manquer,
fi, pouvant faire fon métier, il ne le faifoit pas; que
c'eft en portant les armes que la Nobleffe renouvelle
fans ceffe le luftre de fon origine, & qu'il fe terniroit
bientôt ou dans l'ordre même, ou dans une famille, fi
le goût pour cette profeffion s'y perdoit.

C'eſt donc pour être content de lui-même, pour ne pas encourir le mépris des autres, ou leur moindre eſtime, & pour ne pas donner la plus légere atteinte à ſon exiſtence morale; c'eſt encore pour conſtater & décorer ſa ſupériorité par des aſtions, peu importantes par-tout ailleurs, mais dont il ſera parlé avec emphaſe dans ſon canton; pour ſe donner le relief qu'a toujours un homme qui a fait & vu plus que ſes voiſins; c'eſt, dis-je, par tous ces motifs, qui ont leur centre commun dans la crainte de décheoir, que ce jeune homme a ſollicité avec vivacité, & obtenu avec des tranſports de joye, ee brevet auquel votre pere eût préféré une modique lettre de change,

C'eſt donc l'honneur qui, dans un état tel que celui-ci, fait les recrues; c'eſt encore lui qui les retient ſous le drapeau, juſqu'à ce qu'ils ayent obtenu ce qu'il leur ſeroit honteux de ne pas remporter chez eux. L'eſpérance de quelque choſe de mieux, l'amour du métier, ſouvent de la gloire, & plus ſouvent l'ambition des grades, prolongent l'engagement de la plupart de ceux à qui l'honneur l'a fait contraſter. Trouvez-vous maintenant que ce ſoit à tort que je vous aye parlé de l'honneur?

T I M O P H T O N E.

Vous en avez tiré tout le parti poſſible; mais j'ai encore deux objeſtions à vous faire. D'après votre définition, qu'entendez-vous par le point d'honneur? Cette façon de parler n'a plus aucun ſens. Ainſi dans l'opinion publique, l'honneur n'eſt pas tel que vous le définiſſez,

L'Auteur.

Puis-je vous demander si vous avez quelquefois
lu des *Déductions latines*, ainsi qu'on appelle en Allemagne certains plaidoyers imprimés, auxquels on donne
aussi le titre de *prò Memoriá?*

Timophtone.

Je n'aime que la belle littérature, & ne connois que
très-peu ces fatras dont vous parlez.

L'Auteur.

J'en suis fâché; car vous y auriez trouvé les termes élégants de *in puncto jurium, in puncto prærogativa-
rum, in puncto amnestiæ*, & autres semblables. Or, vous
savez, Monsieur, que notre Langue françoise, toute
élégante qu'elle est, n'est à peu près composée que des
débris d'un très-mauvais latin. Le *punctum honoris* est
donc la qualification que l'on donne à tout ce qui intéresse l'honneur, & delà vient que cette expression
n'est pas restreinte à un seul cas, quoique plus communément elle désigne la délicatesse chatouilleuse de
nos peres pour tout ce qui pouvoit blesser leur réputation de bravoure; mais c'étoit aussi un point d'honneur pour eux, lorsque leur bonne foi & loyauté
étoient soupçonnées; c'en étoit un, lorsqu'on attaquoit
les prérogatives constitutives de leur état. Un passe-
droit, une destitution, & autres choses semblables, font
encore des griefs *in puncto honoris*, & on se fait un
point d'honneur de ne les pas souffrir; c'est-à-dire,
que l'on croit son honneur intéressé à s'y opposer par
toutes sortes de moyens honnêtes, ou réputés tels.

Vous voyez donc que l'expreſſion que vous m'objectez, confirme ma définition, puiſqu'elle prouve, par
l'uſage qu'on en fait, que tout ce qui eſt perte ou
dégradation, attaque l'honneur, ç'eſt-à-dire, l'exiſtence
morale de celui qui le ſouffre.

TIMOPHTONE.

Faut-il donc que chaque objection que je vous
fais devienne une preuve de plus contre moi? Je ne
me rends pourtant pas, & je vous demande encore
comment vous expliquerez ce que l'on voit arriver
tous les jours dans les Provinces. Je ne parle point
des Nobles de la Cour qui embraſſent la profeſſion
des armes, comme on ſe fait recevoir Avocat, pour
poſſéder enſuite une grande charge. Il n'eſt pas ſur-
prenant que les aînés ſervent comme les cadets; mais
vous m'avouerez que cela eſt rare dans les Provinces,
& que le plus ſouvent l'aîné reſte chez lui, ſur-tout
où le droit d'aîneſſe eſt très-avantageux, tandis que
les cadets, qui ont peu de choſe, entrent au ſervice
pour avoir du pain.

Les aînés ſont pourtant ceux qui, ayant le plus de
ſupériorité primitive, devroient avoir le plus d'honneur, & la deſtination des cadets prouve aſſez que
c'eſt pour avoir une ſolde que vos Nobles ſollicitent
des emplois militaires.

L'AUTEUR.

Vous avez enfin réuſſi à trouver une objection
dont je ſuis embarraſſé; car apparemment je vous ai
dit qu'il ſuffit de la ſupériorité primitive, pour avoir

de l'honneur, comme c'est assez d'être femme pour être honnête femme. Si cela est, j'ai tort; puisqu'un aîné, héritier présomptif d'un beau fief, étant né avec une supériorité mieux constatée, a moins la crainte de perdre que ses cadets, & n'ambitionne pas autant qu'eux un état qui l'empêcheroit de décheoir. J'ai tort encore, si cet état est un gagne-pain pour les cadets, & s'ils ne l'embrassent que pour vivre, parce qu'avec leur pension domestique, ils vivroient moins bien, qu'avec la riche solde qu'on leur donne.

TIMOPHTONE.

Ce sont-là autant d'aveux ironiques ; mais le ton même que vous prenez décele votre embarras.

L'AUTEUR.

Comment, en effet, répondrois-je sérieusement à une objection à laquelle il n'y a point de réponse ? J'avoue que, dans les Pays où presque tout le bien de la famille est pour l'aîné, où celui-ci doit payer des pensions viageres à ses freres, où on dit de plus qu'il doit rester sur sa terre pour y être le soutien de sa famille, & qu'étant un propriétaire distingué, il ne doit pas craindre de décheoir ; j'avoue, dis-je, qu'où telle est l'éducation des aînés, il est rare qu'ils servent ; qu'où telle est leur condition, il est difficile qu'ils le fassent. Mais c'est que l'éducation est entrée, ce me semble, pour quelque chose dans tout ce que j'ai dit, & des Nobles, & des autres citoyens. J'ai connu un Gentilhomme, dont le pere avoit eu vingt-

deux enfants, & moins de mille livres de rente, mais
à qui il ne reſtoit que dix garçons & une fille.

T I M O P H T O N E.

Eh bien ! que fit ce Gentilhomme, qui devoit être
l'héritier principal d'une ſi riche ſucceſſion?

L'A U T E U R.

Il ſe fit Prêtre, & devint Aumônier d'une compagnie de commerce pour ſoutenir ſes freres. Il en mit
quatre dans l'Egliſe, un dans le ſervice de terre, &
trois ſur mer. Le neuvieme, qui étoit le cadet, reſta
auprès de ſon pere pour l'aider à faire valoir ſon petit domaine. Cet ainé-là manquoit-il d'honneur, ou ſon
exemple prouve-t-il contre mes maximes? Qu'un Gentilhomme réduit à manquer du néceſſaire phyſique, cherche du pain où il peut en trouver, c'eſt qu'il eſt de
chair & d'os comme vous, & que ſon corps a beſoin
de réparation comme le vôtre : mais la preuve que
ce n'eſt pas ſeulement du pain qu'il cherche, c'eſt
que toute eſpece du pain ne lui convient pas; & que,
malgré ſa miſere, il eſt encore délicat ſur le choix
de l'état qu'il doit embraſſer. Concluez-en que ſon
exiſtence morale lui eſt encore chere.

Mais le grand nombre des cadets eſt de ceux qui
pourroient vivre ſans ſervir; car le néceſſaire phyſique eſt peu de choſe pour eux. S'ils étoient Seigneurs
de paroiſſe, ils ne ſerviroient peut-être pas, parce
que, élevés avec un ou deux principes de moins, ils
feroient contents de la ſolidité que donneroit à leur
exiſtence morale la propriété d'une terre diſtinguée.

Il me semble qu'en tout cela, il n'y a rien qui choque mes maximes, & que tout ce qu'on pourroit en
conclure seroit, qu'il y a quelques vices, ou dans les
loix, ou dans l'éducation provinciale; ce qui est étranger à la question que nous discutons.

TIMOPHTONE.

Enfin, vous trouvez que tout est bien, si ce n'est
peut-être que la classification ne vous paroisse pas assez
marquée; & quelque chose qu'on puisse vous dire,
vous n'imaginerez jamais qu'il puisse y avoir une classification dans laquelle la naissance n'entre pour rien.
C'est soumettre à une cruelle fatalité ceux que le hasard a fait naître dans les derniers rangs, & l'humanité
répugne à un pareil système.

L'AUTEUR.

Oui, l'humanité répugne à ce que, faute de bonnes loix sur l'éducation, & par une suite de l'ancienne
tyrannie cléricale, toute sorte d'éducation puisse être
donnée à toutes sortes de personnes, & qu'on parle
aux enfants de nos boulangers & de nos bouchers de
la considération que l'on peut acquérir par les lettres,
comme on en parloit aux citoyens d'Athenes & de
Rome. Mais il n'en est pas moins ridicule, qu'un étu-
diant renforcé qui a lu beaucoup de jolis livres, qui
peut-être a fait quelques vers, ou une compilation qu'il
appelle un livre, se dise homme de lettres, & prétende, à ce titre, être l'égal ou même le supérieur de
ceux dont il auroit pu être le valet, s'il n'eût pas
étudié. Qu'il jouisse de la petite fortune qu'il a faite,

J'y confens ; qu'il foit toute fa vie un homme inutile, c'eft ce qu'on peut fouffrir dans une fociété nombreufe : mais qu'il prétende que fon état par lequel il eft un fardeau, & fouvent un fléau de la fociété, le mette au niveau du dernier membre d'un ordre fupérieur au fien, c'eft le comble de l'impertinence, & la preuve la plus complette que fes études n'ont fervi qu'à le déplacer, & à lui gâter l'efprit.

J'eftime les bons Ecrivains ; je les regarde, en certains cas, comme les confeillers des Légiflateurs ; mais s'ils veulent nous faire payer leurs confeils utiles par le renverfement de cette partie de l'économie publique, fans laquelle l'Empire s'affaifferoit fur lui-même, qu'ils gardent leurs confeils & leurs lumieres. Nos peres s'en font paffés, & nous ont laiffé une Monarchie qui valoit mieux qu'elle ne vaut aujourd'hui. La preuve en eft, qu'elle ne réfifteroit pas à la moitié des malheurs qui l'ébranlerent autrefois, & ne purent la renverfer. Ce feroit aujourd'hui toute autre chofe, parce que l'argent eft beaucoup plus qu'autrefois, & que perfonne ne le donne auffi volontiers que nos peres donnoient leur fang, outre qu'il faut encore du fang aujourd'hui, & que tous les jours on détruit davantage le fyftême d'opinions & de chofes, qui produifoit & rendoit très-commune la volonté de répandre fon fang, après avoir renoncé à fon repos.

T I M O P H T O N E.

Mais faut-il donc que la guerre, cet état de férocité, dans lequel l'homme ne devroit jamais entrer ; faut-il qu'elle soit l'objet de toutes les institutions, & n'y a-t-il rien de bon, si elle n'y a sa part?

L'A u t e u r.

Telle est la condition humaine; & quand toute l'Europe deviendroit aussi pacifique qu'une société littéraire, il n'en résulteroit pour chaque peuple que l'avantage de devenir avec ses voisins la proye des Africains ou des Asiatiques. Il faut garder les troupeaux tant qu'il y a des loups : mais de plus, chaque société elle-même doit être organisée, & un corps ne le seroit pas; ce ne seroit pas même un corps, s'il ne consistoit que dans une masse de chair sans veines, sans muscles, sans nerfs, sans cartilages & sans os.

T i m o p h t o n e.

Oh, pour cette organisation, dont je reconnois comme vous la nécessité, il y auroit d'autres moyens de la produire. L'éducation ou la richesse pourroient remplacer avantageusement la naissance, & j'ose même avancer que chacun de ces principes de classification vaudroit mieux, & seroit plus raisonnable que celui de la naissance.

L'A u t e u r.

Vous ne me surprenez point par cette assertion; j'ai vu, depuis long-temps, que c'étoit à quoi vous vouliez en venir; mais cette conversation n'a déja été que trop longue, & vous trouverez bon que je la finisse ici. Nous la reprendrons quand il vous plaira. Adieu.

CHAPITRE

CHAPITRE IV.

Si la science ou la littérature, & l'opulence, peuvent être deux principes de classification légale. Esquisse de deux plans, dont chacun suppose l'un de ces principes.

TROISIEME DIALOGUE

ENTRE L'AUTEUR ET TIMOPHTONE.

L'Auteur.

Qu'y a-t-il de nouveau? Vous venez de bonne heure. M'apportez-vous là nouvelle de quelque promotion faite à l'hôtel des fermes, où y a-t-il quelque livre nouveau qui doive placer son Auteur entre les grands de la nation?

Timophtone.

Rien de tout cela; mais j'espere qu'avant qu'il soit midi, vous entendrez parler d'un événement qui vous surprendra, sans vous affliger, pour peu que vous ayiez d'amitié pour moi.

L'Auteur.

J'en aurai vraiment de la joye, s'il vous est avantageux. Mais que tenez-vous-là?

Timophtone.

Quelques remarques sur l'influence de l'éducation.

Je compte que ce sera le cannevas d'un assez bon traité, dont j'ai déja le plan dans la tête.

L'A u t e u r.

Ce pourra être un excellent ouvrage & très-utile; car rien n'est en effet plus important que l'éducation, & n'influe davantage sur la fortune des nations.

T i m o p h t o n e.

Ce n'est pas précisément dans ce sens-là que je prends le mot d'influence, quoique ce que vous dites-là soit très-vrai. Mais l'idée ne seroit pas neuve. On l'a déja rétournée en tant de façons, que le Public commence à être las des dissertations dont elle a été l'objet. Ne diroit-on pas qu'il falloit une société de moins dans le Royaume, pour que l'on pensât à y réformer l'éducation ? C'est comme si cette société en avoit été seule chargée jusqu'ici : & il est pourtant vrai qu'elle ne faisoit pas la moitié des éducations.

L'A u t e u r.

Votre réflexion est juste. Mais qu'entendez-vous par *l'influence de l'éducation ?*

T i m o p h t o n e.

Ecoutez, je vais vous lire ces deux feuilles. Ce sont des remarques détachées auxquelles manquent encore les preuves, les épigrammes, les antithèses, les petites histoires qui doivent venir à l'appui des grandes maximes, les exemples tirés de toutes les parties du monde, & sur-tout ces réflexions piquantes qui attachent les lecteurs. Je ne lirois pas à tout autre qu'à vous un Ouvrage informe. Mais vous n'aimez que la justesse & la précision des raisonnements, & je me flatte que vous serez content.

L'AUTEUR.

Nous allons voir. Commencez, s'il vous plaît.

TIMOPHTONE.

Ceci a été écrit à la hâte, & ne m'a coûté que le temps qu'il a fallu à ma main pour faire passer mes idées sur le papier.

L'AUTEUR.

Le temps n'y fait rien. La facilité avec laquelle un Auteur écrit, n'intéresse les Lecteurs qu'autant qu'ils s'en apperçoivent, à l'aisance de son style.

TIMOPHTONE.

Oh, ce n'est pas de quoi je puis me vanter. Je travaille très-difficilement. Mais ce n'est pas de quoi il s'agit : écoutez.

» Quoique les hommes ne naissent pas tous avec des
» dispositions égales pour les sciences, ni avec la même
» aptitude pour tout ce qui les distingue des brutes ;
» comme la nature ne suit aucunes loix connues dans
» la distribution des talents, & que ceux-ci ne se dé-
» veloppent que par l'éducation, qu'elle en est la pierre
» de touche, & que c'est à cette épreuve que l'on re-
» connoît la capacité ou incapacité des sujets ; on peut
» dire que les hommes naissent tous égaux à cet égard,

» & il faut dans la pratique ſuppoſer cette égalité comme
» très-réelle ». Que dites-vous de cette maxime ?

L'AUTEUR.

Elle me paroît bonne. Paſſons.

TIMOPHTONE.

» Il eſt impoſſible d'aſſigner une cauſe d'inégalité
» entre les hommes, qui autoriſe à varier à leur égard
» le premier bienfait qu'ils reçoivent de la ſociété, c'eſt-
» à-dire l'éducation. La différence inconnue de leurs
» talents, n'autoriſe pas davantage cette variété, ainſi
» que nous venons de le dire ».

L'AUTEUR.

Donc tous les citoyens doivent recevoir la même
éducation. La conſéquence me paroît juſte, & vous
ne la déſavouerez pas. Mais obſervez deux choſes, je
vous prie. La premiere, qu'on peut aſſigner entre les
hommes une cauſe d'inégalité ſuffiſante pour autoriſer
la différence d'éducation, ne fuſſent-ce que les facultés
plus ou moins grandes des parents, & la diverſité des
circonſtances, qui doivent rendre plus facile ou plus difficile la ſuggeſtion de certains ſentiments.

Obſervez en ſecond lieu, que l'éducation n'eſt pas
un bienfait de la ſociété, mais un devoir de la pater-
nité, qui reçoit ſes modifications des facultés réelles
& morales du pere.

TIMOPHTONE.

Je réponds à la premiere objeƈtion, que je ne parle
point de ſentiments, mais de connoiſſances, & qu'ainſi
votre remarque porte à faux.

Je nie l'affertion que contient la feconde, & c'eft-là toute ma réponfe. Je continue.

» Ajoutons que, pour le plus grand bien de la fo-
» ciété, nul talent ne doit refter enfoui, & qu'ainfi tout
» efprit doit être approché du flambeau des fciences,
» afin de voir s'il s'y allumera.

L'AUTEUR.

Quand la fcience fera le bonheur des hommes, & la profpérité des Empires, j'adopterai cette maxime. Jufques-là je la croirai pernicieufe, par la perte d'un temps précieux, dont la fomme totale feroit immenfe, & par le déplacement des hommes, qui eft tout ce que je connois de plus funefte à la fociété.

TIMOPHTONE.

Quel homme fenfé doute de ce que vous venez de mettre en queftion? Il faut avoir un goût bien décidé pour la barbarie & l'ignorance, & être bien ennemi des hommes, pour ne pas fentir la beauté & la juftefle de cette maxime. Mais je vous prie de ne plus m'interrompre, quand vous n'aurez pas de meilleures objections à me faire. Ce petit écrit eft le réfultat de plufieurs années de réflexion.

L'AUTEUR.

A la bonne heure; je vous écouterai en filence. C'eft la marque la moins équivoque de l'admiration.

TIMOPHTONE.

» Il eft fans doute, que le plus grand nombre des
» hommes fera de ceux qui ne s'embraferont pas à ce

» feu facré, comme s'y embrafent ceux à qui il eft ré-
» fervé de devenir des hommes du premier ordre. Mais
» quiconque fera dans ce cas, devra être exclus, fans
» miféricorde, du fanctuaire des fciences & des beaux
» arts »,

L'AUTEUR.

Encore un mot, de grace. Il y a d'excellents génies qui font très-lents, & qui d'abord promettent peu. Si vous les excluez, ce fera une perte réelle. Il y en a d'autres, au contraire, qui commencent par des éclats de lumiere, & finiffent par ne briller que comme brille un feu follet. Ceux-ci figureront mal dans votre fanc-tuaire.

TIMOPHTONE.

Ce font-là des exceptions que doit négliger un fage Légiflateur. Vous auriez pu encore me laiffer conti-nuer.

L'AUTEUR.

Continuez donc.

TIMOPHTONE.

» Les heureux éleves qui auront fubi avec fuccès
» la premiere épreuve, deviendrout les plus chers nour-
» riffons de la patrie, qui, loin d'être effrayée de leur
» nombre, regrettera de n'avoir pas été plus féconde
» en bons efprits, en génies lumineux, en citoyens ca-
» pables de la couvrir de gloire. Ils continueront leurs
» études aux dépens de la patrie ». Quoi, vous hauffez les épaules ?

L'Auteur.

Ce n'est point parler, ce me semble. Excusez un tic qui me prend par accès, & dont je ne puis me défaire.

Timophtone.

C'est un très-vilain tic; & tout autre que moi s'en formaliseroit : mais je vous le passe.

» A mesure que leurs talents se développeront, on
» les rangera en différentes classes, & chaque classe
» sera la pépiniere d'autant d'ordres entre lesquels sera
» partagée la partie supérieure de la nation, comme à
» la Chine les Colleges des Mandarins, qui ont diffé-
» rentes fonctions, & font partagés en classes graduées,
» les unes supérieures aux autres ». Encore un serre-
ment d'épaules ?

L'Auteur.

C'est mon tic, vous dis-je. Tâchez de m'en guérir; mais ne vous en fâchez pas : je vous écoute en silence.

Timophtone.

» Dans ce corps nombreux de lettrés, on prendra
» les Magistrats qui rendront la justice, ceux qui main-
» tiendront la police, les Régisseurs des revenus pu-
» blics, les Conseillers & les Ministres du Souverain,
» tous les employés, non militaires, dont on a besoin
» dans les armées, les Précepteurs du menu peuple,
» c'est-à-dire le Clergé, ou tout autre corps chargé
» d'enseigner la morale aux femmes & aux enfants,
» quelque nom que l'on donne à ce corps.

» Ce qui restera sera partagé entre les écoles qui se-

» ront en très-grand nombre, & les académies, dont il y
» aura quatre dans chaque diſtrict, une pour les hautes
» ſciences, une pour les belles-lettres, une pour les
» arts, & la quatrieme pour l'agriculture ».

» Comme ces académies ſeront le corps de réſerve
» de tous les ordres, le nombre de leurs membres ne
» ſera point fixe; mais chacun d'eux aura des appoin-
» tements honnêtes, & tels qu'ils conviendront à des
» hommes qui ſeront l'élite de la nation. » Encore
un ſigne d'ennui ou de pitié. Sont-ce là des abſurdi-
tés, à votre avis? Oh! défaites-vous de ce tic-là, je
vous prie.

L'Auteur.

Vous avez raiſon, je devrois bien m'en défaire ; &,
pour le coup, il m'a pris bien mal-à-propos : car j'ad-
mire vraiment votre plan. Faites des Clercs de vos
lettrés, & vous aurez renouvellé le ſyſtême de la
Monarchie Pontificale, ſubdiviſée en Provinces, avec
des corps de réſerve dans les Couvents, & des employés en ſous ordre dans la Hiérarchie ; laquelle, ſuivant le plan d'un Grégoire VII ou d'un Boniface VIII,
devoit abſorber toute l'adminiſtration temporelle. Vos
nombreuſes écoles rappelleront ces temps heureux, où
une ſeule de nos Univerſités contenoit trente mille éco-
liers, la plupart manants déſerteurs, & qui avoient
leur ſauve-gardé dans le ſigne de leur cléricature.
Vous pouvez encore trouver des veſtiges de cet admirable ſyſtême, & un modele en petit de votre plan,
dans le Pays où devoit être la Capitale de l'Europe
eccléſiaſtique & ſéculiere. Il n'y a dans ce Pays-là

que la cléricature de trop ; car je doute que vous en foyez amoureux. Mais retranchez-la, & vous aurez un exemple d'un grand poids à citer en faveur de votre invention. Aussi-bien cet Etat figure-t-il avec éclat entre les Puissances de l'Europe, à raison de l'excellente culture de ses terres, qui sont très-bonnes, & ne lui fournissent pas de bled ; à raison de la bonté reconnue de ses troupes, & à raison même de la science profonde du grand nombre de ses lettrés.

TIMOPHTONE,

Vous me donnez-là une bien bonne idée, & dont je vous suis obligé. En effet, si nous retranchons la cléricature, nous ôtons le principe de dépopulation, qui est le seul vice dont soit atteint ce Pays-là, celui du moins duquel dérivent tous les autres.

L'AUTEUR.

Vous prétendez donc marier vos lettrés ? C'est à quoi je ne pensois pas.

TIMOPHTONE.

Il le faut bien, si je veux éviter le reproche que je viens de faire au Pays de la cléricature.

L'AUTEUR.

Mais que deviendront leurs enfants ?

TIMOPHTONE.

Des lettrés comme leurs peres, puisqu'ils auront sur tous les autres citoyens l'avantage de l'éducation paternelle, & de l'exemple domestique ; ce qui n'est pas un secours médiocre pour dévancer tous ceux qui en font privés.

L'AUTEUR.

Mais enfin, tous ne réuffiront pas, & vous avez établi, fans doute, la févérité de l'examen, comme une loi fondamenta e ?

TIMOPHTONE.

Il faut s'attendre qu'elle ne fera pas rigoureufement obfervée. Les examinateurs favoriferont, fans doute, les enfants de leurs collegues. L'imperfeĉtion eft inévitable dans toutes les inftitutions humaines.

L'AUTEUR.

Je conclus delà qu'il fe formera un nouvel ordre héréditaire, dont vos premiers lettrés feront les auteurs, comme nos premiers guerriers ont été les auteurs de notre Nobleffe. Mais du moins cet ordre aura-t-il fur l'autre, l'avantage d'une origine beaucoup plus eftimable.

TIMOPHTONE.

Il aura encore celui d'être moins exclufif, puifque les grands talents y donneront entrée de plein droit.

L'AUTEUR.

Je crains pourtant beaucoup que, dans la fuite, on ne mette une différence odieufe entre les anciennes & les nouvelles familles de lettrés.

TIMOPHTONE.

Il ne faut pas prévoir les malheurs de fi loin.

L'Auteur.

Vous avez raifon. On ne feroit jamais rien de beau. Trop de prudence donne des entraves au génie. Mais feroient-ce auffi vos lettrés qui feroient Lieutenants, Capitaines, Colonels, Généraux de tous les grades ?

Timophtone.

Ils n'auroient point été élevés à ce métier fi contraire au repos qu'exigent les lettres, fi inhumain, fi éloigné de tout ce qu'il y a de beau & de bon. On deftineroit aux emplois honorables, les jeunes gens qui auroient approché le plus près de la perfection requife pour être admis entre les éleves. Le commun des foldats feroit compofé du refte.

Timophtone.

Mais fi tous les génies devoient être fondés, fi tous les efprits devoient être approchés du flambeau des fciences, ce refte feroit toute la nation non lettrée ? Qui donc laboureroit ? qui exerceroit les arts méchaniques ?

L'Auteur.

Vous vous prévalez d'une omiffion qu'il y a dans mes remarques. Je devois dire qu'on donneroit accès dans le parvis du fanctuaire à tous ceux qui le demanderoient ; mais que le grand nombre feroit de ces enfants de la terre, qui reftent collés fur le fein de leur mere, & ne levent jamais les yeux en haut.

L'Auteur.

Ainfi il y auroit toujours un grand nombre de ces

malheureux mortels, qui, par ignorance, ou faute de courage, se résignent à leur état abject. Vous m'aviez pourtant persuadé que l'éducation étoit le premier bienfait que la société devoit à ses enfants, & qu'il n'y avoit aucune raison pour en varier la distribution. Il seroit donc à propos d'appliquer ici le *compelle intrare*. Car l'humanité exige qu'on violente les hommes pour les empêcher de se faire un très-grand mal. Vous leverez mes scrupules sur ce point quand vous voudrez. J'en ai un autre, que je ne veux pas séparer de celui-ci.

Je crains que le frere ou le cousin d'un lettré ne fût tenté de lui manquer de respect, & que cinq ou six millions de cousins non-lettrés ne fussent mal contenus en cas de besoin par deux ou trois cents mille lettrés, qui ne seroient pas braves.

Autre scrupule. Le nombre seroit du côté de l'ignorance, de la bassesse & de l'oppression; la force & le dépit de se voir dédaignés, seroient du côté des guerriers. Il n'y auroit du côté des lettrés, auxquels leur naissance ne concilieroit aucun respect; il n'y auroit, dis-je, de leur côté que du savoir, avec de bons appointements, & toute sorte de supériorité légale. Je ne sais si les choses pourroient rester long-temps dans cet état; mais il me semble qu'à la longue les guerriers devroient devenir des lâches, ou revendiquer la supériorité avec succès, & la laisser à leurs enfants, qui seroient plus sûrement braves que les enfants des lettrés ne seroient savants. Car le courage, qui est en partie dans la nature, & en partie le résultat très-simple de certains préjugés faciles à laculquer, se transmet beaucoup plus aisément que la science, par l'éducation & l'exemple paternels. L'épreuve de l'un est aussi beaucoup moins équivoque que l'examen de l'autre, outre qu'il reste toujours le même, au-lieu que la science d'un âge peut devenir une sottise dans un autre âge.

Ce sont seulement des doutes que je vous propose.

TIMOPHTONE.

Je me ferai un plaisir de les résoudre. Mais je vois arriver quelqu'un à qui je dois parler. Je suis à vous dans l'instant.

L'AUTEUR *seul.*

Je sais trop quel puissant talisman sont contre la raison & les plus saines maximes, certains mots qu'on a mis à la mode, & qui ne présentent les idées les plus favorables, que pour séduire la piété de ceux qui les entendent, & arrêter ceux auxquels on les oppose ; comme dans une cause bien différente, la mere & la femme de Coriolan ménaçoient de couvrir de leurs corps le chemin par lequel il marchoit à Rome, afin que tout fût impie dans son entreprise. L'humanité, la justice, la loi naturelle sont cette égide redoutable dont se couvrent les novateurs politiques, & qui doit aveugler ceux à qui ils la présentent. Elle m'aveugla comme un autre, & long-temps je restai immobile entre l'intérêt général de la société, qui me pressoit d'un côté, & celui des individus, qui m'arrêtoit de l'autre. Enfin, je vis que tout se concilioit par la distinction si naturelle entre la conséquence de l'égalité naturelle des hommes, qui eft le droit égal au bonheur, & celle de leur inégalité politique, qui eft la différence de leurs devoirs fondée fur la diverfité des biens dont ils jouiffent, proportionnelle à la diverfité de leurs defirs, & relative à celle des befoins de la fociété. L'éducation me parut contenir la folution de toutes les difficultés; & comme la meilleure & la plus fûre me parut encore être celle que les parents donnent à leurs enfants, je trouvai l'hérédité des conditions auffi jufte que celle des fortunes, & plus indifpenfable encore pour le bien de fociété. Mais ce qui me paroît fi fimple, ne le paroîtra pas à la plupart des hommes, que la partialité rend inconféquents; & comme la méthode la plus fûre pour faire fentir l'abfurdité d'une maxime qui n'eft que fpécieufe, eft de la fuivre dans fes conféquences, je ne me fuis pas difpenfé d'une réfutation, qui étoit inutile pour les lecteurs de bonne foi & de bons fens, mais qui fera peut-être encore infuffifante par la plupart de ces beaux efprits, pour qui la raifon fimple n'a point de charmes, parce qu'elle fe refufe au faux brillant des penfées hardies. Cependant les hommes de cette trempe jouent un rôle fi apparent parmi nous, & le nombre eft fi grand de ceux qu'ils éblouiffent par les preftiges de leur jeu, que, fi je défefpere de ramener les premiers à des maximes qui leur font odieufes, je dois au moins chercher à détromper les autres, & à détruire par-là ce fantôme d'opinion publique, qui fouvent trompe & égare les légiflateurs eux-mêmes. Je reprends la fuite de mon dialogue avec &

Timophtone, qui revient me joindre après avoir lu une lettre qu'on venoit de lui apporter. Dois-je vous faire un compliment, lui dis-je ? J'ai vu la joie se répandre sur votre visage à mesure que vous lisiez ?

TIMOPHTONE.

Ce ne font encore que des espérances. Dans une heure, ce pourra être une réalité. Je me réserve votre compliment pour ce temps-là ; & comme l'attente est toujours longue, pour l'abréger, reprenons notre conversation.

L'AUTEUR.

A la bonne heure. Je ne suis pas assez indiscret pour vouloir hâter une confidence qui pourroit être prématurée. Nous en étions à quelques doutes que je vous avois proposés contre votre plan chinois, dont même vous n'avez pas achevé la lecture.

TIMOPHTONE.

Laissons-là ce plan qui n'est pas de moi, & donnez à vos doutes le nom d'objections insolubles ; j'en suis d'accord. Un de mes amis a dressé ce plan, que je ne désapprouvois pas. Mais moi-même j'en ai dressé un autre que je crois meilleur. C'étoit un défi entre nous deux, & je vois bien que j'avois pris le bon parti.

L'AUTEUR.

Je suis curieux de voir ce plan qui vous paroit meilleur que l'autre. L'avez-vous sur vous ?

TIMOPHTONE.

Le voici. J'espere que vous en serez content. Il étoit

dans la lettre qu'on vient de me remettre, & mon ami me marque qu'il en eſt très-content. C'eſt un homme de beaucoup de mérite ; & dans tout ce qu'on appelle haute finance, je doute qu'il y ait deux ſujets comme lui. J'ai vu de lui un Traité, qui eſt encore manuſcrit, ſur la ſubſtitution de la finance à la féodalité, & ſur les grands avantages que l'on pourroit tirer de la création d'un ordre dans lequel ne ſeroient admis que ceux qui feroient preuve d'un certain revenu, dont un tiers au plus devroit être en fonds de terres. Les deux autres tiers ſeroient toujours à la diſpoſition du Souverain, qui en payeroit quinze pour cent pendant vingt ans, au bout duquel temps le capital ſeroit éteint. Il croit que cet ordre devroit être compoſé de dix mille membres, qu'on pourroit appeller les Immortels, à l'imitation des Perſes, qui donnoient ce nom à un corps de dix mille hommes d'élite. Chaque immortel devroit avoir ſoixante mille livres de rente ſubſtituées, dont vingt mille au plus en terres. Ce ſeroit un revenu de ſix cents millions, partagé entre dix mille hommes. Les deux tiers, comme je l'ai dit, c'eſt-à-dire une ſomme annuelle de quatre cents millions, ſeroient deſtinés au ſervice de l'Etat. Ce ſeroit plus qu'il ne faudroit pour faire face aux dépenſes extraordinaires les plus exorbitantes.

Dans le cas d'une guerre, le Prince demanderoit un quart de ſervice, une moitié, la totalité, ſuivant qu'il en auroit beſoin ; & dès que l'Edit ſeroit rendu, chacun des immortels porteroit au tréſor royal dix, vingt ou quarante mille livres. Lorſqu'ils ne ſeroient que le

quart

quart de service , ils porteroient la premiere année dix
mille livres ; la feconde année, la même fomme moins le
quinze pour cent de l'année précédente ; la troifieme
année encore dix mille livres , moins le quinze pour
cent de vingt mille livres ; & ainfi d'année en année,
jufqu'à ce que le double fervice devînt néceffaire. Chaque année de fervice feroit un capital à part, qui fe
trouveroit rembourfé au bout de vingt ans.

Vous pouvez fuppléer les autres détails auxquels
vous conduiront ces notions générales ; & fi vous êtes
effrayé de l'énorme intérêt que recevront les immortels , puifqu'en dix ans, à quinze pour cent, le capital
devroit être rembourfé, & les intérêts payés ; je vous
ferai obferver, d'après mon ami, que l'argent à fouvent coûté plus cher aux Souverains , que la certi-
tude de le trouver doit être mife en ligne de compte,
& que c'eft une obligation bien onéreufe que celle de
fe priver tout d'un coup des deux tiers de fon revenu,
pour venir au fecours du Prince , & épargner aux peuples la furcharge des impôts , fuivant la méthode admirable du grand Colbert.

Vous jugez bien que les dix mille immortels com-
poferont l'ordre le plus puiffant de l'Etat, & celui auffi
qui méritera le plus de confidération.

L'A u t e u r.

Vous m'effrayez cependant avec la fuppofition d'un
revenu de quatre cents millions de livres au moins ,
qui ne pourra être en fonds de terre. Sera-ce l'Etat
qui payera cette énorme fomme à vos immortels ?

Tome V.   K

T I M O P H T O N E.

Vôtre crainte eft fondée ; mais il eft aifé de la dif-
fiper. Pour le benéfice que produira le maniement des
finances, & qu'on augmentera par la fuppreffion d'un
grand nombre d'employés fubalternes, comptez cinquante millions ; car les immortels auront la préférence, comme les Chevaliers Romains, pour tous les
emplois de la haute & moyenne finance. Pour le
bénéfice des entreprifes de toute efpece, une année
portant l'autre, & en fuppofant la même préférence,
comptez encore cinquante millions ; pour les profits d'un
commerce exclufif aux Indes, dix millions ; pour celui
du commerce auffi exclufif du fucre & du café en faveur des négociants agrégés aux immortels, comptez
vingt millions. Pour toutes les bonnes manufactures
du Royaume, lefquelles feront munies de privileges
exclufifs, comptez au moins vingt millions. Ce font
cent & quinze millions, fi, je ne me trompe. Pour les
eaux-de-vie, les vins, les huiles, le commerce du Le-
vant, comptez deux cents négociants exclufifs, chacun à foixante mille livres, ce font encore douze millions. Toutes ou la plus grande partie des rentes fur
particuliers, de celles fur tous les corps, hôpitaux,
hôtels-de-Ville, &c., au moins cinquante millions. Ce
font deux cents douze millions. A quoi ajoutant les
banquiers, tréforiers, &c., vous ferez aifément la fomme de deux cents cinquante millions. Les cent cinquante millions reftants feront l'intérêt des anciennes
dettes de l'Etat, qui, pour le maintien du nouveu fyftême, ne pourront jamais être rembourfées.

Êtes-vous content de ce développement du plan de mon ami ?

L'Auteur.

Très-content, & nous voilà bien fûrs de ne pas manquer d'argent, pourvu que vos dix mille immortels ne reſtent pas les feuls habitants du Royaume. Car, en fuppofant une guerre de cinq ans, tous les quinze ans, leurs fonds augmenteront prodigieufement, & avec eux, les impôts fur lefquels il faudra les payer.

Timophtone.

C'eſt auffi le feul fcrupule qui reſte à mon ami ; & pour éviter cet inconvénient, il cherche les moyens d'introduire dans l'ordre des immortels, la fage parci- monie qui fit le bonheur de la République Romaine, tant qu'elle fut la vertu favorite de fes citoyens. S'il parvient à trouver ces moyens, dont la découverte fera affurément un effort de génie, il propofera de réduire à douze ans le terme des rembourfements, en forte que, dans cet efpace de temps, l'Etat foit acquitté, envers les immortels, de la premiere année de leur fervices, & des autres fucceffivement fuivant leur date.

L'Auteur.

Ce fera encore dix-fept à dix-huit ans pour une guerre de cinq ans. Cela nous obligera donc à avoir la paix pendant ce temps ?

Timophtone.

Au bout du compte, vous êtes trop difficile. A-t-on

K ij

mieux fait par le paſſé ? D'ailleurs, quel établiſſement a été porté à ſa perfection dès les commencements ?

L'Auteur.

Il faut donc eſpérer que celui-ci ſera perfectionné. Ainſi nous voilà ſûrs d'avoir de l'argent ; & en renonçant à payer nos vieilles dettes, parce que ce ſeroit une atteinte portée à la conſtitution, nous avons quelqu'eſpérance de n'en pas faire de nouvelles. Mais il nous faut des hommes !

TIMOPHTONE.

Pourquoi faire ?

L'Auteur.

Pour les oppoſer aux pauvres gens, qui auront envie de dévaliſer vos immortels.

TIMOPHTONE.

C'eſt donc de ſoldats que vous voulez parler. En manque-t-on quand on a de l'argent ?

L'Auteur.

Apparemment, puiſqu'Athenes & Carthage en manquerent, & que, de ces deux riches Républiques, l'une fut mal menée par les pauvres Spartiates, & l'autre fut détruite par les Romains, qui n'avoient ni financiers, ni banquiers, ni riches négociants, du moins que nous ſachions.

TIMOPHTONE.

Mais ni les Athéniens, ni les Carthaginois, n'avoient une Nobleſſe militaire telle que nous l'avons ; &, en vérité, cet établissement me paroît fort utile & très-bon à conserver. Je l'ai toujours pensé ainsi, & crois que c'est aussi votre avis. Car vous êtes un homme sans préjugés, & vous démentiriez votre caractere, si vous proscriviez notre Noblesse en haine de quelques individus qui la déparent, ou par aversion pour quelques traits trop marqués dans son caractere. Ni la nature, ni la politique n'ont toujours la mesure ni la hache à la main.

L'Auteur.

Que m'enseignez-vous-là, je vous prie ? N'êtes-vous plus le même homme ? Mais pardonnez-moi ma surprise, & dites-moi comment vous pensez pouvoir conserver la noblesse, & lui faire retenir son esprit, si vous placez au-dessus d'elle dix mille citoyens, qui, avec un tout autre esprit, jouiront d'une plus grande considération ? Ou quelle idée avez-vous de la noblesse, si vous croyez qu'elle puisse n'être pas le premier ordre de l'Etat ?

Timophtone.

Il y a bien chez deux grandes nations, dont la Noblesse est nombreuse & généreuse, un ordre qui lui est supérieur. Pensez-vous que les Pairs prétendent faire corps avec la Noblesse ?

L'Auteur.

S'ils prétendent le contraire, ils forment une très-sotte prétention, & qui, chez vous sur-tout, les réduiroit à rien : car en qualité de Pairs, ils ne sont rien hors des Cours de Justice ; & comme Ducs, ils ne sont qué des Gentilhommes titrés, au-deſſus deſquels ils n'ont qu'un titre & quelques honneurs de Cour : prérogatives trop frivoles pour qu'on puiſſe les regarder comme les attributs conſtitutifs d'un ordre particulier. Mais laiſſons-là le plan de votre ami, & voyons le vôtre; j'en ai une véritable impatience.

T I M O P H T O N E.

C'eſt beaucoup d'honneur que vous me faites , & je dois me rendre à une impatience auſſi obligeante pour moi. Je commence par quelques conſidérations préliminaires.

L'opulence continuée dans une famille en conſtitue la nobleſſe , ſuivant quelques Politiques Italiens. A Rome, le cens ou l'évaluation des biens de chaque citoyen déterminoit ſa place dans la République. Lyſimaque priva des droits de citoyens, tous les Athéniens qui n'avoient pas deux mille drachmes de bien. Dans tous les temps, la richeſſe ou la pauvreté mirent une très-grande différence entre les membres d'une même ſociété. Telle eſt l'empire de la richeſſe , que nous conſidérons un homme plus riche que nous, quoique nous ne penſions pas qu'il puiſſe jamais nous faire part de ſes richeſſes , ni même nous aider. Ce ſeroit donc une folie de mettre les loix en contradiction avec les mœurs, dans un point où celles-ci ont toujours été les plus fortes; & le meilleur parti que puiſſe prendre un Légiſlateur, eſt de s'accommoder aux mœurs, & d'ajouter à leur ſanction celle des loix, qui dès-lors ſeront certainement reſpectées.

» Ainsi la premiere supériorité légale doit être pour
» ceux à qui les mœurs ont donné une supériorité mar-
» quée sur les autres citoyens ; & l'ordre des riches
» doit être le premier ordre de chaque Etat, sans égard
» aux petites distinctions qui disparoissent auprès de
» l'opulence.

» Ce n'est pas à dire qu'on doive abolir ces distinc-
» tions ; il faut les laisser subsister, & même les entre-
» tenir, comme utiles ou fondées en droit ; en forte que
» le Noble qui sera riche, jouisse d'une plus grande
» confidération que le riche non-noble, & que le No-
» ble pauvre ait le pas sur le pauvre roturier, mais
» jamais jusqu'au point, qu'à richesses inégales, la pe-
» tite distinction l'emporte sur la différence conftitutive.
» C'est le moyen, encore une fois, que les loix soient
» respectées, que les mœurs soient d'accord avec elles,
» & que la société prospere par l'harmonie des unes
» & des autres ».

L'Auteur.

Est-il permis de vous interrompre un moment, pour
vous faire faire une petite obfervation ?

Timophtone.

J'y confens ; mais faites-la courte, où vous perdrez
le reste de la differtation.

L'Auteur.

Pour vous faire plaifir, je la réduis au fimple énoncé
de ces maximes, que je vous donne à méditer ou à réfuter.

Les penchants naturels, ou quafi naturels, n'ont pas

befoin d'être augmentés par la faveur des loix. Il fuffit qu'ils ne foient pas contrariés.

En bien des cas, & fpécialement en ce qui concerne l'amour des richeffes & le refpect pour l'opulence, l'accord des loix avec les mœurs ne peut être que funefte.

L'opulence des particuliers eft un amas de biens dans un lieu, au préjudice d'un grand efpace qui en refte dépourvu. C'eft donc un mal en foi.

Le defir unique d'être riche dans tous les citoyens feroit l'effet infaillible de l'accord du penchant naturel, des mœurs & des loix, en faveur de ce defir.

Où ce defir eft unique, rien ne fe fait que pour l'argent. L'Etat eft donc fervi très-chérement ; il demande donc de gros fubfides ; perfonne n'eft donc riche, ou ceux-là feulement le font, qui favent le mieux piller, & fe fouftraire au fubfide. Le peuple foulé dépérit, déferte, réproduit imparfaitement. Le nombre des pauvres diminuant, celui des riches diminue. Les fubfides deviennent plus onéreux & plus infuffifants.

La continuation de ce défordre mene à l'anéantiffement. Ceci n'eft qu'une répétition de ce que j'ai déja dit. Mais je répéterai toujours la même chofe, tant qu'on avancera les mêmes erreurs.

TIMOPHTONE.

Si telles font vos maximes, il eft inutile que j'acheve ma lecture : auffi-bien je vois arriver l'homme que j'attendois ; & je puis vous dire maintenant que je viens d'obtenir une direction de vingt mille livres de rente, fans le cafuel.

L'AUTEUR.

Adieu donc les lettres & l'ordre des lettrés. Mais vivent les immortels ; nous les verrons bientôt paroître dans un traité de votre façon, fi pourtant vous écrivez encore.

TIMOPHTONE.

Adieu, je vais remercier mon ami, & oublier avec lui vos austeres maximes.

Puisque l'homme se connoît assez peu lui-même pour pouvoir rarement parvenir par la force du raisonnement à la solution des problêmes auxquels peut donner lieu la différente combinaison possible des hommes & des choses, il ne faut pas rejetter le secours de l'histoire qui fournit des exemples, & même, par analogie, des formules presque toutes dressées.

Mais pour qui se hâte de conclure, cette ressource contre l'erreur devient une cause d'égarement.

De quel peuple en effet avons-nous une histoire assez détaillée, assez suivie, assez exacte, pour être assurés que, dans ses mœurs, rien ne nous échappe ; que, dans sa position physique, tout nous est connu ; que toutes les causes de sa prospérité, nous pouvons les saisir ; que ce qui nous paroît l'origine de sa décadence, en fut le véritable germe ? Ne rejettons donc pas le secours de l'histoire ; mais comptons encore plus sur les principes de la morale, & ne mettons pas en parallele, toute l'histoire de la Grece, avec un seul traité didactique de Platon & de Xénophon, qui voyoient dans l'état politique de leurs contemporains tout ce qui nous échappe, & qui poſſédoient autant que nous la ſcience de l'homme & l'art de raiſonner.

Si, dans tous les ſiecles, & chez tous les peuples, il y avoit eu de pareils Philoſophes, & que nous vinſſions à découvrir leurs ouvrages, combien changeroit à nos yeux le ſpectacle de l'antiquité! Combien trouverions-nous d'exemples cités à l'appui d'une maxime, par leſquels on pourroit autoriſer une maxime ou contraire ou différente!

Je crois avoir, dans les dialogues précédents, jetté quelque jour ſur la Démocratie Athénienne, & avoir laiſſé aux partiſans de l'égalité civile peu d'envie de citer la grandeur d'Athenes comme un exemple des grands effets de cette égalité. Que ſeroit-ce ſi nous connoiſſions mieux tous les détails? Peut-être verrions-nous cette égalité ſe réduire au droit de ſuffrage que la loi rendoit commun à tous les citoyens; peut-être même trouverions-nous qu'à la légitimité près, ce droit n'étoit autre que celui d'une multitude révoltée, dans laquelle chaque individu croit valoir autant qu'un autre, & où regne la confuſion qui étouffe beaucoup de voix, & l'eſprit de faction, qui en aſſervit pluſieurs à une ſeule : mais ce que nous y trouverions certainement, ce ſeroit une iniquité affreuſe dans la conſtitution politique, je veux dire une diſproportion énorme entre la valeur réelle des citoyens & leur valeur fictive, entre les charges & les droits, entre les obligations, leurs titres, & leur équivalent. Or, de cette diſproportion devoit naître un déſordre, dont l'effet peut-être insensible, mais perpétuel & invincible, comme les causes toujours agissantes, ne pouvoit manquer d'amener la décadence la plus affreuse, qui est l'absurdité des loix, & y répond exactement dans la totalité des temps.

Le plan de Solon différa peu de celui que je viens d'attribuer à un homme enivré de son opulence ; & s'il fut moins mauvais, c'est, qu'au temps de ce Législateur, la plus grande richesse d'Athenes étoit encore dans ses terres. Encore ne poussa-t-il pas le délire jusqu'à proscrire toute inégalité & toute distinction.

Il partagea toute le peuple d'Athenes en quatre classes, suivant l'inégalité des possessions.

La premiere comprenoit tous les citoyens qui recueilloient sur leurs terres cinq cents mesures de grain; la seconde fut celle des Chevaliers qui n'étoient pas aussi riches que les précédents, mais à qui leurs terres devoient rendre jusqu'à quatre cents mesures.

On appelloit Zygites les citoyens de la troisieme classe, & Thêtes ceux de la quatrieme.

Il paroit que les Zygites étoient ceux qui ne possédoient qu'un joug de bœufs, ou une paire d'esclaves, & qui devoient servir comme fantassins. Les Thêtes étoient ceux qui ne possédoient rien que leurs bras, ou les mercenaires, journaliers & autres.

La premiere classe étoit donc celle des citoyens les plus riches en fonds de terre. Ainsi nous savons quelles étoient leurs charges, & combien il leur étoit difficile de ne pas se ruiner, s'ils vouloient se soustraire à l'envie, & à la peine des concussionnaires.

Les Chevaliers étoient ainsi appellés, parce qu'ils étoient obligés d'entretenir un cheval, & de faire le service de la cavalerie.

Ils avoient des sacrifices particuliers, ou des fonctions qui leur étoient réservées dans les sacrifices publics. Il leur étoit permis de porter les cheveux longs, & ils jouissoient encore de quelques prérogatives. Un Auteur remarque qu'ils ne furent d'abord qu'au nombre de six cents; mais que la République s'étant accrue, ou le nombre de ses habitants ayant augmenté, celui des Chevaliers monta par la suite jusqu'au double de ce qu'il avoit été. Mais comme nous ne trouvons dans l'histoire d'Athenes ni un nouveau partage, ni aucun accroissement proprement dit de l'ancien territoire de la République, il faut conclure delà que la classe mitoyenne, qui étoit celle des Chevaliers, s'accrut aux dépens des autres classes, ou par la réunion, en de plus grandes masses, des petits domaines qu'avoient possédés les Zygites, ou par la diminution ou la division des grands domaines dont la possession avoit fait les riches.

Mais la République avoit besoin d'un certain nombre de ces derniers, ou pouvoit s'en passer. Dans le premier cas, les loix qui les forçoient, pour ainsi dire, à décheoir en se ruinant, n'étoient pas sages; ou c'étoient de mauvaises mœurs que celles qui donnoient cet effet aux loix. Dans le second cas, il n'y avoit eu aucune nécessité réelle qui eût obligé de surcharger les riches, moins au profit de la République que pour le sordide intérêt de cette multitude oisive qui vouloit qu'on l'amusât par des fêtes, qu'on l'engraissât de sacrifices, & que les distributions & les festins publics soulageassent sa paresseuse indigence.

Ainsi les tyrans moissonnent ce qu'ils n'ont pas semé, & arrachent leur part des fruits de l'industrie heureuse & de la sage économie.

Si les modiques fortunes des Zygites se réunirent en masses pour devenir des domaines de Chevaliers, il y eut un vice dans les mœurs ou dans les loix, ou plutôt les unes & les autres furent vicieuses, puisqu'ou le Zygite se ruina, & vendit son bien par nécessité, ou il trouva des avantages réels ou apparents dans un dénuement que de bonnes loix lui eussent rendu fâcheux, & que de bonnes mœurs lui eussent fait regarder comme une espece de mort civile. Une suite de ce désordre dut être d'une part, que la République ne fût plus servie suffisamment par ce qui resta des Zygites, si elle en avoit tiré des services particuliers; de l'autre, que le nombre de ceux-ci diminuant, ou il en résulta un vuide dans la population, ou la classe des Thètes devint d'autant plus nombreuse; c'est-à-dire, que la force physique & morale s'accrut où il y avoit le plus d'indigence, le moins de vertus sociales, &, en particulier, le moins d'attachement à la patrie, & le moins de moyens de la servir.

La force physique augmentoit de ce côté, puisque, dans une République qu'enferment des murs, il faut plus qu'ailleurs compter les bras pour calculer les forces; & qu'où est la foule, là est difficilement une distinction d'ordre assez marquée pour que le petit nombre difpofe des forces du plus grand nombre ; mais de plus, le pouvoir moral que donnent les loix s'accroiffoit toujours dans la claffe des Thêtes, puifque chacun d'eux avoit fa voix dans les affemblées, auffi-bien que chacun des riches, des Chevaliers & des Zygites. Mais ces mêmes Thêtes n'étoient obligés à rien, attendu leur pauvreté : ainfi ou leur droit de fuffrage étoit peu de chofe, ou ils jouiffoient d'un grand avantage, fans en fupporter l'équivalent en charges & en devoirs; & c'eft-là ce que j'appelle défaut de proportion, ou iniquité dans la conftitution politique.

Mais ce n'eft pas tout encore. Les Thêtes ne pouvoient être élevés à aucune magiftrature : & quoiqu'en ceci il y eût une apparence de juftice & de raifon, puifque les emplois devoient être, & étoient, en effet, un objet d'ambition pour les citoyens à qui leur aifance ou leur affranchiffement des befoins phyfiques, ouvroit l'ame au befoin moral, que j'appelle ambition; c'étoit pourtant moins une excluſion prononcée contre les Thêtes, qu'une exemption qui leur étoit accordée, puifqu'on les difpenfoit de ce qu'ils ne defiroient pas, d'emplois difficiles & onéreux, & qu'on les admettoit aux emplois lucratifs qu'ils devoient defirer, puifqu'ils fentoient l'indigence, & envioient l'opulence. Mais voici le comble du délire politique. Ces mêmes hommes, qui, à peine étoient fufceptible de l'éducation morale la plus imparfaite ; ces hommes que leur indigence plaçoit dans la derniere claffe du peuple; ces hommes envieux, inquiets, avides, pouvoient rendre la juftice, & parler dans l'affemblée du peuple,

afin que les profits de la juſtice & des aſſemblées fuſſent
pour eux des moyens de plus de ſubſiſter.

Voilà, en vérité, une étrange reſſource, & une alliance bien monſtrueuſe entre les deux plus nobles prérogatives de l'exiſtence morale, & la ſervitude phyſique la plus complette. Ainſi le même corps, & celui-là
même en qui la qualité de citoyen étoit la plus imparfaite, étoit tout à la fois légiſlateur, juge, conſeiller,
& arbitre abſolu des plus grands intérêts de la République.

J'ai déja expliqué comment le commerce & par lui
la puiſſance maritime s'allierent très-bien avec ce gouvernement monſtrueux, & le rendirent toujours plus
défectueux. Tant qu'il avoit été peu floriſſant, le nombre des Thêtes avoit été borné par l'impuiſſance de
ſubſiſter ; on avoit fondé des colonies en grand nombre. Lorſqu'Athenes vécut en très-grande partie d'induſtrie, de denrées étrangeres, de tributs, il n'y eut
plus de bornes à l'accroiſſement du nombre des Thêtes,
dont pluſieurs même purent être très-opulents, ſans ſortir de leur claſſe, s'ils ne poſſédoient point de fonds
de terre. Il y eut bien à Athenes des eſclaves opulents,
& adonnés au luxe le plus ſcandaleux, ſans qu'on oſât
le réprimer, pour ne pas décourager l'avidité, qui étoit
devenue la paſſion dominante des Athéniens, parce
que tout le pouvoir étoit entre les mains de la claſſe
la plus avide.

Dès-lors il y fut plus que jamais, puiſqu'il n'y eut
plus de proportion entre le nombre des Thêtes & celui
des citoyens qui compoſoient les trois autres claſſes.

On fentit pourtant cet inconvénient; & la République, quoique régie par les Thètes eux-mêmes, chercha à le diminuer, fans doute, parce qu'entre ces derniers, il s'en trouva à qui leur dénuement fut à charge. J'ai déja indiqué comment on vint à leur fecours, & plus encore au fecours des honnêtes citoyens. Ce fut en fondant des colonies, que l'on forma des citoyens pauvres & indigents qui furchargeoient Athenes. La République leur donnoit des armes, & leur payoit leur voyage. Des Magiftrats, appellés Cléruques, tiroient au fort les terres qui devoient leur appartenir. Mais cette reffource devint infuffifante, ou faute de conquêtes, ou parce que les pauvres citoyens trouvoient trop de charmes dans l'exercice de leurs droits politiques, pour vouloir s'expatrier. Il fallut que Lyfimaque fît une loi pour ôter ces droits à ceux qui n'avoient pas deux mille drachmes de bien, pour que vingt mille citoyens puffent fe réfoudre à fortir d'Athenes. Quel fardeau avoit dû être cette foule d'indigents? Quels légiflateurs?

Difons pourtant la vérité, ou plutôt répétons ce que nous avons déja dit. Cette claffe, qui étoit la derniere dans l'ordre des citoyens, étoit pourtant une claffe diftinguée fi on la comparoît avec les fimples habitants, dont plufieurs pourtant n'étoient pas fans fortune, & avec la claffe plus nombreufe encore des efclaves qui fourniffoit prefque tous les ouvriers d'Athenes. La preuve en eft, qu'entre les malheurs qu'occafionna la guerre de Décelée, Thucydide compte l'évafion de plus de vingt mille efclaves, lefquels, dit-il, étoient, pour la

plupart,

plupart, des artifans. C'étoit donc encore un grand degré de fupériorité qui reftoient aux Thêtes; & cette
fupériorité étoit marquée non-feulement par le titre de
citoyen que n'avoient pas les habitants, & par les prérogatives dont nous venons de parler, mais encore par
l'exemption des charges de toute efpece auxquelles les
habitants étoient affujettis.

La communication du titre de citoyen, & même la
feule reconnoiffance de ce titre, étoient rares, difficiles,
& affujetties à des formes qui en prouvoient la dignité.
L'avidité des citoyens les engageoit, fans doute, a des
reconnoiffances irrégulieres; il y avoit même telle tribu
dont la facilité, ou plutôt l'infidélité à cet égard, étoit
paffée en proverbe : mais il y avoit une cenfure au-
torifée contre ce défordre. Un Magiftrat étoit en droit
de fruftrer de leur effet ces ennobliffements qu'un vil
intérêt avoit arrachés à une multitude defpotique, que
l'on ne pouvoit punir ni corriger.

Ainfi la dignité de citoyen étoit maintenue contre
ceux-là même qui, n'en ayant pas d'autre, auroient dû
en être les plus jaloux, & on les forçoit à s'eftimer
eux-mêmes par cet endroit.

J'ai ajouté à ce titre de fupériorité, l'exemption de
certaines charges que fupportoient les fimples habitants; & en effet c'étoit une récompenfe que la République accordoit à un habitant, & feulement pour
des fervices diftingués, lorfqu'elle le déclaroit Ifotele,
ou le faifoit jouir de l'exemption de citoyen. Cette
grace confiftoit dans la remife du tribut que devoient
les habitants, & auquel étoit fubftituée une taxe légere,

dont il paroît qu'aucun citoyen n'étoit exempt. Elle consistoit encore dans l'immunité de plusieurs autres charges ou corvées, auxquelles les habitants étoient assujettis.

Si donc les Thêtes étoient la lie du peuple Athénien, ils n'étoient pas les derniers des hommes à beaucoup près, & voyoient au-dessous d'eux une multitude d'hommes qui les forçoit à s'estimer, & les avertissoit sans cesse de ce qu'ils devoient à la patrie & à ses loix. C'étoit, si j'ose le dire, contre le sentiment général, une modification à la Démocratie absolue.

Mais bien-loin que cette modification détruisît la Démocratie, elle auroit encore existé avec tous ses inconvénients, quand même on auroit exclu du Gouvernement toute la classe des Thêtes, pour n'y donner part qu'aux trois classes supérieures.

Car où il y a multitude, cette multitude ne fût-elle composée que de Nobles, il y a Démocratie, si la multitude doit s'assembler pour délibérer; &, au contraire, il y a aristocratie, ou quelque chose d'équivalent, par-tout où le citoyen qui a part aux affaires, ne fait point partie de la multitude dans le lieu ou dans le rapport dans lequel il exerce ses droits. Ainsi toute la Noblesse d'une grande Province compose un corps démocratique.

La Noblesse d'un seul canton est un corps aristocratique; les députés de plusieurs cantons à l'assemblée provinciale, font de même un corps aristocratique. Tel étoit aussi à Athenes le corps de la Magistrature; & quand le Sénat régloit les formalités d'une procédure, quand lesThesmothêtes, autrefois Juges suprêmes, mais dégradés par Solon, examinoient encore les plaideurs, c'étoit un reste d'aristocratie ; & ces deux Colleges auroient eu l'énergie de corps intermédiaire entre le Souverain qui étoit le peuple assemblé, & les sujets qui étoient les individus, si ce Souverain n'eût pas été le plus absolu des Despotes, & que, par la réunion des deux pouvoirs & des deux forces, il n'eût pas été en état de soutenir la résolution qu'annonçoit ce cri tyrannique : *Il seroit affreux que le peuple ne pût pas ce qu'il veut.*

Pour que les Athéniens n'eussent pas osé hasarder une prétention aussi tyrannique, il auroit fallu ou qu'ils eussent eu d'autres mœurs, & que le Sénat dont il cas soit le réglement, eût eu le pouvoir de le maintenir & d'empêcher l'exécution de tout arrêt rendu au mépris de la regle qu'il avoit prescrite, ou qu'au défaut de ce pouvoir légal, il eût eu la force en main, ou l'apparence de la force. Mais où le peuple étoit confondu en une seule masse, où, hors du peuple, il n'y avoit que des habitants défarmés, & des esclaves qui n'étoient rien dans l'ordre politique, & pouvoient devenir tout, parce que les extrêmités se touchent, la force & le pouvoir moral se trouvoient du même côté ; & si la force & le pouvoir physique étoient, à la rigueur, du côté des habitants & des esclaves plus nombreux, ils y étoient en pure perte pour les corps intermédiaires qui n'avoient aucun rapport avec la totalité de ces deux classes, ils n'y étoient que pour rester étrangers au Gouvernement, ou pour le renverser, si jamais ils y touchoient, parce que dans le Gouvernement, il n'y avoit pour eux, fur-tout pour les efclaves, rien que de rigoureux & d'affligeant.

Les mœurs étoient donc la feule reffource d'Athenes, comme elles furent celle de Rome, lorfque le peuple fe retira fur le mont facré.

Mais les mœurs à Athenes n'avoient rien de politique, fi ce n'étoit l'amour de la patrie, & ce n'étoit pas un moyen pour contenir & pour diriger. Il ne falloit à ce peuple que des orateurs. L'éloquence feule donnoit de l'empire fur lui. Ainfi l'homme le plus éloquent eût été un tyran qu'Athenes fe feroit donné, s'il eût pu maintenir fa fupériorité, quels qu'euffent été fes confeils. Mais une partie de l'éloquence confifte à captiver l'attention & la faveur des auditeurs. Or c'étoit à quoi ne pouvoit réuffir un orateur Athénien, s'il ne flattoit les vices dominants de ce peuple, qui n'avoit de délicateffe que dans les oreilles, à qui un mot mal prononcé faifoit perdre de vue les plus grands intéréts, & qui ne pouvoit devenir actif que par enthoufiafme, prudent que par crainte, docile que par féduction, ou par répentir.

Mais quel fond pouvoit-on faire fur un peuple auffi léger, ou plutôt combien n'eft pas vicieux un Gouvernement qui exige la modération dans celui qui peut tout, la juftice dans celui qui doit tout envier, la prudence où il n'y a ni connoiffance, ni réflexion, ni prévoyance, la docilité où le fentiment de la liberté ne fe trouve que dans l'abus qu'on en fait ! Eft-il befoin d'être defpote, pour ne faire rien que de jufte, & ne fuivre que de fages confeils ? Le peuple a-t-il befoin du droit de fe gouverner lui-même, pour ne fe gouverner jamais, & fe laiffer conduire en tout ?

Athenes avoit donc le double malheur de n'avoir point de loix, & que l'empire des mœurs fe trouvât où la corruption étoit la plus facile & la plus irrémédiable. Or ce fut une fuite néceffaire de l'égalité de droits politiques entre des claffes où tout étoit inégal, & le fanatifme de la liberté ne lui fervit qu'à perpétuer cette égalité forcée, qui auroit dû fuccomber fous l'effort conftant de la nature des chofes contre des loix qui la contredifent.

Ce n'eft point en effet concilier les loix avec la nature, que de ramener tout à l'égalité, parce que tout dans la fociété mene à l'inégalité, & que ce n'eft point à la loi à s'y oppofer directement. Ou elle feroit impuiffante, & la conftitution feroit renverfée ; ou bien elle établiroit un droit durable contre des faits inévitables, d'où naîtroit un combat perpétuel, & fouvent funefte. Mais la loi feroit encore infenfée, qui, d'intelligence avec les paffions naturelles, ajouteroit à leur énergie l'appas des récompenfes, & attacheroit la fupériorité à des fuccès defirables par eux-mêmes. Que diroit-on d'une loi qui attacheroit des prérogatives à l'acquifition d'un certain nombre d'efclaves, à la poffeffion d'un grand nombre de femmes, quels que fuffent les hommes qui deviendroient efclaves, par quelques moyens qu'un citoyen fût parvenu à fe former un nombreux ferrail ? Ce feroit, fans doute, 'a plus abfurde & la plus dangereufe de toutes les loix.

Or, quelle différence y auroit-il entre cette loi, &

une autre loi qui, méconnoissant toute autre inégalité, n'en établiroit qu'en faveur des richesses ?

Cette loi assureroit le triomphe de l'avidité, & encourageroit la fraude, les extorsions, l'avarice, comme la premiere encourageroit où l'oppression & la violence, ou la séduction & le rapt. Toutes deux conduiroient également à l'extinction des vertus sociales, à la dépopulation, à l'anéantissement de la société. Les loix d'Athenes furent donc très-mauvaises, & le furent pourtant encore moins que ne le seroient celles qui feroient de l'avidité le ressort unique ou principal d'un Gouvernement.

Telle qu'elle naît de la nature, elle assure suffisamment la subsistance des peuples ; elle est le ressort principal dans cet ordre des choses. Elle ne doit jamais l'être dans l'ordre de la défense ou de la force, ni dans celui de la justice, ni enfin dans aucune autre partie de l'économie sociale. Elle ne suppose point l'association ; elle n'en tire point son origine ; elle n'en a reçu que des modifications. Elle ne lui appartient pas plus, & n'en doit pas plus attendre, que l'amour, la haine, ou la vengeance, qui sont des passions du même genre.

Ce n'est point-là un paradoxe que m'ait dicté le goût de la singularité. Je le répete. L'avidité ou l'amour des richesses ne mérite pas plus d'encouragement que la vengeance, qui aiguise le courage, & fait aussi les assassins ; la haine, qui sert quelquefois bien la politique, & trouble aussi les Etats ; l'amour, par qui le monde se repeuple, & que déshonorent trop souvent le viol, le rapt, la séduction, la débauche, Faut-il en

courager l'avidité, parce que par elle eſt aſſurée la fubfiftance de la fociété ? Perfeſtionnez donc auſſi dans
l'homme, portez à fon plus haut point l'iraſcibilité qu'il
reçut de la nature, & qui donna naiſſance au courage;
rendez plus général & plus vif l'amour de la vie qui
retient la main lorſque le cœur eſt perverti, & conferve des citoyens à l'Etat, mais qui fait auſſi les lâches ; récompenſez l'amour de la ſupériorité dans le
ſuccès, & propoſez à l'ambition des prix qui la rendent
auſſi commune, auſſi aſtive, auſſi entreprenante dans
tous les citoyens, qu'elle le fut dans ces hommes célebres dont les noms embelliſſent l'hiſtoire, & dont la
main enfanglanta la terre, & renverſa quelquefois les
Empires.

Vous dites que toutes ces paſſions ou naturelles, ou
émanées de la nature, n'ont pas befoin de la loi pour
naître, & que, fans qu'elle les protege, elles ont trop
fouvent aſſez de force pour ſe révolter conʼre elle;
que leur utilité a des bornes, & que leurs inconvénients font terribles. Eh pourquoi ne dites-vous pas la
même choſe de l'avidité ? N'eſt-ce point parce que vous
careſſez une paſſion qui eſt la vôtre & celle de votre
fiecle ?

Réfléchiſſez-y, & vous conviendrez que de toutes
les paſſions humaines, c'eſt celle qui a produit le plus
de crimes, & contre laquelle ont le plus à lutter les
loix & les magiſtrats ; que ce fut contre elle ſur-tout
que les hommes ſe précautionnerent en s'aſſociant ; que
c'eſt elle qui tend le plus directement, par l'effort le

plus général, le plus continu, & par conséquent le plus puissant, à la dissolution de la société.

Vous dites que les loix la contiennent, & reglent' ses directions. Mais les loix sont impuissantes contre elle, par-tout où elle a mis dans son parti les dispensateurs des loix ; mais elle fait échapper aux loix & aux magistrats ; mais si vous multipliez les loix pour la contenir, en même-temps que vous l'aiguillonnez pour la rendre fougueuse, vous tombez dans des contradictions éternelles, & désespérez les citoyens ; vous manquez votre but, ou par le découragement, ou par l'impuissance des loix.

C'est dans cette partie sur-tout qu'il faut des mœurs ; c'est-là sur-tout qu'elles sont plus fortes & plus sûres que les loix : & vous voulez que les mœurs soient mauvaises pour les contenir, & les diriger par des loix plus rigoureuses & en plus grand nombre !

Arrêtez-vous une fois à la véritable définition de l'avidité ou de l'amour des richesses dans son excès. C'est le desir qu'a un individu de s'approprier la subsistance de plusieurs individus, pour en être lui seul le dispensateur arbitraire, soit qu'il la retienne par avarice, soit qu'il la partage avec l'Indien & le Chinois par le luxe, soit qu'il en donne précairement une partie à ses concitoyens, soit qu'il veuille mettre tout à profit, soit que, pour l'intérêt de ses plaisirs d'un certain genre, il lui plaise d'établir des non-valeurs.

Dans le cultivateur, c'est le desir d'envahir le champ voisin, de vendre cher ses denrées, de donner peu à ſes collaborateurs, d'acheter à vil prix ce que ſon fonds ne produit pas.

Dans l'artiſan, c'eſt le deſir de gagner en un jour de quoi vivre pendant pluſieurs jours, ſoit que le monopole le rende maître du prix, ſoit qu'il fraude ſur la qualité de la matiere, ou la perfection de l'ouvrage.

Dans le marchand, c'eſt le deſir de gagner ſur ſes échanges, de payer peu pour ce qu'il achete & n'a pas produit, & de ſe faire payer beaucoup pour ce qu'il vend, d'élever enfin ſon gain beaucoup au-deſſus des fraix & de la compenſation des ſuccès.

Dans le courtiſan, c'eſt le deſir d'obtenir beaucoup de graces utiles, n'importe qu'il les ait méritées ou non, elles ont toujours leur prix, & ſouvent celui de vendre aux autres celles qu'ils méritent déja, ou celles qu'ils auroient dû mériter. Dans tous les ſuppôts de la juſtice, qu'eſt-ce que l'avidité ? Par-tout où elle agit, elle eſt un crime.

Et telle eſt la paſſion que vous croyez avoir beſoin d'encouragement, que vous voulez rendre générale, en lui aſſurant outre la récompenſe qui lui eſt propre, celles qui n'appartiennent qu'à d'autres paſſions, en faiſant de l'opulence un objet unique des deſirs, parce qu'il les remplira tous, l'ambition même, l'amour de la gloire, &, qui le croiroit ? l'amour de la patrie !

O Rome ! tu ne pouſſas jamais le délire juſqu'à cet excès, & pourtant l'amour des richeſſes te déchira, t'aſſervit à des Tyrans, & te livra enfin avec eux à la fureur des Barbares !

Mais il eſt temps de rentrer dans mon plan. J'ai parlé des défenſeurs de l'Etat, en qui le courage doit borner l'amour de la vie, pour qui l'amour de la gloire eſt une paſſion trop grande pour laiſſer place dans leurs cœurs à beaucoup d'avidité, qui en auront d'autant moins que, nés dans l'aiſance, ils auront moins ſenti les beſoins phyſiques, & ſauront moins ce que c'eſt que la pauvreté. Venons à une autre profeſſion, qui ne doit pas moins être affranchie de cette paſſion.

SECTION II.

Des Juges ou Dispensateurs de la Justice.
Des Ministres de la Religion.

CHAPITRE V.

Des Cours de Justice.

Après avoir parlé si au long des défenseurs de l'Etat, je ne dois pas me dispenser de revenir aux citoyens respectables que j'ai dit en être les conservateurs.

Ils méritent ce titre honorable par les deux fonctions principales & même uniques qu'ils doivent remplir; celles de faire exécuter les loix, & de les défendre.

J'ai mis en doute si la magistrature compose dans l'Etat un ordre ou une classe. Sa définition la plus naturelle est celle de députation; mais depuis l'introduction de la vénalité, qui a amené l'hérédité, on peut dire que c'est une classe, dans le Pays où subsiste cet établissement monstrueux.

Je n'ai garde de le condamner absolument en le qualifiant ainsi. Il est monstrueux en lui-même; mais il

peut être un moindre mal. Il vaut mieux que des citoyens opulents achetent les uns des autres, ou hé-
ritent de leurs peres, le droit sacré de juger leurs concitoyens, que si les favoris le vendoient à leurs indi-
gnes créatures, ou si le Souverain le donnoit, sans
pouvoir s'assurer par aucune forme suffisante, de la
capacité & de l'intégrité de ceux à qui il le confie-
roit.

Dans le dernier cas, il seroit encore à craindre qu'un
Prince inattentif ne laissât dominer, dans le choix
que lui suggéreroient ses Ministres, des maximes per-
nicieuses qui le rendroient vicieux, & qu'un long
regne ne dégradât la magistrature, en ne la rempli-
sant que de sujets imbus des principes qui domine-
roient à la Cour. Ainsi dans un temps une superstri-
tion rempliroit les tribunaux ; dans un autre, ils seroient remplis par une autre superstition ; quelquefois
le despotisme se feroit autant d'apôtres qu'on nommeroit de Magistrats, quelquefois aussi l'esprit de révolte
seroit consacré par la trop grande influence d'un Ministre ambitieux dans les nominations.

L'amour paternel deviendroit un principe de corruption, par le desir qu'auroit un pere de se faire
donner son fils pour collegue ou pour successeur. Ce
ne seroient plus les places de judicature qui seroient
vénales, mais la justice elle-même, dont on feroit un
commerce honteux.

Qu'on jette les yeux sur les tribunaux que rem-
plissent en plusieurs Pays des nominations libres &
purement gratuites, où des gages honnêtes sont joints

aux titres, où la naissance les partage avec la science, & qu'après avoir comparé ces tribunaux avec ceux que remplit ailleurs la vénalité, on dise lesquels ont le plus de dignité, lesquels sont composés d'un plus grand nombre de juges savants, laborieux, integres; je suis bien trompé, ou cette comparaison sera à l'avantage des derniers.

En concluons-nous que la vénalité soit un bon établissement, ou seulement qu'elle soit un moindre mal? Cette derniere conséquence seroit, à mon avis, la seule soutenable; car il ne sera jamais ni beau, ni honnête, qu'on achete à prix d'argent le droit de juger ses concitoyens : mais si ce n'est qu'un moindre mal, sommes-nous réduits au point de nous en contenter, & conseillerons-nous d'établir la vénalité où elle n'est pas encore introduite, & de la consacrer par une loi perpétuelle, où elle l'est déja? Je suis d'autant plus éloigné de prendre ce parti, que je regarde cette étrange institution comme une des causes qui ont le plus contribué à augmenter la considération que s'est acquise l'opulence, & qu'on lui doit en grande partie la faveur qu'a prise cette funeste maxime : *L'argent est bon à tout;* & en effet, à quoi n'est-il pas bon, si, par son moyen, le commerçant frauduleux, l'usurier, le concussionnaire, peuvent devenir les juges d'une nation & les gardiens de ses loix?

Voilà un grand inconvénient de la vénalité. C'en est un encore, que l'espece de mérite qui rend un homme digne de la judicature, lui soit inutile, s'il n'a pas le mérite d'être opulent; c'en doit être un autre

& plus grand qu'il ne paroît, que ni la nation, ni son chef n'influent immédiatement fur la formation de ces compagnies, dont les fonctions font tout à la fois & fi importantes & fi refpectables. N'en eft-ce pas un auffi, d'abandonner à une efpece de hafard, la durée ou le dépériffement de la confidération & de la réputation dont doivent jouir ces compagnies?

Je fais bien que, dans tous les temps, & chez tous les peuples, l'opulence attirera des refpects : mais d'un côté, c'eft un abus que nous efpérons de diminuer; & de l'autre, fi c'eft une réforme qu'il importe de faire dans les mœurs, nous y trouverons un obftacle dans le prix que donnera à la richeffe le privilege exclufif qu'elle confervera d'ouvrir l'entrée des tribunaux.

J'avoue que, dans tout le cours de ces recherches, je n'ai pas trouvé une feule queftion qui m'ait autant embarraffé que le fait celle-ci ; & ce qui m'afflige le plus, c'eft qu'il s'agit précifément de l'abus le plus vicieux en lui-même qu'il foit poffible d'imaginer. La corruption eft-elle donc néceffaire en morale, comme en phyfique, & ne peut-on obtenir un bien que par des moyens honteux ?

Mais évitons la déclamation, qui confond tout pour s'élever fur un tas d'idées accumulées; & en fuivant la méthode dont nous avons tâché jufqu'ici de ne nous pas écarter, diftinguons les caufes réelles de celles qui ne font qu'apparentes.

Je pourrai croire que la vénalité eft bonne & honnête, quand on m'aura prouvé qu'il eft permis de trafiquer des chofes faintes, & que la richeffe donne la ſcience, la probité & l'amour du travail. Juſques-là je la regarderai comme une veritable ſimonie, à laquelle je ne pourrai attribuer aucun bon effet.

L'utilité, dont elle paroît être, ne la juſtifie pas. Elle prouve ſeulement qu'il y a encore quelques vertus où elle eſt établie, & que le corps de la nation eſt moins corrompu que ne l'eſt la portion d'hommes qui ſe trouve à portée de la faveur.

L'effet naturel de la vénalité eſt de réſerver les honneurs qui ſont dans ce cas, aux gens riches, & de porter dans l'exercice des emplois, l'eſprit qui domine dans la maniere d'y parvenir. C'eſt auſſi ce qui arrive par rapport aux places les moins conſidérables. On les achete, dans l'eſpérance de retirer de ſon argent un intérêt exorbitant.

Dans les grandes compagnies, il peut régner un eſprit de corps qui contrediſe celui-là, & qui en diminue l'activité ; car j'ai peine à croire que jamais il la détruiſe : mais il faut que ce ſoit un honneur d'être admis dans ces compagnies ; il faut que la conſidération ſoit attachée à la place, que la gloire ſoit le prix du travail qu'elle impoſe. Alors c'eſt la conſidération, qu'achete celui qui veut s'aſſeoir entre les Magiſtrats ; c'eſt le droit de parvenir à une ſorte de gloire par le travail, mais à condition de ne la pas flétrir par la corruption.

S'il eſt difficile de prévariquer ſans infamie, l'eſpérance de gagner eſt trop médiocre pour animer le candidat : il eſt donc évident qu'il doit préférer à l'argent qu'il donne, la conſidération qu'il ambitionne, & la gloire qui sera le fruit du travail auquel il s'engage.

Mais ce ne sera que chez un peuple chez qui l'on croit encore qu'il y a quelque chose de meilleur que l'argent ; chez qui il reste une ambition louable, c'est-à-dire l'amour de l'autorité, de la considération & de la gloire ; chez qui enfin tous les citoyens ne font pas calculateurs ; ce ne sera, dis-je, qu'où il y a de la vertu, que la nécessité d'acheter éloignera le riche avide, & le pauvre capable & vertueux.

Introduisez ailleurs cette institution, & vous ne trouverez point d'acheteurs pour vos emplois ; ou, si vous en trouvez, ce seront des usuriers, qui, en les achetant, se promettront bien de se faire rembourser par le public de ce qu'ils en auront payé.

Remarquez encore que la vénalité n'équivaudra à un choix, qu'où il y aura de grandes fortunes d'une part, & de l'autre la modération qui fait que l'on se contente de ce qu'on a, ou la satiété, qui fait désirer une autre nature de biens.

Or, une institution est mauvaise, quand elle suppose & nécessite un désordre ; & c'en est un que la multiplicité des grandes fortunes.

Mais si on s'obstine à attribuer à la vénalité l'espèce de choix qu'elle paroît opérer, j'ai encore une objection à faire. Ce choix suppose la préférence donnée, par un grand nombre de citoyens, à la considération & à l'honneur, sur une portion de leurs richesses. Or l'effet de la vénalité étant d'augmenter l'amour des richesses, parce qu'elle leur donne une utilité de plus, il est à craindre que cette cause, jointe à plusieurs autres,

tres,

très , n'augmente tellement le prix de l'opulence , qu'enfin aucun emploi, aucune place, aucun titre ne soit plus estimé qu'à proportion qu'il sera lucratif ; d'où il arrivera que l'amour de la gloire & le desir de la considération , satisfaits par la possession des richesses qui procureront ces deux avantages, cesseront de porter les citoyens à la recherche des places qui n'auront point une valeur pécuniaire.

Si cette objection est fondée , & je crois que le raisonnement & l'expérience la justifient , il me paroît que l'utilité apparente de la vénalité cessera par la vénalité même , & qu'il faudra que le profit paye l'intérêt de l'argent qu'on aura mis à l'acquisition des charges.

C'est encore ici un cercle vicieux , tel qu'en produisent toutes les institutions abusives.

Si je dois dire maintenant ce que je pense de la vénalité , je proposerai les assertions suivantes.

Cette institution, quoique très-vicieuse, a eu constamment d'assez grands avantages dans les Cours supérieures, tant qu'elle a été jointe à la modestie & à la sage parcimonie, qui caractériserent long-temps les membres de ces Cours. Ils achetoient moins le droit de rendre la justice, que celui d'être considérés & économes tout à la fois.

Ces avantages n'ont pas décru dans la progression naturelle, parce que la considération dont avoient joui les autres ordres , ayant diminué plus rapidement par le déplacement des richesses , le corps qui, seul, a subsisté en son entier, a dû être l'asyle de tous ceux qui ont aimé la gloire sans péril, & l'autorité actuelle

avec l'avantage d'un ennobliffement peu coûteux. Or
plus la confidération a été rare, moins il y a eu de
corps ; plus les compagnies de judicature fe font fen-
ties de grandeur & d'importance, & plus auffi il leur
a été facile de ne pas décheoir du côté des fentiments
qu'entretient la fupériorité, & que fouvent elle fait
naître.

Mais le luxe toujours croiffant, l'avidité qui en eft
la fuite, & l'effet lent, mais perpétuel, de la vénalité
elle-même, doivent tôt ou tard faire difparoître ces
avantages, à moins que les tribunaux de juftice ne travaillent à fe procurer un accroiffement de pouvoir qui
tienne fous leurs pieds l'opulence orgueilleufe, & qui
effraye tous les ordres en les flattant. Si cela arrive,
l'utilité apparente de la vénalité continuera à nous
éblouir, & nos Magiftrats fe montreront d'autant plus
grands, qu'ils auront plus à lutter contre l'aviliffement
dans lequel ils feroient déja tombés, fans des circonftances heureufes pour eux, & dont ils ont profité.
C'eft un appareil magnifique, qui cache le vice du titre
& l'obfcurité de l'origine.

Infenfiblement il s'eft formé une race de juges, qui
reffemble affez à celle des Prêtres Egyptiens, & de laquelle fortent rarement les biens qu'elle a une fois acquis.

Un nom eft devenu illuftre dans la robe comme dans
l'épée, &, par bonheur, un efprit héréditaire s'eft
maintenu affez généralement dans ces familles, qui n'ont
fait corps, ni avec le peuple, ni avec la nobleffe

Mais à moins que les compagnies dont je parle ne

faſſent de nouvelles acquiſitions , & qu'avec leur pouvoir ne s'accroiſſe l'opulence de leurs membres , tout cet édifice ou s'affaiſſera inſenſiblement par l'inaction , le diſcrédit , le luxe & la corruption , ou s'écroulera ſubitement , s'il eſt une fois entamé , & qu'on voye à découvert ſes fondements d'argille.

C'eſt pourtant l'intérêt du peuple & du Souverain , & un intérêt eſſentiel , que les loix ayent des exécuteurs autoriſés , & des défenſeurs courageux ; & d'un autre côté, cet intérêt n'eſt pas tel, ni ſi borné dans les moyens , qu'il faille lui ſacrifier la ſolidité d'un Empire, en la fondant ſur cette ſeule colonne , la moins ferme de toutes. Or c'eſt à quoi on le réduira , ainſi que je l'ai déja dit , ſi toutes les parties de l'adminiſtration , ſous prétexte qu'elles ſont étroitement liées , ſont envahies ſucceſſivement par des hommes toujours unis , toujours vigilants , toujours actifs , qui , ſans doute , veulent le bien , mais qui aiment ſur-tout celui qui ſe fait par eux , & qui commencent à croire que c'eſt un bien que leur pouvoir s'accroiſſe.

Déja j'ai peine à entrevoir les limites de ce pouvoir, dont on cherche l'origine giganteſque dans les fables.

Je vois ſeulement qu'à la faveur des inductions, on peut lui donner de proche en proche telle étendue que l'on voudra , & que le permettront les circonſtances. Car à quoi ne peuvent pas prétendre des compagnies qui veulent nous perſuader qu'elles repréſentent la nation? A quoi ne peut point parvenir un corps qui eſt unique au milieu d'une nation diſperſée?

A Dieu ne plaiſe que je ſoupçonne la fidélité & le

patriotifme de ces compagnies refpeĉtables. Il faut qu'elles foient confidérées ; il eſt néceſſaire qu'elles fe faſſent entendre. Elles doivent reſſembler aux loix qui font inflexibles. Mais elles peuvent être féduites par leur propre zele ; & voyant un grand vuide fur la ligne des pouvoirs intermédiaires, elles peuvent fe per-fuader qu'il eſt bon qu'elles le rempliſſent, & qu'étant le feul corps qui ait furvécu à tous les autres , elles doivent en recueillir l'héritage. L'erreur eſt pardonna-ble aux hommes, fur-tout quand elle nait de leur poſi-tion, & qu'elle eſt confacrée par l'apparence du bien public.

Les Cours de juſtice font , fans doute, très-propres à devenir un corps intermédiaire ; mais feulement dans l'ordre des loix & de la juſtice, ainſi que je l'ai déja obfervé.

Il eſt bon qu'elles examinent une loi nouvelle avant de la faire parvenir au reſte de la nation, afin que delà elle retourne au Prince qui l'a faite , ſi elle eſt incom-patible avec la forme du Gouvernement , ou ſi elle ré-pugne à d'autres loix, fans les abroger , ou qu'expli-quée avec l'agrément du légiflateur, elle ne foit notifiée au peuple qu'après être devenue digne de fon obéiſ-fance. Mais quelle peut être la nature de ces loix, & en quoi peut conſiſter la réſiſtance des Cours ?

C'eſt abufer des termes, que de donner le nom de loix aux arrangements économiques & momentanés, dont les rapports avec l'état aĉtuel de l'Empire & de la nation, doivent être inconnus à des juges qui ne for-ment ni un confeil politique, ni une commiſſion deſtinée à partager l'administration. Un Légiste, s'il ne veut pas se rendre ridicule, ne doit parler que vaguement des intérêts politiques de l'Etat, & de la situation des peuples. Preuve certaine qu'il n'est pas fait pour combiner ces deux choses, ni pour prononcer sur ce qui suppose cette combinaison.

Qu'un corps de judicature avertisse le Souverain que, par telle loi ou par tel acte, il blesseroit son autorité, ou altéreroit la constitution de l'Etat ; qu'il s'oppose, avec tout le pouvoir négatif dont il jouit, à l'omission d'une forme légale, à l'infraction des droits nationaux, à une innovation fertile en abus ; qu'il ait toujours l'œil ouvert sur les opérations qu'il peut voir, & se fasse entendre quand il les trouvera irrégulieres ; qu'il ne perde jamais de vue l'ensemble des loix, la combinaison des pouvoirs, & que son attention constante soit d'en maintenir l'harmonie, en s'opposant sans cesse à l'affoiblissement & à l'accroissement des parties qui doivent rester en équilibre ; que, dis-je, un corps de justice remplisse les augustes fonctions, sans prétendre à la législation, ni à l'administration, & je le regarderai comme un des corps les plus utiles & les plus respectables qui puissent être formés pour le bonheur d'une nation.

Mais exigerons-nous des hommes ce qui est au-dessus de la nature humaine ; & après avoir rendu justice à tous les citoyens, en partageant entre eux les bénéfices & les charges dans la plus juste proportion qu'il nous ait été possible d'imaginer ; après avoir pris toutes les précautions raisonnables pour que chacun ne

forme de defirs qu'autant qu'il peut concevoir d'efpérances, & que celui-là ne defire pas un bien moral, qui
n'eft pas deftiné à en jouir, commencerons-nous à être
durs & injuftes, lorfqu'il s'agit du fort de ceux qui
font faits pour rendre juftice aux autres ?

C'eft fans doute-là une des belles fonctions que
puiffe exercer un citoyen ; mais fa beauté n'a rien de
brillant. Un juge n'eft recherché que parce qu'on craint
qu'il ne foit injufte. Si trois de fes concitoyens vantent
froidement fon intégrité, il y en a au moins deux qui
l'attaquent vivement par leurs murmures. Les premiers
ne fe croyent pas obligés à la reconnoiffance ; les autres fe permettent le dépit & les plaintes.

Rien de brillant dans un travail pénible, rarement
de grands objets à traiter ; eft-ce là une récompenfe
proportionnée aux longues veilles d'une jeuneffe la-
borieufe, aux foins inquiets que produit fouvent la
crainte de commettre ou d'occafionner une injuftice,
aux défagréments d'une vie fédentaire qui répugne à
la nature ?

Ajoutez la maniere peu honorable dont on parvient
à ce pénible emploi. Un violent defir d'être confidéré
le fait ambitionner, & on commence par l'acheter ;
c'eft-à-dire qu'on paroit ne le devoir qu'à fon argent ;
au défaut d'une confidération perfonnelle auffi grande
qu'un citoyen peut la defirer, on devroit jouir en fus
de celle du corps entier, & on entre dans une compagnie formée fans choix ; on acquiert pour collegues des
hommes dont le plus grand nombre n'a ni naiffance,
ni réputation, ni talents : car dans ces compagnies mê-

mes fi célebres, fi dignes de l'être, le grand nombre n'eft pas celui des gens eftimables à tous égards. Une vie modefte & ennemie du fafte, retirée, prefqu'inconnue, acheve d'épaiffir cette obfcurité ; & nous exigerions que des hommes, qui, fans ambition, ne feroient pas ce qu'ils font, négligeaffent ou ne recherchaffent pas les occafions d'ajouter un nouveau luftre à leur état ; nous exigerions qu'ils fe fentiffent décheoir, fans murmure & fans inquiétude ? C'eft, encore une fois, exiger de l'humanité plus qu'elle n'a jamais pu, & ne pourra jamais.

Quel guerrier feroit content de fa gloire, fi elle n'étoit fondée que fur fon exactitude à refter dans le pofte qui lui auroit été affigné, & à groffir la garnifon d'une Ville qui ne feroit jamais affiégée ? Il y a pourtant bien peu de Pays où les Officiers militaires ne doivent pas leur état à un choix fondé fur la naiffance, les talents, ou la faveur, ou fur ces motifs réunis. Or, un pareil choix ennoblit une profeffion jufqu'à un certain point, & la préferve d'une entiere décadence.

Pour fe convaincre de la vérité de ce que je veux dire, on n'a qu'à jetter les yeux fur les tribunaux fubalternes, qui, moins écrafés par la hauteur de ce qui les environne, devroient avoir dans les Provinces une confidération plus grande que les Cours fupérieures n'en ont dans les Capitales.

Cependant ces tribunaux eux-mêmes n'ont aucun éclat qu'ils puiffent faire rejaillir fur les Officiers qui les compofent ; & fi, entre ceux-ci, on en trouve qui jouiffent de quelque confidération, elle eft purement perfonnelle, & très-étrangere à leurs fonctions judiciaires, auffi-bien qu'à leur qualité de juges. Je voudrois me diffimuler que quelques-uns d'entr'eux fe rendent recommandables par leur intégrité ; ce qui ne feroit pas, fi cette vertu leur étoit commune à tous, & que d'autres fe rendent redoutables par le vice contraire, ou du moins par l'apparence de ce vice.

Toutes ces remarques, & beaucoup d'autres que je fupprime, nous conduifent aux principes fur lefquels doit être dreffé le plan de réforme que nous cherchons.

Les tribunaux de juftice doivent avoir par eux-mêmes toute la confidération qui peut donner l'envie de s'y affeoir à un citoyen vertueux, & dont une vertu eft l'amour de la gloire & de la confidération.

Pour que les tribunaux ayent cet avantage, il ne faut pas feulement qu'ils foient fûrs de la protection du Prince dans l'exercice de leurs fonctions ; il faut encore 1°. qu'ils jouiffent. de certaines prérogatives d'honneur ; 2°. qu'ils foient compofés de citoyens qui, par eux-mêmes, foient fufceptibles de confidération ; 3°. que ces citoyens réuniffent, finon individuellement, au moins collectivement, tous les avantages qui peuvent captiver le refpect des peuples ; 4°. que l'admiffion dans les tribunaux foit motivée & accompagnée de formalités telles, qu'elle foit pour les admis un gage de la confidération publique, & pour le public, une caution fuffifante du bon emploi de fes égards

& de son respect, lorsqu'il les prodiguera aux membres des tribunaux.

A ces conditions, j'ose promettre que les Magistrats, assurés du salaire de leurs travaux, ne chercheront point à se faire des mérites étrangers à leur état, & que, contents d'être respectés comme les loix, ils se borneront à les faire exécuter, & à en être les gardiens.

Mais si, de cette théorie, nous passons à la pratique, de grandes difficultés naîtront à chaque pas que nous voudrons faire.

Comment établirons-nous un choix où la vénalité est en usage? S'il faut l'abolir, comment y parviendrons-nous? Comment encore se fera le choix? Car il doit être tel qu'il en résulte un préjugé très-favorable.

Enfin, quel moyen aurons-nous de réunir dans les Cours de Justice tous les avantages qui sont les plus propres à captiver le respect des peuples?

Ces avantages sont la naissance, l'opulence, le savoir, le désintéressement, l'ardeur pour le travail. Je n'ai point exigé que tous ces avantages fussent réunis dans le même individu ; mais j'ai prétendu que chaque compagnie les réunit tous.

Nous avons prouvé plus d'une fois qu'indépendamment de toute institution, & même en dépit des loix, il sera toujours avantageux de descendre d'aïeux illustres & révérés, & que le seul despotisme, si pourtant il a ce pouvoir, établit une exception à cette regle. Or, où il y a des tribunaux tels que nous

les defirons, là il ne peut y avoir de defpotifme.
Il eft donc important que, dans chaque compagnie,
il y ait des Magiftrats qui joignent l'avantage de la
naiffance, à celui de tenir la balance de la juftice. Il ne
faut pas que l'on puiffe dire qu'un tribunal eft en entier compofé d'hommes nouveaux; il ne faut pas que
la robe foit une conviction de roture. Il eft très-bon,
au contraire, que le peuple voye dans les tribunaux
tout ce qu'il eft accoutumé de refpecter; qu'aucun
ordre ne fe croye en droit de les méprifer, & qu'il
foit prouvé, par le fait, que l'élite de la nation fe
croit honorée par le titre de Magiftrat.

C'eft un grand abus que, contre la loi fondamentale
d'un Etat, les plus chers nourriffons de la patrie foient
réellement privés du droit d'être jugés par leurs égaux,
& qu'à l'obfervation exacte de cette loi, on fubftitue
une fiction qui n'en impofe à perfonne.

Mais les tribunaux font autant & plus faits pour
le peuple que pour les Nobles. Le glaive de la juftice
doit d'autant plus effrayer, que l'honneur ou la crainte
de perdre donne moins d'entraves aux vices. Il eft
donc encore effentiel que, dans les compagnies chargées de rendre la juftice, il y ait, finon une opulence générale, du moins un nombre confidérable de Magiftrats opulents. Car pour des hommes qui s'occupent
principalement des befoins & des biens phyfiques, l'o-
pulence eft une chofe refpectable.

Le défintéreffement doit cependant être commun à
tous les Magiftrats. Si donc il peut y en avoir qui ne
foient pas opulents, il ne faut pas qu'aucun foit ex-

poſé à la tentation de l'indigence, & encore moins qu'il y en ait qui puiſſent craindre une vieilleſſe néceſſiteuſe.

Une grande érudition, un ſavoir vaſte & profond, ſont encore des avantages qui donnent droit à la vénération des hommes. Mais ſi, par cette raiſon, il eſt très-utile qu'il ſe trouve dans les tribunaux des hommes ſavants, & qui en ayent la réputation, il n'eſt pas néceſſaire qu'il y en ait dans chaque compagnie, qu'il y en ait toujours, ni qu'il y en ait en grand nombre. Ce ſeroit même un mal, que la plupart des juges fuſſent très-ſavants : car il en eſt de l'érudition comme des richeſſes. Là où elle abonde, là ſe trouve rarement beaucoup d'activité & d'ardeur à remplir les devoirs minucieux de la pratique.

Un homme très-ſavant dans une Cour de Juſtice eſt moins le juge de ſes concitoyens, que le conſeil de ſes collegues, & ſouvent il ſera beaucoup meilleur pour rapporter & diſcuter, que pour réſoudre & décider.

D'ailleurs, le juge qui a acquis une grande étendue de connoiſſances, n'y eſt point parvenu, ſans avoir contracté une habitude de curioſité, dont il ne peut plus ſe défaire. Il veut toujours ſavoir devantage ; & ſi, à la paſſion d'apprendre, il joint celle de ſe faire une grande réputation par ſon travail, il a autant de paſſions qu'il en faut pour remplir un cœur : il ne lui reſtera plus que très-peu d'activité pour les fonctions de ſa place ; & s'il doit leur ſacrifier l'objet de ſes deux paſſions favorites, il ne le fera pas. Ce ſera donc un juge négligent.

Mais, malgré ce défaut & celui de l'indécision, il sera encore très-utile à sa compagnie, pourvu qu'il n'en soit pas un membre principal, puisqu'il fera rejaillir sur elle l'estime que lui attirera son savoir, & que sur-tout il la préservera du mépris auquel n'échappent pas les compagnies lettrées, lorsque leur ignorance mérite de passer en proverbe.

Il y a donc un choix à faire entre les citoyens, si l'on veut composer des tribunaux dignes de ce nom, & qui soient sans inconvénient pour la constitution politique. Mais comme la variété y est nécessaire, parce que les hommes sont rares qui réunissent tous les avantages que doit réunir collectivement une Cour de Justice, il est difficile d'établir les regles sur lesquelles le choix doit s'en faire; & si l'on doit ôter beaucoup au hasard, il paroît qu'il faut lui laisser aussi beaucoup. Peut-être même le plus important est-il de lui ôter les apparences. Je veux dire qu'il est presqu'impossible de faire des loix telles, qu'elles operent par elles-mêmes la formation durable d'une excellente Cour de Justice.

Direz-vous : Je n'accorde qu'aux Nobles le droit de s'asseoir dans le sanctuaire des loix ?

Vous pourriez le dire dans un Pays où les Nobles seroient les seuls lettrés, où ils seroient seuls opulents, où ils auroient seuls de la considération, où ils seroient en trop grand nombre, & où en même-temps il faudroit peu de juges; car donnez exclusivement à la Noblesse une profession quelconque, & dès-lors elle sera noble par excellence. Tous voudront l'embrasser,

& l'esprit de cette profession deviendra dominant dans celui de votre Nobleffe.

Direz-vous : J'exclus les Nobles de toutes les Cours de Juſtice ? Vous injurieriez ceux-là , & vous aviliriez celle-ci ; ou votre Nobleffe feroit fi avilie, que ce feroit un honneur pour une profeffion de ne pouvoir être embraffée par des Nobles.

Ne dites pas non plus que vous n'admettrez dans vos Cours que des gens d'une ſcience profonde ; vous en feriez de bonnes académies, & de mauvais tribunaux, ainfi que je l'ai déja obfervé.

Dites encore moins que vous n'y recevrez que des vieillards ou de jeunes gens. Les uns fans les autres, ils ne valent pas grand'chofe , en quelqu'état que ce foit.

Mais direz-vous : Je ne veux avoir que des gens riches ? Non, vous ne le direz pas, fi vous êtes fage, parce que vous n'accorderez point un privilege excluſif à la richeffe , de peur qu'elle ne devienne defirable à l'excès.

Vous ne l'excluerez pas non plus par les raifons que j'ai déja dites.

Enfin, vous arrêterez-vous à l'idée de n'admettre dans les tribunaux que des hommes faits, & d'une vertu éprouvée ? Cette idée eſt fans doute très-belle dans la fpéculation ; mais dans la pratique, ne fe réduit-elle pas à l'opinion fouvent trompeufe d'une portion du public, à la faveur des grands, à l'hypocrifie des ambitieux, à la médiocrité compofée des hommes qui n'ont ni vices ni vertus ? Et quelle épreuve encore

exigerez-vous? Quelles vertus principalement recher-
cherez-vous? Dans quelle claſſe de citoyens, ou plutôt dans quelle autre profeſſion concentrez-vous vos
recherches? Comment enfin vous aſſurerez-vous que
l'homme qui vous aura paru vertueux dans un état,
le fera dans un autre?

Il faut un aliment aux paſſions des hommes. S'il eſt
tel qu'il ne nuiſe point à nos devoirs, nous fommes
vertueux. Si on nous l'ôte en nous tranfportant dans
un autre état, pouvons-nous répondre que les mêmes
paſſions ceſſant d'y trouver le même aliment, n'enva-
hiront pas ce que la vertu y revendique, ou que prenant une autre forme, nous attaquant par un côté
fans défenſe, elles ne nous fubjugueront pas, lorfque
nous croirons, d'après une fauſſe analogie, ne céder
qu'à un penchant légitime?

Banniſſons donc de nos fpéculations le projet d'un
choix abſolu, & totalement libre. Il auroit plus d'inconvénients que le hafard de la vénalité.

Mais, d'un autre côté, il me paroît impoſſible d'établir une méthode générale & indépendante de toute
hypothefe, fuivant laquelle on tienne un jufte milieu
entre le choix arbitraire, & le pur hafard de l'intrufion
pécuniaire.

Revenons donc à cette Monarchie, dont nous avons
entrepris la réforme, & fuppofons-y les chofes dans
l'état où nous avons voulu qu'elles y fuſſent.

L'éducation que nous avons propofée feroit telle,
qu'elle conduiroit tous les fujets, tant nobles qu'aifés,
à la porte de toutes les profeſſions qui leur convien-

nent ; & , fuivant nos principes , on n'en fermeroit aucune à pas un d'eux.

Les citoyens en qui on auroit reconnu du goût & des difpofitions pour les profeffions favantes, auroient commencé dès l'âge de dix-fept ans à recevoir une éducation un peu différente de celle des autres. Au fortir des académies , ils auroient été envoyés dans les Colleges des Univerfités. Nous avons déja tracé le plan de leurs études, fuivant leurs différentes deftinations.

Le Noble titré , comme celui qui n'a qu'une penfion viagere, ont pu , fuivant nos loix, s'adonner à l'étude qui fait le Juge éclairé ou l'Avocat utile.

Mais ici la différence de fortune doit influer fur la vocation. Le Noble titré , & par conféquent opulent, n'embraffera point la profeffion de fimple Avocat.

Le pauvre, qui n'a pas de quoi fe foutenir dans le féjour difpendieux, quoique non continuel, des grandes Villes, ne fe deftinera point à l'état de juge.

L'aifé, s'il ne l'eft que médiocrement, ne prendra pas non plus ce dernier parti.

Mais fi, après avoir fini l'étude des loix, le Noble indigent & l'aifé peuvent, fans autre préparation, entrer dans le barreau , le Noble opulent ne s'affeiera pas d'abord entre les juges de fes concitoyens, non plus que l'aifé qui aura de grands biens.

Le premier fera auditeur, & auditeur affidu pendant trois ans, à compter du jour, où, après fon dernier examen, il aura été admis dans le fanctuaire des loix. Il fera affis aux pieds des juges, & là il entendra

les plaidoyers & les rapports, mais il n'aura poinᵗ
de fuffrage, & fe retirera quand les juges iront aux
voix.

Au bout de trois ans, s'il n'y a point de reproche contre lui, il deviendra référendaire, par le feul
droit d'ancienneté, & aura fa place devant le barreau, en face des juges.

Les aifés feront affiftants, auffi pendant trois ans,
& fe tiendront, pendant ce temps, dans le banc des
Avocats, fans avoir droit de parler. Au bout de trois
ans, ils deviendront référendaires ou rapporteurs, &
prendront féance entre les réferendaires Nobles, devant le barreau, & en face des juges; mais auffi avec
la condition, qu'ils feront fans réproche, & que leur af-
fiftance aura été affidue.

Il n'y aura des affiftants & des auditeurs que dans
les Cours fouveraines, parce que ce fera fur-tout dans
ces Cours que régnera l'efprit qui doit animer tous
les juges, & que ce fera auffi là que devront fe former ceux qui feront deftinés à former les tribunaux
inférieurs. Par cette derniere raifon, on pourra recevoir, entre les auditeurs, & enfuite entre les référendaires, autant de Nobles, n'ayant que la valeur d'un
feu noble, qu'il y aura de Préfidents de tribunaux inférieurs dans le reffort, lefquels auront atteint l'âge
de cinquante ans. Jufqu'à leur réception dans le nombre des auditeurs, ces Nobles auront dû être Avocats, & fréquenter la Cour pendant trois mois au moins
par chacun an. Neuf mois de fréquentation effective
leur vaudront pour un an d'auditoriat; & s'ils avoient

vingt-fept

Vingt-sept mois de fréquentation sans reproche, lorsque leur tour viendroit d'être agrégés, ils n'auroient que six semaines d'auditoriat à remplir avant de devenir référendaires.

Pour les places d'Assesseurs & Officiers royaux, dans les tribunaux subalternes, l'élection seroit libre entre tous les Avocats qui se présenteroient, tant nobles qu'aisés, pourvu qu'ils eussent vingt-sept mois de fréquentation en cette qualité, & la valeur d'un demi-feu noble.

Dans tous les cas, le bien qui seroit échu à un Avocat noble ou aisé, de quelque maniere que ce fût, depuis sa réception comme Avocat, s'il étoit suffisant pour le rendre habile à l'auditoriat ou à l'assistance, lui serviroit, s'il vouloit, pour passer dans ces classes, sauf le reproche ; & alors un an d'exercice, comme Avocat, lui tiendroit lieu d'un an d'auditoriat.

Comme il y auroit très-peu d'Avocats dans chaque tribunal subalterne, ils seroient tous pris entre ceux de la Cour souveraine, mais par option, & non par élection ; c'est-à-dire qu'un Avocat venant à mourir, ou à se retirer dans un Bailliage, on proposeroit sa place à tous les Avocats en la Cour qui y auroient occupé pendant cinq ans, & pendant cinq mois chaque année.

S'il s'en présentoit plusieurs pour une seule place, l'élection auroit lieu entre eux, & se feroit par le Bâtonnier actuel, par deux anciens Bâtonniers, & par trois référendaires de la Cour, que nommeroit le Président.

Si, au contraire, il ne se trouvoit personne qui voulût accepter la place vacante, on rechercheroit si, entre les Avocats, il n'y en auroit pas quelqu'un ou plusieurs qui fussent natifs du Bailliage, & alors celui-là, ou le plus jeune d'entre eux, ayant pourtant cinq ans d'exercice, seroit obligé d'aller servir son Bailliage, jusqu'à ce qu'il eût un successeur volontaire. Au cas qu'il n'y eût aucun Avocat natif du Bailliage, & ayant cinq ans d'exercice, on accorderoit la place à celui qui n'auroit servi que trois ans en la Cour.

S'il n'y en avoit point encore, un référendaire seroit nommé par toute la Cour pour aller remplir la place vacante, jusqu'à ce qu'il eût un successeur, mais sans pouvoir être obligé à la remplir pendant plus de trois ans. Après quoi, s'il revenoit à la Cour, il lui seroit donné un successeur de la maniere que nous venons de dire.

Les chefs, les Assesseurs & les Avocats des tribunaux inférieurs ne sortiront point de leur union immédiate avec la Cour souveraine, & y conserveront les mêmes droits dont ils auroient joui s'ils y avoient continué leur service, parce qu'aussi ils resteront sous son inspection.

Revenons à la maniere dont cette Cour sera remplie.

Les auditeurs & assistants n'auront aucune fonction publique, mais se choisiront un patron entre les juges, & un camarade entre les référendaires, avec lesquels ils pourront travailler.

Ils assisteront néanmoins en un certain nombre comme témoins, à toutes les enquêtes, informations, interrogatoires, &c. & seront tenus au secret dans les

as où il fera requis. Dans ces mêmes cas, un référendaire fervira de confeil à chaque juge, chargé d'une
pareille commiffion.

Ce fera dans la claffe des référendaires que feront
pris tous les rapporteurs, de qui on exigera diligence,
exactitude, intégrité, défintéreffement, & cette éloquence qui confifte dans la briéveté, la précifion, &
la pureté du langage. A l'éloquence près, toutes les
autres qualités dont nous venons de parler, feront la
matiere de l'examen, auquel fera affujettie la conduite
des référendaires, & qui décidera de leur admiffion dans
l'ordre des juges. Il faudra encore, pour qu'ils puiffent
être élus, qu'on n'ait à leur reprocher, ni baffeffe de
conduite, ni dépravation de mœurs, ni prodigalité,
ni diffipation, ni légéreté marquée. Ils devront être
mariés; & s'ils ont des enfants, il faudra qu'il y en ait
un au moins dans l'académie de leur canton. Ainfi nul
référendaire ne pourra être élevé à la dignité de juge
dans un Confeil fouverain, fans avoir été marié depuis onze ans au moins.

Il n'en fera pas de même des Avocats, ni en général de tous ceux qui feront entrés dans l'ordre de la
Magiftrature, fans avoir une fortune déja faite. Mais
la loi du mariage fera la feule dont on les exceptera.
On exigera d'eux tout ce que nous voulons qu'on exige
des référendaires.

Un Avocat fera cenfé avoir péché contre l'intégrité, quand il fera prouvé que trois fois il aura foutenu, de mauvaife foi, une caufe qui n'aura pu être
entreprife que dans un efprit de chicane. Il aura man-

qué contre l'exactitude, quand il lui fera arrivé fréquemment de fausses citations, & seulement trois fois de produire de fausses pieces, sans prendre un certificat de ses parties, auxquelles il aura exposé ses doutes; certificat qu'il devra joindre aux pieces dans le procès.

Il aura péché contre la diligence, lorsque, par sa faute, quelques affaires auront traîné en longueur.

Enfin, on pourra lui reprocher d'être intéressé, lorsqu'il aura traité avec ses parties avant de se charger de leur cause, lorsqu'il aura refusé celles des pauvres, lorsqu'il aura mis son travail à trop haut prix, & aura capté les présents. Ici la renommée sera aussi dommageable que la conviction. Car ce sera une faute d'avoir été assez mal-adroit pour se faire une mauvaise renommée, en se conduisant bien.

Les Avocats répondront, comme l'on voit, de la conduite des Procureurs; & afin que cette condition ne soit pas trop dure, ce sera le conseil des Avocats qui examinera tous ceux qui se présenteront pour être Procureurs, qui leur en donnera des lettres, & qui les destituera. Ce sera encore chaque Avocat qui nommera à sa partie le Procureur qu'elle devra prendre.

Les malversations bien caractérisées opéreront la cassation d'un Avocat; une conduite équivoque suffira pour lui ôter l'espérance de parvenir à la dignité de juge.

Pour faciliter aux Avocats la conduite circonspecte que nous leur prescrivons, aucune affaire ne sera introduite en la Cour, sans avoir passé par le conseil des Avocats. Ce conseil, composé d'un certain nombre d'arbitres, aura deux Greffiers, auxquels tous les plaideurs seront obligés de remettre leurs pieces. Dès le jour suivant, le conseil en sera averti, & nommera un rapporteur entre ses référendaires. Ceux-ci seront aussi des Avocats, qui auront été élus par le conseil pour remplir cette fonction importante ; ce sera dans leur corps que l'on prendra les arbitres au nombre de sept. Celui des référendaires sera plus considérable.

Le référendaire nommé, un des Greffiers du conseil en fera avertir les parties, ou leurs chargés de procuration, & leur donnera l'heure à laquelle elles devront se trouver chez le référendaire. Ce sera toujours le troisieme jour après la remise des pieces, le lendemain de la nomination du référendaire. Celui-ci entendra d'abord le demandeur au fonds, ou l'appellant de la sentence des premiers juges. Quand il l'aura entendu, il fera entrer la partie adverse. Il pourra entendre deux fois chacune des parties, mais sans déplacer.

Cela fait, il examinera les pieces & les mémoires, s'il y en a. Ce travail ne devra pas durer plus de trois jours ; & avant la fin de la huitaine, après le rapport fait par le référendaire, le conseil des Avocats donnera son avis en ces termes : Dans l'affaire entre ***, touchant ***, il paroît aux Avocats qu'il y a lieu à l'introduction du procès, (ou) à la poursuite de l'appel, (ou bien) il paroît qu'il n'y a lieu, &c. (ou bien enfin) il paroît qu'il y a lieu à la réforme de telle partie de la sentence, ou à la poursuite de telle partie de la demande.

Deux expéditions feront faites de cet avis, par lequel le procès aura été qualifié, & remifes à l'un des Greffiers, chez qui les parties viendront prendre chacune la leur huit jours après la remife des pieces, & à pareil jour de la femaine; le tout fans autres fraix que ceux qui feront taxés par la Cour fouveraine, & dont le montant fera remis en entier à la caiffe du confeil.

Les plaideurs feront libres de fe conformer à l'avis, ou de qualifier eux-mêmes leur caufe. Mais en la remettant à leurs Avocats, ils feront obligés de joindre aux pieces l'original dudit avis. Il fera encore libre aux Avocats, choifis par les parties, de fe conformer à la qualification du confeil, ou à celle de leurs clients. Mais en prenant ce dernier parti, ils s'expoferont au reproche, au-lieu que, dans le premier cas, ils ne courront pas ce rifque.

La Cour prononcera fur le reproche, dans chaque caufe introduite contre la qualification du confeil, par cette formule, qu'on portera fur les regiftres à la fuite de l'arrêt : *Il y a lieu*, ou *il n'y à lieu au reproche contre Maître un tel.*

Quand un Confeiller en la Cour laiffera une place vacante par mort, promotion, démiffion ou deftitution, tous les autres Confeillers s'affembleront avec autant de Chevaliers qu'il s'en préfentera, comme auffi avec les Pairs qui voudront fe rendre à l'affemblée; mais de maniere que fi les Chevaliers & les Pairs enfemble font plus nombreux que la moitié des gens de la Cour, ils députeront d'entre eux un nombre de vocaux égal à cette moitié. Les autres garderont en-dedans la porte du lieu où se fera l'élection. Les deux tiers de voix seront requis pour faire un candidat, & chaque fois on en élira deux, lesquels devront être pris, l'un entre les référendaires titrés, s'il y en a plus de trois, l'autre entre les référendaires non titrés & les chefs des tribunaux subalternes.

Pendant que tiendra encore l'assemblée d'élection, quatre Avocats viendront lui notifier le choix qu'ils auront fait de deux d'entre eux pour candidats.

Ils devront être pris, l'un parmi les Avocats nobles, si, dans toute la Province, il y a un quart de Nobles entre les Avocats, l'autre entre les non-nobles.

Quand les Avocats auront notifié cette élection, ils se retireront, & tous les Pairs & Chevaliers qui seront présents, se joindront aux Conseillers, pour opter entre les deux candidats du barreau. Il suffira de la pluralité pour assurer la préférence à l'un sur l'autre.

Aussi-tôt on dressera une lettre pour être envoyée au Souverain, afin de lui présenter les trois candidats, avec leurs noms, surnoms & fortune, comme aussi avec le nombre de voix que chacun d'eux aura réuni. Le Souverain nommera l'un des trois à sa volonté, & le brévetera comme son Conseiller.

Cette regle paroît ne devoir pas souffrir d'exceptions: on y en fera pourtant quelques-unes.

Car 1°. si un référendaire titré, qui sera candidat pour la troisieme fois, n'est pas nommé par le Souverain, il sera pourtant Conseiller, aussi-bien que celui qui aura été nommé.

2°. Il en sera de même du référendaire non-titré,

ou du chef d'un tribunal subalterne, qui sera candidat pour la quatrieme fois.

3°. Enfin, l'Avocat, qui, ayant été élu trois fois par ses confreres, aura été opté trois fois par la Cour, sera encore Conseiller, sans avoir besoin de la nomination.

Il est évident qu'entre les référendaires & les Avocats, il devra se trouver des candidats qui n'auront pas assez de bien pour soutenir l'état de Conseillers. Il pourra même y en avoir qui n'ayent rien du tout. Il sera donc fait par la généralité de la Province un fonds qui sera destiné au supplément de la Cour souveraine. Ce supplément consistera en des appointements tels, qu'ajoutés aux biens propres du Conseiller, ou seuls, s'il n'a rien, ils égalent le revenu de la moindre terre titrée, suivant l'évaluation que nous en avons faite. Ce fonds passera immédiatement de la caisse de la généralité dans celle de la Cour.

Un Conseiller qui aura servi pendant seize ans en cette qualité, sera honoraire, s'il a servi sans gages. S'il a servi avec gages, il pourra se retirer dans une académie avec la moitié de la pension d'un Chevalier, & les mêmes honneurs dont jouiront les guerriers vétérans.

Personne ne doutera qu'une Cour souveraine, qui seroit ainsi formée & recrûtée, n'eût par elle-même toute la considération nécessaire; & que les membres qui la composeroient, ne trouvassent dans leur état de quoi satisfaire une ambition raisonnable. Les places de Présidents, qui seroient aussi remplies par élection

& nomination, leur offriroient un autre objet d'émulation, & enfin la dignité de Chancelier feroit le terme
de leurs vœux, comme de la poffibilité de leur avancement.

Je ne m'étendrai point fur les avantages de ce plan,
qui n'eft peut-être pas le meilleur que l'on puiffe imaginer, mais dont l'expofition a du moins indiqué les
vues qu'on devroit avoir en réformant la magiftrature
judiciaire. Si dans cette réforme devoit entrer la fuppreffion de la vénalité, ce feroit une difficulté de plus,
mais non une difficulté infurmontable.

Je commencerois par examiner s'il y a une contribution au payement de laquelle foit attachée l'hérédité des charges vénales. Car la vénalité n'emporte
point par elle-même l'hérédité. S'il exiftoit une pareille
taxe, je commencerois par la fupprimer.

Je déclarerois enfuite que chaque Officier, premier
acquéreur, ou héritier d'une charge, auroit droit de
placer celui de fes fils qu'il voudroit choifir, dans
l'académie du canton où il auroit élu fon domicile,
foit qu'il fût noble, foit qu'il ne le fût pas. Dans ce
dernier cas, il feroit aifé de plein droit, & l'un de
fes enfants feroit reçu à l'académie comme noble.
Celui-là même, ou tel autre dont la vocation aux fonctions de juge viendroit à fe déclarer, feroit toutes
fes études jufqu'à l'examen; & dès qu'il l'auroit fubi,
il feroit référendaire de plein droit. Ce feroit à la Cour,
compofée encore pour la plus grande partie de confreres de fon pere, à le faire jouir plutôt ou plus tard
d'une charge femblable à celle dont il auroit dû hériter.

Il en feroit encore de même de fon fils, s'il en avoit un qui préférât la robe aux armes. Mais comme la premiere n'ennobliroit plus, cette hérédité cefferoit bientôt dans la plupart des Cours, ou du moins pour le plus grand nombre des charges.

Quant aux grandes dignités judiciaires, telles que les places de Préfidents, comme le prix en feroit, fans doute, très-confidérable, le Souverain en rembourferoit la moitié pour en difpofer comme il a été dit. L'autre moitié feroit vendue fucceffivement à des aifés d'une très-grande opulence, à qui on donneroit un brevet de retenue des deux tiers du prix. Au moyen de cette acquifition, les fils de l'acheteur feroient nobles, fans avoir befoin d'un plus long noviciat; & leur pere venant à mourir, ils vendroient fa charge pour le montant du brevet, à un autre aifé de la premiere claffe, à qui on donneroit encore un brevet de retenue du tiers du premier prix. Les enfants de celui-ci feroient auffi nobles, & pourroient vendre la charge pour le prix du brevet; mais le troifieme acheteur feroit auffi le dernier, & la vénalité feroit éteinte. Quand je dis que les fils vendroient, je n'exclus point la vétérance du pere, qui, au bout de feize ans de fervice, pourroit vendre la charge, en retenant les honneurs; je n'interdis pas non plus aux enfants la faculté de la garder pour eux, aux mêmes conditions. Ainfi en quarante huit ans, la vénalité la plus onéreufe fe trouveroit éteinte.

Si l'on trouve de l'injuftice dans cet arrangement, c'eft que, par un effet étrange de l'habitude, on n'en

a point trouvé à ce qu'un homme opulent employât
une petite portion de son superflu à acheter des honneurs distingués, & les plus belles prérogatives avec
de grandes exemptions ; & qu'après en avoir joui, il
laissât son capital entier à ses enfants, & leur transf-
mît encore les privileges de la Noblesse.

Rien n'est injuste, dira-t-on, quand le législateur
l'autorise. Je ne conviens pas de ce principe, & n'en
conviendrai point, tant qu'on ne m'aura pas prouvé
qu'il n'y a point de proportions entre les bénéfices &
les charges, qu'il ne soit libre au Souverain de trou-
bler ; qu'il peut légitimement charger l'un outre mesure, pour décharger l'autre gratuitement, & que tout
peut être arbitraire, sans dénaturer l'autorité, avilir
les hommes, & affoiblir la constitution.

Ce n'est point ici le cas d'alléguer mes principes sur
l'égalité de bonheur, dans l'inégalité de condition &
la diversité de devoirs. Car fût-il vrai, ce qui n'est
pas, que l'on peut décharger l'un sans surcharger l'autre, & faire par conséquent un changement doulou-
reux dans sa maniere d'être, ce seroit toujours un grand
mal que, dans un ordre distingué, il entrât des recrues sans nombre & sans titres, qui, en partageant ses
prérogatives, les aviliroient, & dont l'exemple seroit
une leçon aux citoyens subalternes de choisir, pour
améliorer leur état, une voye, par elle-même plus
agréable que l'état lui-même, non pénible & non dis-
pendieuse. Un juge, que sa charge ennoblit, ne com-
mence-t-il pas, en effet, par être accrédité, & plus
honoré qu'un Gentilhomme ? Et n'est-il pas évidem-

ment contre les principes, que ce qui doit être le terme des vœux d'un citoyen, ne foit pour lui qu'un paffage à un état moins confidérable que celui dont il jouit dans ce paffage ? Ou fi le defir de cet état n'entre pour rien dans le plan d'un homme qui achete une charge, n'eft-il pas contre le bon ordre que cet homme entre par occafion, & par-deffus le marché, dans la premiere claffe de la nation, fans même avoir eu le temps de defirer cette admiffion ?

Dans tout ce que nous venons de dire, on ne trouvera rien qui prouve que nous regardions la magiftrature judiciaire comme une claffe ou comme un ordre dans la République.

Mais nous n'en avons pas moins rempli, par rapport à cette profeffion, ce que nous avons exécuté par rapport aux autres, en indiquant une méthode fuivant laquelle la fociété puiffe favoir où trouver les talents & les vertus néceffaires pour faire un Magiftrat ; en forte que, par le choix le moins éclairé, il ne parvienne pourtant à la magiftrature que des hommes qui en foient dignes.

Cette portion d'hommes commence à fe féparer des autres dans les académies où font élevés tous les citoyens deftinés aux vertus fociales, parce qu'ils font au-deffus des befoins phyfiques. Les premiers électeurs font les vieillards, qui ont veillé fur la jeuneffe dès le commencement de fon éducation.

Les talents s'étant développés de plus en plus dans l'Univerfité, les examinateurs font encore d'autres électeurs, qui, fuivant la qualité ou la fortune des élus, leur ouvrent l'entrée, ou du barreau, en qualité d'Avocats ou d'affiſtants, ou du tribunal, en qualité d'auditeurs. Une troiſieme élection pour les auditeurs & les affiſtants, eſt celle du tribunal, qui juge qu'il n'y a point de reproche contre eux, & les admet au titre & aux fonctions de référendaires. Pour les Avocats, la troiſieme élection eſt celle de leurs confreres, qui propoſent au tribunal ceux qu'ils croyent dignes d'y entrer. La cinquieme pour les uns & les autres, eſt celle de ce même tribunal. La ſixieme, dont pourtant on peut être diſpenſé par la triplicité de la précédente, eſt celle du Souverain.

Or, à moins d'une dépravation générale, & qu'on ne peut ſuppoſer, il eſt impoſſible que le plus grand nombre des Magiſtrats, élus de cette maniere, n'ait les vertus & les talents de ſon état.

La ſociété ſait donc auſſi certainement qu'il eſt poſſible, où elle doit trouver les vertus & les talents que requiert le beſoin qu'elle a d'avoir des diſpenſateurs de la juſtice.

Je n'ai point admis l'hérédité abſolue, parce qu'où il doit y avoir concours de talents ſpirituels & de ſentiments, ou de vertus morales, l'hérédité abſolue ne peut avoir lieu.

Je n'ai pas exclu non plus l'hérédité, puiſque j'ai conſervé aux peres une grande influence ſur la vocation de leurs enfants, & que j'ai exigé dans les Magiſtrats une naiſſance & une éducation, qui fuſſent garantes d'une hérédité de beſoins moraux, de laquelle on pût conclure à l'exiſtence, en eux, des vertus qu'exige la magiſtrature.

CHAPITRE VI.

Jusqu'à quel point les Cours de Justice peuvent être un ordre politique, ou avoir l'énergie d'un corps intermédiaire.

DIALOGUE

ENTRE UN MAGISTRAT ET L'AUTEUR.

LE MAGISTRAT.

J'AI lu, Monsieur, votre entretien avec ce Timoph-tone, auquel vous n'avez pas donné le sens commun, pour que votre triomphe en fût plus facile. Je viens de lire le Chapitre où vous traitez des Cours de Justice ; je me rappelle encore, quoique très-confusément, quelques autres endroits de votre long Ouvrage, où vous parlez de la Magistrature : & je trouve que par-tout vous en avez aussi mal parlé, que vous paroissez mal-intentionné pour les corps respectables qui la composent.

L'AUTEUR.

Vous me surprenez, Monsieur, par ce reproche. Je ne croyois pas l'avoir mérité. En quoi, je vous prie, ai-je pu faire tort à ces corps respectables ?

LE MAGISTRAT.

La question est singuliere, quand votre intention de

leur nuire eſt évidente , & que vous n'avez pas craint
de les rendre ſuſpeĉts au Souverain & à la nation.

L'A U T E U R.

Il me paroît qu'en bien des choſes j'ai dit la vérité,
puiſque j'ai fait des mécontents dans toutes les claſſes,

L E M A G I S T R A T.

Vous ne devez pas en avoir fait dans l'ordre de la
Nobleſſe ; vous le traitez aſſez bien, ce me ſemble.

L'A U T E U R.

Vous vous trompez; car je ſuis ſûr d'avoir mécon-
tenté preſque tous ceux qui ſe donnent le titre de gens
de qualité, & prétendent, ſous ce nom, compoſer une
claſſe à part. Je ſuis encore bien plus mal avec les gens
de la Cour, & je doute que les Pairs me pardonnent
le peu que j'ai dit de leur Pairie & de leurs Duchés, ſi
quelqu'un d'entre eux lit mon Ouvrage, & en rend
compte aux autres. Ainſi je ſuis encore plus mal-adroit
que vous n'avez cru.

L E M A G I S T R A T.

Quelle a donc pu être votre intention ? Si c'étoit
de faire du bien, il falloit ménager des proteĉteurs à
votre ſyſtême; ſi c'étoit de vous illuſtrer par votre audace, il ne falloit pas noyer vos penſées les plus hardies dans un gros Ouvrage, qui contient beaucoup d'i-
dées très-communes, & des détails aſſommants.

L'A U T E U R.

Avez-vous entrepris de prouver que je ſuis un ſot?
Si cela eſt, notre diſpute eſt finie : je conviens du fait

LE MAGISTRAT.

Ce n'est pas-là ce que j'ai voulu dire. Peu importe qu'il y ait des sots dans le monde. Il faut même qu'il y en ait, pour qu'on y remarque les gens d'esprit, & que les sages fassent bien leurs affaires.

Ce que j'ai voulu dire est, que vous êtes un méchant & un félon ; ce qui n'est pas une plaisanterie.

L'AUTEUR.

Est-on méchant quand on veut contribuer au bonheur des hommes, & est-on félon pour avoir entrepris de remonter aux principes de l'économie sociale? Si cela est, vous êtes tous des méchants, & Montesquieu fut, en son temps, coupable de félonnie. Car lorsqu'il écrivoit encore, & avant que vous l'eussiez lu, comment raisonniez-vous?

LE MAGISTRAT.

Comme nous raisonnons aujourd'hui. Nos principes furent toujours les mêmes.

L'AUTEUR.

Je le veux croire; mais ils étoient si mal développés, que vous n'aviez jamais imaginé de vous regarder comme des corps intermédiaires. Et comment l'auriez-vous pensé? Vous ne fûtes autrefois que des Conseillers du Prince, qu'on ne séparoit pas de lui, relativement à la nation, & dont les séances étoient des commissions passageres, à la suite desquelles vous rentriez dans la masse des Conseillers du Roi, & vous retrouviez sans fonctions spéciales.

L

LE MAGISTRAT.

Où avez-vous pris cette érudition, je vous prie?

L'AUTEUR.

Où vous n'avez pas pris la vôtre. Si nous avions puifé, vous & moi, dans les mêmes fources, vous auriez appris que les Confeillers du Roi dans les Parlements nat'onaux, faifoient, pour ainfi dire, corps avec lui lorfqu'il s'agiffoit des affaires publiques, & que, dans les caufes judiciaires, ou ils affiftoient le Prince, ou ils le répréfentoient; que comme répréfentants du Juge fuprême, ils pouvoient prononcer définitivement, hors dans les caufes majeures, dont ils ne pouvoient connoître qu'avec adjonction des Grands de la nation; que jamais le droit de juger ne réfida pourtant dans celle-ci; & que ce ne fut que par un ufage très-fenfé que les Prélats & Barons, qui, par leur état, étoient Confeillers du Roi, comme vous l'étiez par choix, dûrent affifter en certain nombre aux féances où fe dif-cutoient les procès ordinaires, comme ce fut en vertu du droit commun à tous les citoyens, que les Pairs dûrent garnir la Cour, toutes les fois qu'il fut queftion de juger les Pairs, ou de prononcer fur les prérogatives ou poffeffions conftitutives de leur état. Vous auriez encore appris qu'il y avoit une grande diffé-rence entre le Parlement, qui étoit le colloque des Grands de la nation, & la Cour en Parlement, qui étoit l'affife qui fe tenoit pendant que duroit l'affemblée, & fe prolongeoit fouvent après la féparation de cette af-femblée; de quoi il refte des veftiges très-marqués dans les ordonnances, par lesquelles vos Rois fixerent les gages des Barons qui devoient présider la Cour pendant ou hors le Parlement.

LE MAGISTRAT.

Comment donc nos Cours ont-elles retenu ce nom, si elles ne furent pas le Parlement?

L'AUTEUR.

Je pourrois vous répondre qu'on appella ainsi toute assemblée où l'on parloit, & que ce fut la raison pour laquelle, chez vous, comme en Allemagne, les Chroniqueurs latins rendirent ce mot par celui de *colloquium*; mais cette réponse est trop vague, & je veux bien y en joindre une autre.

La diminution du nombre des grands Vassaux, & le renversement total de l'ancien système qui en fut la suite, ainsi que de l'espece d'indépendance qu'affecterent ceux qui restoient, produisit la cessation totale des Parlements nationaux, & il ne resta de grandes assemblées que celles des Etats, qui étoient, dans les Pays réunis, ce qu'étoient dans les Pays non-réunis les mêmes assemblées tenues par les Ducs & autres grands Vassaux. Il y avoit cette différence essentielle entre les Parlements & les Etats, que les premiers avoient été composés des grands Vassaux, qui, pour la plupart, avoient eux-mêmes des Etats provinciaux, au-lieu que les Etats généraux étoient le congrès de plusieurs Etats provinciaux, qui, n'ayant plus de suzerains particuliers, étoient sous le Roi ce qu'étoient les autres Etats sous les grands Vassaux. Ainsi le Roi réunissoit à leur égard les deux qualités de Souverain & de Chef provincial. Concluez delà que les Pairs, vraiment tels à raison de leurs grands fiefs, ne pouvoient faire partie des Etats, à moins qu'ils n'y entraffent comme poffeffeurs de fonds nobles dans les Provinces réunies. Concluez-en encore que nos Ducs & Pairs ne pourroient figurer dans les Etats que comme Gentilshommes, & fqu'il n'y a plus d'affemblée pour eux en leur qualité de Ducs & Pairs, parce que leur titre les exclut des Etats, & que la réalité leur manque pour compofer un Parlement, où le colloque des Barons ou Chefs régionnaires de la nation.

LE MAGISTRAT.

Tout ce que vous venez de dire eft étranger à la quftion que nous devons examiner, puifqu'il ne s'agit pas entre nous des Etats généraux, mais des Parlements.

L'AUTEUR.

Je ne crois pourtant pas m'être écarté, & vous allez en juger. Si les Pairs, tels qu'ils font aujourd'hui, ne peuvent plus former un Parlement national, ou affemblée du haut Baronnage, parce qu'ils ne font plus grands Barons, repréfentant chacun une Province, il eft évident qu'il ne peut plus y avoir de Parlements nationaux. Comment donc y a-t-il encore des Parlements ? Le voici.

Il étoit autrefois de regle & d'ufage que les affemblées nationales fe tinffent deux fois par an, en automne & après Pâques. En même-temps fe tenoient les féances folemnelles de la Cour du Roi. Ces féances fe prolongeoient comme je l'ai dit, attendu la multitude des affaires, & duroient plus long-temps que l'assemblée nationale. Alors ce n'étoit plus la Cour en Parlement, mais la Cour du Roi hors le Parlement. Quand il n'y eut plus de véritable Parlement, il fallut pourtant former la Cour, & appeller un ou plusieurs Barons & Prélats, pour la garnir comme Cour de justice, ou du moins notifier à ces derniers qu'il y alloit avoir Cour de justice solemnelle.

Cela s'appella former la Cour en Parlement, c'est-à-dire telle qu'elle avoit coutume d'être, le Parlement tenant. On dit ensuite que cette Cour solemnelle se tiendroit toujours dans la Capitale, & on appella cela rendre sédentaire la Cour de Parlement. Mais jamais un vrai Parlement n'avoit été une Cour; & celle-ci en Parlement avoit été, si vous voulez, pour les Barons y députés, un bureau destiné à vaquer aux affaires contentieuses avec les Conseillers du Roi.

Dans le commencement, la dénomination de Cour en Parlement fut d'autant moins choquante, que les Barons, Prélats & Chevaliers entroient & siégeoient en la Cour lorsqu'ils le vouloient. Peu à peu, & sous différents prétextes, on les chassa tous, & la Cour cessa d'être la Cour des Pairs, pour les simples Gentilhommes, pour qui elle l'avoit été par elle-même, & sans qu'elle eût besoin d'être garnie extraordinairement. Elle continua de l'être pour les Pairs, parce que n'ayant jamais été essentiellement composée de Conseillers qui fussent Pairs, ou égaux aux Pairs du Royaume, il avoit été besoin de convoquer les Pairs, ou de garnir la Cour ; d'où avoit réfulté un ufage, & fur quoi avoient été faites des loix qui ont maintenu jufqu'aujourd'hui le droit des Pairs, de n'être jugés que par la Cour fuffifamment garnie de Pairs. Mais l'exiftence de cet ufage prouve affez que la Cour, dans fon état ordinaire, n'eft pas la Cour des Pairs, & que les Confeillers qui y fiegent, ne font rien moins que Pairs, égaux aux Pairs, ou repréfentants de l'ancien Baronnage. L'extinction du droit de Pairie pour la Nobleffe, prouve au contraire qu'il fût autrefois de regle qu'une partie notable des Confeillers fût noble.

LE MAGISTRAT.

Qui donc, à votre avis, repréfente l'ancien Baronnage ou le Parlement compofé de Barons, en tant qu'affemblée nationale & corps politique ?

L'AUTEUR.

Le Roi feul repréfente & les Rois fes prédéceffeurs fur le trône, & les Ducs, Marquis, Comtes & Barons fes prédéceffeurs dans le Gouvernement héréditaire des Provinces. Il réunit les droits des uns & des autres, & n'a ou ne doit avoir rien de plus, ni rien de moins.

Si l'on pouvoit donner d'autres repréfentants aux anciens Vaffaux de la Couronne, ce feroient les Baillis, les Sénéchaux & les Gouverneurs de Province, & vous aurez même remarqué dans votre hiftoire que cette repréfentation a eu quelquefois lieu, quoique très-imparfaitement, dans les affemblées des notables.

LE MAGISTRAT.

Vous ne voulez donc pas que le Parlement repréfente rien ?

L'AUTEUR.

Je ne dis pas cela : il repréfente le Roi rendant la juftice ; & delà vient que c'eft toujours le Roi qui pro-
nonce les Arrêts. Le Prince & les Confeillers font in-
féparables. Mais de ce que le Parlement repréfente le
Juge fuprême de la nation, je conclus encore qu'il ne
repréfente pas la nation. C'eft le grand Confeil du Souverain. Il ne peut donc être l'organe de la nation, à
laquelle le Souverain doit répondre après avoir pris
l'avis de fon Confeil. Si vous lui attribuez une fonction,
il faut que vous lui refufiez l'autre. Car leur réunion
feroit une abfurdité.

LE MAGISTRAT.

Mais enfin, la nation n'a pas d'autre organe. Elle
doit avouer celui-là, ou reconnoître qu'elle eft réduite
au filence de la fervitude. Or c'eft ce que ne dira jamais un bon citoyen, ni un fidele fujet, qui fait quel
fort attendroit fa patrie fous le defpotifme, & quel
malheur ce feroit pour le Roi de devenir Defpote.

L'AUTEUR.

Je commence à vous entendre, fans fentir mon cœur
fe ferrer. Vous revenez aux principes fur lefquels il
me paroit que nous ferons facilement d'accord. Il n'y
a plus qu'une équivoque dans les termes. Ne dites pas,
dans un fens rigoureux, que le Parlement eft l'organe
de la nation ; dites plutôt que c'eft une portion ref-

pe&able du Conseil du Souverain, laquelle se trouve
hors du tourbillon de la Cour, & des intérêts minis-
tériaux, & est en même-temps plus à portée d'entendre les plaintes, les vœux & les gémissements de la
nation, que ne le font les autres Conseillers du Prince.
Elle apporte ces notions de plus à l'examen des Edits
qui lui sont adressés pour en délibérer, & qui peuvent avoir été rendus sans une connoissance de cause
entiere ou suffisante. Sous ce point de vue, les Conseillers, tenants la Cour de justice, ont raison d'oublier,
pour un moment, leur commission spéciale, & on ne
peut que leur donner des éloges, lorsqu'ils font ce
qu'exige d'eux le serment qu'ils ont prêté, comme Conseillers. Car ce qui est dommageable au peuple, est
dommageable au Roi. C'est aussi, eu égard à leur position avantageuse, assez près du Souverain pour s'en
faire entendre, & assez près du peuple pour le voir &
l'entendre; c'est, dis-je, à raison de cette position, que
vos Rois leur ont fait un devoir de les avertir, & s'en
font fait un à eux-mêmes de les écouter. Mais observez encore qu'ils ont tout reçu du Souverain, & rien
de la nation, dans les temps même où elle n'étoit pas
muette, & concluez-en qu'ils font les Conseillers du
Souverain, & non les représentants de la nation.

L E M A G I S T R A T.

Vous convenez pourtant que le Parlement est un
corps intermédiaire? Or, il ne peut l'être, s'il ne tient
ses pouvoirs que du Souverain, & que celui-ci puisse
les lui retirer.

O iv

L'Auteur.

Si, pour être un corps intermédiaire, il faut être indeſ-
tructible, le Parlement n'eſt pas, à la rigueur, un corps
intermédiaire, & vous l'avouez vous-même toutes les
fois que vous donnez vos démiſſions. Mais n'abuſons
pas des termes.

Le Parlement eſt un corps intermédiaire dans l'ordre
des loix, & ſa conſiſtance eſt telle qu'il la lui faut pour
remplir ſa fonction.

Il n'eſt pas légiſlateur, & il juge. Il a ſon reſſort
marqué, & ſa compétence déterminée. Voilà tout ce
qui eſt eſſentiel pour que la juſtice ne ſe rende pas
arbitrairement.

Vous ajouterez qu'il eſt le gardien & le défenſeur
des loix, & vous aurez raiſon, en ce ſens qu'il ne
doit juger en vertu d'une loi nouvelle qu'après l'avoir
reconnue; qu'il ne doit pas recevoir une loi préjudi-
ciable au Souverain & au peuple par ſa contradiction
ou ſa diſcordance avec les autres loix; qu'il doit veiller au maintien de ſa compétence & des libertés des
citoyens, en empêchant que nul ne ſoit jugé arbitrairement, ou vexé avant d'avoir été jugé. Pour tout
cela, la conſiſtance du Parlement eſt encore ſuffiſante,
parce que, ſi la déraiſon n'eſt pas montée ſur le trône,
le légiſlateur ne s'obſtinera pas à faire paſſer u e mauvaiſe loi; il ſuffira de l'avoir éclairé; & parce que
dans le cas où la Cour de Juſtice ſeroit privée de ſa
compétence, & où la manie de l'arbitraire l'emporte-
roit ſur ſes répréſentations, il ſuffiroit qu'elle renonçât

à fes fonctions, pour dénoncer à la nation les attentats du defpotifme, & abandonner la deftinée de l'E-
tat aux hafards d'un combat funefte entre ce monftre
démafqué & la liberté nationale. C'eft-là fans doute un
remede extrême : mais qui n'eft que juge, n'eft pas guerrier ; & lorfqu'une loi eft violée ouvertement, nulle loi
n'eft plus facrée : celle par laquelle il eft juge eft donc
abrogée, & dès-lors il ment au public, s'il fe porte
encore pour juge. Il remplit, au contraire, le dernier
de fes devoirs, en defcendant du tribunal, & en dé-
clarant par-là au peuple qu'il n'y a plus de loix. C'eft
enfuite à celui-ci à prendre fon parti. Que celui qui
eft dans la Ville fuye fur les montagnes, & que celui qui eft dans la campagne fe retire dans le défert.

Telle eft la déclaration à laquelle équivaudroit une
abdication générale de tous les juges ; mais s'ils fe por-
toient à cette réfolution terrible, lorfqu'il ne feroit pas
encore temps de défefpérer de la République, ils feroient traîtres au Souverain, qu'ils calomnieroient, &
à la nation, qu'ils jetteroient dans une erreur funefte.
S'ils la faifoient hors le cas de la violation des loix,
& pour un fujet étranger à la juftice diftributive, ou
ils feroient des féditieux, ou leur défefpoir ridicule
trouveroit la nation infenfible.

LE MAGISTRAT.

Je ne comprends rien à la diftinction par laquelle
vous venez de finir. Elle me paroît feulement jetter
un nuage fur les grandes & belles vérités qui l'ont
précédée.

L'Auteur.

Dites les tristes vérités, si vous voulez leur donner une épithete ; car je n'en connois, ni de grandes, ni de petites. Ces éloges de quelques vérités sont le langage de l'enthousiasme, qui est bien voisin du fanatisme. Sur quoi je vous prie de remarquer qu'on ne qualifie d'ordinaire ainsi une vérité, que lorsqu'elle attire pour la premiere fois l'attention publique, lorsqu'elle est favorable à celui qui la développe, & dans le moment précis où l'on va en abuser, en faisant disparoître d'autres vérités, que fait, pour ainsi dire, pâlir l'éclat mensonger qu'on prête à la premiere.

Puis donc qu'en qualité de Magistrat vous devez être plus exact qu'éloquent, ne donnez plus, je vous prie, d'épithetes à la vérité, & croyez que l'une vaut l'autre. Celle-ci, par exemple, chaque corps, dans la société, doit avoir ses fonctions déterminées ; & s'il les étend, il ébranle la constitution, & tend à la renverser : cette vérité, dis-je, est aussi grande que celles auxquelles vous avez donné cette épithete, & vous ne devez pas plus la perdre de vue.

Le Magistrat.

Je trouve votre critique trop rigoureuse. Il n'y a point, il est vrai, de grande ni de petite vérité. Mais on appelle grandes vérités, celles qu'il est important de connoitre ; celles qui sont fertiles en grandes conséquences ; celles enfin dont l'objet est très-grand. L'usage fait loi en cette matiere ; & suivant cette loi, le principe que vous venez d'établir n'est pas une aussi grande vérité, que le font vos obfervations fur l'abdication des Magiftrats. La preuve en eft, que, dans la plupart des fociétés, il y a des fonctions dont les limites font indéterminées, & des portions de pouvoir en litige. Il n'eft donc pas auffi important que vous le penfez, que chaque corps fe tienne dans les juftes bornes, qu'en toute rigueur on pourroit lui prefcrire. Souvent même il peut être utile & néceffaire, qu'un corps s'attribue une portion de pouvoir, qui, dans l'origine, ne lui appartient pas, comme un propriétaire joint à fon héritage un terrein vague que perfonne ne réclame, & que fon voifin ne pourroit s'approprier, fans fon préjudice ou actuel, ou poffible.

Penfez-y bien, & vous trouverez que rien n'étant immuable ni indeftructible dans les fociétés, non plus que dans les corps phyfiques, il doit y arriver des déplacements de pouvoir, & qu'il n'eft jamais indifférent en quel fens ou en faveur de qui fe font ces déplacements. C'eft ainfi que, par une dégradation imperceptible, une conftitution fe trouve, au bout de quelques fiecles, avoir fait place à une autre conftitution, bonne ou mauvaife, felon que le hafard ou l'habileté à dirigé le cours des pouvoirs, & a fubftitué bien ou mal une puiffance à une autre puiffance.

Il peut donc y avoir des cas où contrarier un corps qui cherche à augmenter fes droits, c'eft faire une action indigne d'un bon citoyen; & tel qui, la tête remplie de chimeres, plaide pour le rétabliffement impoffible de l'ancienne conftitution, fe rend coupable d'un crime énorme contre fa patrie.

L'Auteur.

Vous me faites trembler, Monsieur; car je ne doute presque pas que ce ne soit de moi que vous vouliez parler. Je dois encore moins douter que cette puissance qui tend à s'accroître, ne soit le corps de la Magistrature, & que la portion de pouvoir qu'il veut s'attribuer, ne soit celle qui appartint autrefois à la nation, & dont la réunion aux droits de la royauté produiroit le despotisme, ou un pouvoir si absolu, que delà à l'abus le plus excessif, il n'y auroit qu'un pas aisé à faire.

Le Magistrat.

En admettant comme vrai ce que je me réserve, de nier que nos Cours souveraines, ou la Cour unique partagée en plusieurs classes, ne soit pas l'ancien Parlement national, vous auriez encore à vous reprocher, comme un attentat, l'audace avec laquelle vous auriez levé un voile qui devoit toujours rester sur une vérité dangereuse; & c'est-là, en effet, ce que j'ai voulu dire : mais puisque vous ne sentez pas encore toute l'énormité de votre entreprise, écoutez-moi.

Chaque nation a son génie, qui paroît être indestructible; & si le despotisme, toujours funeste, parce qu'il ôte à l'homme son activité morale, n'a pas consumé plusieurs nations de l'orient & du midi, il est certain qu'en peu de temps, il feroit de la nôtre le peuple le plus malheureux, & le plus méprisable qu'il y eût sur la terre.

Il est donc de l'intérêt du Monarque, autant que de celui des sujets, qu'il ne soit pas livré sans frein & sans flambeau aux erreurs de l'humanité, & aux séductions encore plus dangereuses de ces hommes qui semblent n'approcher de lui que pour rassembler dans leurs maisons les dépouilles de tout le Royaume, & laisser sur la tête de leurs enfants un joug plus pesant que celui qu'ils ont eux-mêmes porté, avant de s'élever au-dessus de leurs concitoyens. Mais qui tiendra le flambeau allumé devant le Monarque, qui, très-résolu à faire le bien, croit que plus il a d'autorité, plus il est en état de le faire ? Qui lui dira, qui lui répétera sans cesse : Du lieu éminent où vous êtes, vous ne voyez les objets qu'à travers un verre trompeur ; vous ne les verrez jamais autrement ; & si vous n'avez des sentinelles qui vous instruisent, vous ferez mal en croyant faire bien ; & tout le mal que vous aurez fait retombera sur vous, ou s'accumulera sur la tête de vos enfants, & les écrasera ; ne déplacez donc pas les sentinelles, que vos peres ont posées, & ne les réduisez pas au silence?

Qui seront ces sentinelles, dont les yeux seront aussi clairvoyants que la voix forte & infatigable?

Mais ce n'est pas encore assez de crier : c'est trop peu d'instruire. Si la vérité est méconnue ; si on appelle sa voix le cri de la sédition; si on l'étouffe par des actes de violence, & que, sous prétexte de ne pas reculer, on fasse tout plier sous la force, où sera le frein qui doit être à côté du flambeau, ou plutôt entre ce flambeau précieux, & la bouche qui pourroit être tentée de l'éteindre?

Sera-ce la nation entiere qui criera ? Ce cri feroit l'avant-coureur de la révolte. Sera-ce elle qui retiendra ? Sa réfiftance tumultueufe & mal concertée feroit la révolte elle-même. Car vous n'ignorez pas qu'il ne lui refte qu'un organe, & que, légalement, elle eft elle-même réduite au filence. Il y a plus, c'eft qu'elle ne peut demander qu'on lui rende le droit de parler. Qui le demanderoit pour elle? Et quand on le demanderoit, comme à ofé le faire une de nos claffes, quelle foule de préjugés ne faudroit-il pas qu'on eût écartés, combien de difficultés faudroit-il avoir furmontées avant que de pouvoir efpérer ce retour aux anciens ufages? Quand je parle de préjugés, je ne veux pas dire que ce foient de fauffes opinions qui s'oppofent à ce projet de réforme. On fe fouvient encore des derniers cahiers qui furent dreffés au commencement du fiecle dernier : on fait encore combien ils contenoient d'abfurdités; & depuis peu, un Ecrivain eftimable, qui eft aujourd'hui notre confrere, a bien fu les relever.

L'Auteur.

Permettez-moi de vous interrompre ici pour la premiere fois. Je vous crois de bonne foi, comme le font tous les enthoufiaftes, qu'échauffe & aveugle leur intérèt particulier. Mais plus vous êtes excufable, moins je dois me difpenfer de vous faire remarquer votre erreur. Cet Ecrivain eftimable que vous citez, avoit vu d'affez près les erreurs du fiecle où fe tint l'affemblée qu'il a noircie, pour favoir que les bons principes, en fait d'adminiftration, étoient prefque généralement ignorés. En vain le miniftere de Sully avoit précédé. Un grand Miniftre, tel que cet homme admirable, fait beaucoup de bien que l'on fent, fans que perfonne voye comment il le fait. Souvent chaque opération en particulier eft amérement critiquée; & le réfultat, qui eft la profpérité générale, eft attribuée au hafard ou à d'autres caufes plus prochaines, mais qui ne fe font développées & n'ont agi que par une fuite des opérations condamnées. Ce n'eft donc point un pareil miniftere qui répand la lumiere. Il eft éclairé intérieurement, & n'a d'autre éclat au-dehors que le fuccès, dont trop fouvent on lui dérobe la gloire. Mais puifque la nation étoit encore dans les ténebres, puifqu'elle y a été long-temps depuis, eft-il furprenant que fes repréfentants fe foient trompés, & doit-on en conclure qu'ils feroient encore aveugles aujourd'hui ? Vos prédéceffeurs en favoient-ils alors davantage? La preuve du contraire, eft l'étrange preuve d'ignorance & de prévention que vous avez donnée tout récemment dans l'affaire du commerce des grains.

Je ne vous reproche pas cette méprife. Votre métier n'eft pas d'étudier le grand art de l'adminiftration politique. Vous n'y entendiez rien. Aujourd'hui vous cherchez à vous en inftruire; & après avoir dit beaucoup de chofes vagues fur les finances, lorfqu'on vous demande vos confeils, vous demandez des livres pour apprendre à lire & à écrire. C'eft auffi que vous n'êtes pas financiers.

Mais fi vous devenez tout ce que vous n'avez pas été jufqu'ici, & ce qu'il faut que vous foyez pour porter tous les fardeaux que vous voulez mettre fur vos épaules, je vous avertis que vous cefferez bientôt d'être juges, & qu'il en faudra chercher d'autres. Vous deviendrez Miniftres, Traitants, Intendants de toutes les efpeces; vous ferez dans le tourbillon de l'adminif-tration, & il faudra chercher ailleurs des fentinelles qui crient pour vous avertir, ou pour vous dénoncer.

Je ne parle point du frein que vous croyez néceffaire; car vous en avez parlé fans dire qui le tient, ni quelle eft fa force, ni même en quoi il confifte.

L E M A G I S T R A T.

Vous l'aviez dit vous-même, je n'avois pas befoin de le répéter.... Quoi! vous riez? Je ne croyois pas qu'il y eût matiere à rire dans notre entretien.

L'A u t e u r.

Excufez un ris indifcret : il m'a échappé. Je tâcherai d'être plus férieux une autre fois.

L e M a g i s t r a t.

Avec moi du moins vous devriez l'être, quand je veux bien raifonner avec vous fur des matieres qui paf-fent la portée d'un fimple particulier. Mais encore, de quoi avez-vous ri?

L'A u t e u r.

Du frein que vous ne pouvez tenir qu'en laiffant échapper les rênes. Une autre penfée auffi finguliere s'eft jointe à celle-là. Je me fuis repréfenté un cavalier dont le cheval fe cabre, qui tire fur la bride pour n'être pas renverfé, & fur qui fa monture fe renverfe.

L e

LE MAGISTRAT.

Pour un homme de votre état, vous savez mal les mots consacrés dans l'art équestre. Mais à quel propos avez-vous eu ces idées ridicules ?

L'AUTEUR.

A propos de frein : un cheval plein de feu & de vigueur ne le sent pas volontiers; & si on le lui serre trop, on court risque de s'en répentir. Si on le lui lâche tout-à-fait, il prend le mords aux dents, & emporte son cavalier.. Comment faire?

LE MAGISTRAT.

Prendre un juste milieu.

L'AUTEUR.

Mais il ne faut donc pas se dessaisir des rênes? Ainsi plus de démissions.

LE MAGISTRAT.

Il y a plusieurs de mes confreres qui sont d'opinion, que donner sa démission, c'est faire une grande sottise. Je n'ai point encore pris parti là-dessus.

L'AUTEUR.

Ainsi vous ne savez pas encore si vous avez un frein ou non. Car, si j'en ai parlé, ce n'a été que sous le nom d'abdication; & suivant ce que vous venez de dire, je vous ai prévenu sur ce point.

LE MAGISTRAT.

Nous avons encore la cessation de nos fonctions ordinaires , & la publication de nos articles , qui font un grand effet.

L'A u t e u r.

Quant au premier point , je ne fais fi c'eft un procédé bien légitime. Vous devez la juftice au peuple , & il ne doit pas fouffrir de votre humeur. Pour le fecond, c'eft un expédient qui reffemble aux affiches dans les temps de trouble , & qui doit en avoir l'effet , ou· le faire craindre , pour être de quelqu'utilité ; c'eft appel-ler au peuple de la furdité prétendue de fon chef. Or ceci peut être la matiere d'un cas de confcience.

L e M a g i s t r a t.

Dites plutôt que vous condamnez notre conduite à tous égards , & que peu vous importe que nous exif-tions , ou non.

L'A u t e u r.

Vous ne me ferez pas dire ce que je ne penfe pas, & je vous répete que vous êtes tout autant qu'il faut que vous foyez pour compofer un corps intermédiaire dans l'ordre de la juftice , pourvu néanmoins qu'après l'abdication , qui , de votre part , eft le dernier remede, il refte encore un Médecin capable de l'adminiftrer , ou un corps que l'on puiffe guérir.

J'ai feulement voulu vous faire remarquer que vous n'avez ni la confiftance , ni les moyens néceffaires pour conftituer un corps intermédiaire unique & fuf-fifant.

L e M a g i s t r a t.

Que nous manque-t-il donc , à votre avis?

L'Auteur.

Peu de chose, il est vrai, & vous seriez en état d'effectuer votre plan, si ce n'étoit que votre corps est dépourvu d'une autorisation suffisante, d'une dignité convenable dans sa composition, de l'avantage du nombre, de la force nécessaire, & du suffrage des loix.

Le Magistrat.

La plaisanterie est amere, si ce n'est qu'une plaisanterie. Si c'est une thefe que vous prétendiez soutenir, je vous défie d'en prouver un seul point.

L'Auteur.

C'est, j'y consens, une thefe que je me suis engagé à soutenir; & si vous voulez entrer dans cette discussion, je suis prêt à prouver ce que j'ai avancé. Commençons par l'autorisation.

Vous recevez tous vos pouvoirs du Souverain, n'est-ce pas?

Le Magistrat.

Dans la forme, oui; dans le fond, on peut le nier.

L'Auteur.

Vous allez dire que vous les recevez de la loi, ou que vous les tenez de votre origine; mais je ne veux pas vous exposer à une rétractation.

Quelles loix pouvez-vous citer? Aucune qui ne soit récente, & qui n'ait été faite de la seule autorité des Souverains; car ils arrangeoient leur Conseil comme il leur plaisoit, de même que les Barons arrangeoient le leur, ainsi qu'ils le jugeoient à propos. Sûrs de n'ê-

tre pas jugés sans le concours de leurs Pairs, les grands
Barons pouvoient être indifférents sur la composition
de la Cour du Roi. Les Nobles, vassaux immédiats
du Roi, n'avoient pas droit de lui rien prescrire, ni
même de transiger avec lui sur la composition de sa
Cour. Il devoit leur suffire qu'ils fussent jugés par leurs
Pairs.

La nation ne concourut donc jamais à la formation
de cette Cour. Tout ce qu'elle put exiger, fut qu'elle
fît bonne justice. Comme Juge suprême & essentiel,
le Souverain se fit représenter par qui il voulut ; &
s'il y eut quelques usages qui le gênassent en ce point,
ce furent ceux qui ont été abolis en faveur de vous
autres maîtres : celui d'admettre les Prélats & Chevaliers, & celui de ne déférer la Présidence qu'à des Barons. Depuis l'abolition de ces deux usages, votre composition est totalement étrangere à la nation ; elle est
même contraire à son vœu, & vous êtes entiérement
de la création libre & volontaire du Souverain. Sous
ce point de vue, vous ne pouvez être qu'une Cour
de Justice, & votre titre se réduit à la commission que
vous avez reçue du Souverain, pour le représenter
en sa qualité de Juge. Convenez donc que c'est de lui
que vous tenez tous vos pouvoirs, & que vous devez les exercer conformément aux loix qu'il a faites
lui seul, & qu'il peut abroger de même. Je sais que,
depuis long-temps, vos Ecrivains vous ont donné le
titre auguste de Sénat ; mais vous n'êtes pas le Sénat
de Rome, & vous ne lui ressemblez même en rien. Vous
avez eu des panégyristes dans tous les temps, grands

admirateurs de l'hiſtoire & des loix Romaines, grands détracteurs de la Nobleſſe, fauteurs outrés de la bourgeoiſie.

Ils ont tout voulu traveſtir à la Romaine, afin que vous fuſſiez un Sénat, qu'ils fuſſent des Cicérons, & que nous fuſſions les habitants déſarmés des Provinces conquiſes. Ne me citez jamais aucun de ces Auteurs. Je les recuſe comme parties, & comme faux témoins. Mais je reviens à vos titres. Celui qui vous a créés ſous telles loix, peut continuer votre exiſtence ſous telles autres loix; celui qui vous a députés en tel nombre, peut vous réduire à tel autre nombre; celui qui vous a donné vos charges à vie, peut déclarer que vous êtes deſtituables, ſauf peut-être votre titre de Conſeillers; celui qui a multiplié vos claſſes, peut les multiplier encore, ou les diminuer. Ne m'objectez pas la vénalité; car un rembourſement vous feroit taire; & au défaut d'argent, un contract du montant de votre finance primitive, avec un intérêt honnête, vous fermeroit la bouche.

Après avoir peſé toutes ces circonſtances, dites moi en conſcience ſi vous penſez pouvoir être un corps intermédiaire, autrement que comme Conſeillers du Roi, députés pour rendre la juſtice, & obligés de la rendre ſuivant les loix connues, impropres par conſéquent à toute fonction qui feroit étrangere à votre titre, ou à votre commiſſion ſpéciale.

LE MAGISTRAT.

Autre choſe eſt l'autoriſation légale & rigoureuſe;

autre chofe, les droits que donne la néceffité de fauver le peuple, & que confirment la faveur nationale
& la confiance du Monarque, fur-tout fi la poffeffion
fe joint à ces titres.

L'Auteur.

Vous croyez m'échapper, en entaffant des mots pour
m'amufer. Mais fur une pareille réponfe, je fuis en
droit de prendre acte de votre aveu du défaut d'auto-
rifation fuffifante, & je paffe à la compofition de vos
Cours, à laquelle j'ai dit que manque une dignité convenable.

Le Magistrat.

Cet article eft odieux, & je ne vous confeille pas
de le traiter. Il ne faut jamais reprocher à des citoyens
refpectables ce qui n'eft ni une faute de leur part, ni
un défaut dont ils ayent pu fe corriger.

L'Auteur.

A Dieu ne plaife que je reproche à perfonne fa naiffance, ou fes défauts corporels. Ce n'eft pas-là mon
intention. Mais eft-ce faire un reproche femblable à
chaque Magiftrat, que de parler en général du corps
de la Magiftrature ? Je ne le crois pas, & vous êtes
trop jufte pour trouver mauvais que je vous dife la
vérité, quand vous exigez des Rois qu'ils écoutent
celles que vous leur dites, & quelquefois des déclamations qui renchériffent fur la réalité. Vous faites bien,
& je ne crois pas mal faire en fuivant votre exemple,
aux déclamations près, que je ne me permettrai pas.

Vous devenez Magiftrats fans élection, & par un

choix, dont la forme & les motifs n'ont aucune folemnité. La réfolution une fois prife d'entrer dans la Magiftrature, l'argent fait le refte.

Voilà quant à votre admiffion. Au moyen de ce que l'argent ouvre l'entrée des tribunaux à ceux qui y doivent fiéger, qu'il n'y a point de loix fur les qualifications néceffaires aux candidats, point de formes fuffifantes, à la faveur defquelles on puiffe s'affurer que les récipiendaires font individuellement dignes de la confiance du Souverain, & de l'eftime de la nation, on peut devenir dépofitaire & défenfeur des loix, fans les connoitre & les aimer; on peut acquérir des droits au refpect de la nation, quoique très-méprifable ; on peut, fuivant vos idées, faire nombre entre les Grands de la nation, quoique né dans la fange ; on peut enfin être chargé des intéréts du peuple & du Prince, fans être intéreffé au maintien de la conftitution, & même avec un intérêt contraire au bien de l'Etat. Croyez-vous, par exemple, qu'un rentier Magiftrat ait vraiment à cœur la libération de l'Etat, ou la réduction de l'intérêt de l'argent, en fuppofant cette réduction utile ?

Il n'y a pas même de loi qui vous oblige à être de véritables propriétaires. Preuve certaine que vous ne fûtes jamais deftinés à former un corps politique, fur lequel roulât en grande partie la conftitution de la Monarchie.

Venons maintenant au nombre que j'ai dit vous manquer. Evaluez-vous à plus de douze cents hommes les Magiftrats fur lefquels repofe, felon vous, le fyftéme de l'Etat ? Je ne crois pas que vous paffiez de beaucoup ce nombre, en comptant même les honorai-res. Or, remarquez que chacun de vous eſt iſolé, puiſ-qu'il n'eſt le répréſentant de perſonne. Ce ſont donc douze cents hommes, pris au haſard, qui prétendent être un corps aſſez ſolide, pour n'être pas écraſé entre le Monarque & une nation compoſée de pluſieurs millions d'hommes. Mais attendu les moyens que vous avez, douze cents hommes tels que vous, ne ſont ni plus ni moins forts que cent, cinquante, vingt-cinq, ou deux mille: car vous remontrez, vous déniez votre approbation; & quand vous l'avez fait, vous avez tout fait, ſi ce n'eſt qu'il vous reſte encore à déclarer que vous allez rentrer dans la foule des citoyens, pour par-tager en ſilence leur oppreſſion; vraie ou ſuppoſée.

Vous me direz que chacun de vous a une famille. Mais que fait cela ? Si l'appui d'une famille ou nom-breuſe, ou opulente, ou accréditée, étoit néceſſaire à un Magiſtrat, les loix en auroient dit quelque choſe, & l'avantage d'appartenir à une pareille famille ſeroit une qualification requiſe; ce qui n'eſt pas. Me parlerez-vous de tous les tribunaux & Officiers ſubalternes? Mais ici les loix ſont encore en défaut relativement aux ſuites & aux effets, par rapport à eux, de ce qu'il peut y avoir de paſſif pour vous, ou d'actif de votre part. De plus, tous ces Officiers ſont ſans force comme vous, & vous n'en excepterez pas même ceux de Robe courte.

Il n'y a pas un guerrier, avec ou ſans ſolde, qui ſoit tenu de vous obéir en cette qualité; & un grand Bailli d'un ſeul Bailliage a plus de force réelle, ſuivant les loix, que la Cour fouveraine dont le reffort eft le plus étendu.

J'ai mêlé la force avec le nombre, parce que ces deux chofes fe tiénnent. J'ajouterai maintenant que fi vous prétendez fuppléer à l'un & à l'autre par la grandeur de votre crédit, par cette confidération qui néceffite l'obéiffance des inférieurs, lors même qu'elle n'eft pas due, vous vifez donc d'un côté à être chefs de faction, & de rébellion, en cas de befoin, & de l'autre, à avilir la nation fous douze cents tyrans répandus dans toutes les Provinces, tandis que vous craignez ou feignez de craindre fon aviliffement fous un feul.

Mais obfervez encore que vous ne parviendrez point à cet afcendant du corps fur tous les ordres de la nation, & à ce crédit prédominant de chacun de vous, fans lequel l'afcendant commun ne peut ni s'établir, ni fubfifter; car vous êtes des hommes: remarquez, dis-je, que vous n'y parviendrez point, s'il n'arrive de deux chofes l'une; ou que vous ayiez fubjugué, avili, anéanti l'ordre de la Nobleffe, en mettant au-deffus de lui un corps d'Ariftocratie dont l'efprit eft fi différent du fien ; ou que vous ayiez fait entrer dans votre ordre l'élite de cette Nobleffe, & que vous ayiez tourné de ce côté-là l'ambition du refte, auquel cas vous aurez dénaturé fon efprit, & votre Nobleffe deviendra ce qu'elle eft dans les Pays où elle dédaigne le fervice militaire, & n'a d'ambition que pour les emplois civils & les prébendes. Croyez-vous que dans ces deux cas, la nation eût des graces à vous rendre, foit qu'elle fe contemplât elle-même , soit qu'elle se mesurât avec les nations étrangeres? Croyez-vous que votre abdication eût de grands effets sur elle , & ne fût pas le dernier acte par lequel elle seroit livrée à des troupes purement mercenaires, qu'entretiendroit le Despote? Mais vous gardez un silence bien profond ! Est-ce acquiescement ? est-ce patience? est-ce dédain ?

LE MAGISTRAT.

Pourquoi n'avez-vous pas poursuivi ? Il vous reste à parler du suffrage des loix , que vous prétendez nous manquer. Achevez donc notre procès, afin que j'acheve le vôtre.

L'AUTEUR.

Il me semble que c'est une menace. Oh bien , je me le tiens pour dit, & ne veux pas être le premier exemple de ce qu'il pourra en coûter un jour pour avoir combattu vos maximes. Je me tais, & me retire, avant que vous puissiez apprendre mon nom. Vous ferez de mon Livre tout ce qu'il vous plaira. Plût à Dieu qu'il fût lacéré & brûlé, si son supplice doit ouvrir les yeux aux plus sages d'entre vous, ou démasquer ces hommes ambitieux, dont la sourde politique tend à miner toutes les puissances de l'Etat, pour composer son énorme pouvoir des débris de tous les pouvoirs !

LE MAGISTRAT.

Je vous promets de ne vous pas dénoncer, si vous m'expliquez ce que vous avez voulu dire par le peu d'effet qu'auroit notre abdication, lorsque la grandeur exceffive de douze cents citoyens auroit eu les fuites que vous fuppofez, & qui font fans doute les mêmes que vous avez attribuées à l'Ariftocratie.

L'Auteur.

N'eft-ce pas un piege que vous me tendez, pour avoir occafion de groffir votre harangue de dénonciation?

Le Magistrat.

Je vous jure que vous n'avez rien à craindre de ma part.

L'Auteur.

Eh bien, vous avez faifi ma penfée. La raifon pour laquelle j'ai dit, en commentant Montefquieu, que l'honneur n'eft pas la vertu de l'Ariftocratie, cette raifon fera auffi celle pour laquelle la nation fera avilie par l'excès de crédit, de grandeur & de confidération auquel devront parvenir douze cents citoyens compofant l'ordre judiciaire, pour que cet ordre ait une force proportionnée à la deftination que vous lui attribuez. L'honneur & le courage qui en fait partie, & fe foutient par lui, ne feront plus des titres de fupériorité, ni le produit de celle qui, feule, effacera toutes les autres, & dès-lors il n'y aura dans l'Etat qu'une foule de menu peuple, un ordre de douze cents hommes, & un chef qui n'aura de troupes que celles qu'il achetera à prix d'argent, & qui le ferviront pour vivre ou pour s'enrichir. Qu'eft-ce qu'une foule de menu peuple? Que font des troupes purement mercenaires, contre les ennemis de l'Etat? Combien ne font-elles pas à craindre pour des citoyens défarmés, & qu'eft-ce au milieu de tout cela qu'un corps de douze cents hommes?

Ainfi vous trouverez votre ruine dans l'excès de votre pouvoir, comme le Defpote, & vous aurez commencé par vous rendre coupables de beaucoup d'ufurpations, & par avilir la nation.

LE MAGISTRAT.

Quelle conféquence voulez-vous que nous tirions de tout ce que vous venez de dire? Car fi de ces réflexions affligeantes, il ne réfulte aucune regle de conduite pour nous, il valoit beaucoup mieux les fupprimer, & nous laiffer tout notre courage.

L'AUTEUR.

Réfléchiffez là-deffus de fang froid & fans prévention, & vous trouverez que vous avez plus d'une conféquence à tirer de ce que j'ai dit. La premiere fera, par exemple, qu'il eft contre votre intérèt de vous porter pour l'organe unique de la nation, & de vous attribuer une repréfentation imaginaire, qui, en rabaiffant tout au-deffous de vous, vous laifferoit fans appui. Souffrez d'avoir des égaux, & croyez qu'un corps parallele qui vous tiendroit refferrés dans les bornes qui vous conviennent, vous étayeroit puiffamment, & affermiroit la conftitution monarchique que vous oppofez avec tant de raifon au dangereux defpotifme. Je n'en dirai pas davantage. Peut être en ai-je déja trop dit.

LE MAGISTRAT.

Je ne vous comprends pas bien, & jai peine à concevoir comment nous pouvons avoir des égaux, les
mêmes, fans doute, qui, à votre avis, devroient compofer un corps parallele, lequel tout à la fois nous
refferreroit & nous foutiendroit.

L'AUTEUR.

Quand je vous prie de fouffrir des égaux, ce n'eft
que pour vous engager à plus de modeftie. Il ne s'a-
git d'ailleurs ici ni d'égalité, ni de fupériorité; & fi vous
ne me comprenez pas bien, j'ai grand'peur que ce
ne foit parce que vous voulez être fupérieurs à tout,
& capables de tout, fans befoins & fans limites, comme un être parfait.

LE MAGISTRAT.

La plaifanterie encore une fois eft déplacée ici, &
l'invective n'éclaircit pas la vérité. Qu'entendez-vous
par un corps parallele qui doit nous refferrer & nous
foutenir ?

L'AUTEUR.

Qu'entendez-vous vous-même par un corps intermédiaire qui doit refferrer l'autorité fuprême au moins
dans fa maniere de s'exercer, & qui en même-temps
la rend plus folide ? Eft-il queftion dans ce rapport,
d'égalité ou de fupériorité ?

LE MAGISTRAT.

L'analogie conftante & prefque générale qu'il y a
entre le phyfique & le moral, autorife, dans le langage,

des métaphores, sans lesquelles il nous seroit difficile de rendre nos idées abstraites ; & cette même analogie fait la justesse des comparaisons qu'indiquent ces métaphores. Supposons que le trône soit un corps, un siege, par exemple, aussi élevé que brillant. Si ce siege est exposé aux chocs violents & répétés d'un grand nombre de corps qui se meuvent en tous sens, & dont, en certains cas, le mouvement peut devenir direct contre lui, n'est-il pas évident qu'il sera d'abord ébranlé, & ensuite renversé, si l'impulsion cesse d'être en proportion avec sa solidité ?

L'A U T E U R.

Cela est évident.

L E M A G I S T R A T.

Mais s'il n'y a qu'une avenue par où l'impulsion puisse parvenir jusqu'à ce siege, & si, sur cette avenue, il y a des corps interposés qui interceptent le choc de cette multitude d'autres corps dont j'ai parlé, n'est-il pas encore évident que le trône ne pourra être ébranlé tant que resteront à leur place les corps interposés?

L'A U T E U R.

Cela est encore évident dans votre double supposition.

L E M A G I S T R A T.

Or, il n'y a qu'un rapport essentiel, & qui mérite d'être considéré entre le trône & les sujets; & ce rapport est celui de la justice. Car tout, dans l'ordre moral, est juste ou injuste. C'est-là l'avenue unique dont j'ai parlé. Si le Souverain ne peut être injuſte, parce que ſon injuſtice feroit interceptée ; ſi les ſujets ne peuvent être injuſtes, parce que leur injuſtice feroit répouſſée loin du trône, & étouffée, ſur la place où elle feroit née, le trône reſte inébranlable, & les ſujets heureux & ſoumis, n'eſt-ce pas?

L'AUTEUR.

Cela eſt clair; mais voici un autre raiſonnement qui reſſemble au vôtre, & dont vous n'admettrez pourtant pas la conſéquence. Dans une République Chrétienne, où la plus ſainte morale eſt canoniſée, puiſqu'elle fait partie de la Religion, il n'y a qu'un rapport eſſentiel, & qui mérite d'être conſidéré entre le Prince & les ſujets ; c'eſt celui de la Religion. Car tout eſt juſte ou injuſte, bien ou mal, chrétien ou anti-chrétien dans ce rapport. C'eſt-là une avenue unique. Si le Souverain ne peut manquer à l'amour qu'il doit à ſes ſujets comme ſon prochain; s'il ne peut faire à autrui ce qu'il ne voudroit pas qui lui fût fait, parce que la Religion a des Miniſtres qui le rameneroient à ſon devoir par des exhortations qui déclareroient nul tout acte contraire aux regles de la morale évangélique : ſi d'un autre côté, par des raiſons ſemblables, les ſujets ne peuvent rien refuſer au Prince de ce qui lui eſt dû; s'ils ne peuvent rien entreprendre contre lui; ſi leur cœur même eſt retenu, tandis que tout autre pouvoir ne retiendroit que la main, il eſt évident que ce trône reſte inébranlable, & les ſujets heureux & ſoumis. Or, dans ce rapport, ou ſur cette avenue, le corps interpoſé, quel peut-il être?

LE MAGISTRAT.

Le même qui fit autrefois le malheur de la nation, & dont la cause est désespérée, parce que l'expérience a prouvé ses inconvénients terribles bien plus encore que son insuffisance.

L'AUTEUR.

Prenez garde pourtant que, dans chaque République où ces inconvénients ont été si terribles, ils ont été beaucoup moins ceux du corps national, que de l'union trop intime de ce corps avec une puissance étrangere ; d'où je serois tenté de conclure, que, sans cette union, c'eût été un très-bon corps intermédiaire, très-solide, & très-suffisant : car il eût participé de la sainteté de la Religion la plus sainte, & de la grandeur, de la force, de l'empire que lui donnent la dispensation de tout ce qu'il y a de plus auguste, & la distribution de peines & de récompenses éternelles.

LE MAGISTRAT.

Comme vous admettez une supposition impossible, je pourrois me dispenser de vous répondre. Je le ferai pourtant, afin de ne laisser aucun nuage sur la vérité. Par cela même que ce corps dont vous parlez, avoit un grand pouvoir en main, & un pouvoir indépendant de la société, il étoit impropre à la fonction que vous feignez de lui vouloir attribuer. Il étoit législateur & juge dans tout ce qui concernoit la Religion ; & si, par induction, tout étoit ramené à la Religion, son pouvoir devenoit unique, & suffisant pour tout écraser, ou pour enchaîner tout.

De

De plus, quel que puisse être l'empire & l'énergie de la Religion, elle ne captive que le plus petit nombre des hommes; elle n'étend ses préceptes directs qu'à leurs moindres actions dans l'ordre politique; & si de fortes passions entreprennent de briser son joug, ou de le plier, elles le brisent d'autant plus sûrement, qu'il est plus dur & plus étendu; & si elles le plient, la Religion les sert comme elle les combat, & le fanatisme se joint à toutes les autres passions. Ainsi dans les Pays où fut le plus despotique l'empire des Ministres de la Religion, ils fomenterent souvent les passions des hommes pour mettre la force de leur côté; & ceux-là même qui extorquoient des donations, en faisoient de plus grandes encore sous un autre nom, pour s'attacher des hommes puissants, ou seulement d'intrépides guerriers; tant ils savoient par expérience, que les petites passions ornent seules les triomphes de la Religion sur le très-grand nombre, mais qu'elle doit céder aux grandes & puissantes passions; que la justice surtout, & l'injustice, n'ont besoin que d'un masque qu'on attache à l'une, & dont l'autre se couvre, pour que le suffrage extérieur de la Religion proscrive l'une, & rende l'autre victorieuse.

Remarquez encore que la Religion n'étant pas moins ennemie des vices que des crimes, des péchés que des attentats, les Ministres de la Religion, s'ils avoient voulu la conserver entiere, & maintenir leur crédit attaché à cette intégrité, auroient donné à l'autorité pour ennemis directs, les vices & les péchés, & l'auroient plus surchargée qu'ils ne lui auroient prêté d'appui.

L'A U T E U R.

Voilà, en vérité, de très-bonnes raisons, mais qui ne
me perfuadent pas que, dans un certain ordre de chofes, le Clergé ne puiffe être un très-bon corps intermédiaire ; car j'ai peine à me perfuader qu'entre le trône
& les fujets, il n'y ait qu'une avenue, laquelle doive
& puiffe être exactement remplie par un corps unique.

J'entrevois même qu'on pourroit alléguer de très-
bonnes raifons contre cette unité, & contre le choix
que vous faites du corps judiciaire pour remplir tant
& de fi importantes fonctions.

On pourroit dire, par exemple, qu'autre eft la juftice, qui n'a que de la roideur, & autre la politique,
qui manie les refforts de l'adminiftration, & que fi la
politique vient à dominer dans une Cour de juftice, elle
perdra bientôt fa définition, & ne rendra plus que des
fervices imparfaits à l'un & l'autre égard ; qu'autre eft
la confidération qu'on acquiert par l'intégrité, & autre
celle qu'on doit au pouvoir ; que celle-ci peut dédom-
mager de celle-là, & que trop facile eft le facrifice de
l'une pour l'intérêt de l'autre ; que cependant, fans l'opinion d'intégrité, un corps judiciaire devient une très-
mauvaife machine politique ; qu'à un autre égard, la
force ne peut être où eft le droit de juger, & que
l'occafion peut fe préfenter où l'on appelle à la force,
foit que le corps judiciaire foit perverti, foit qu'il ait
perdu fon crédit fur des factieux, foit que fon autorité
foit méconnue, & que dans ce cas il n'y a plus de corps
intermédiaire, fi lui feul mérite cette définition, & doit

avoir l'énergie qu'il indique ; qu'il eſt pourtant à deſirer que , dans ce cas même , il reſte un corps doué de
force , puiſqu'alors c'eſt la force qui a pris la place de
la juſtice , lequel , dans la même proportion & le même
ordre , prenne la place du corps doué de juriſdiction ,
afin qu'il reſte des raiſons de ne pas abroger toutes les
loix , & de refuſer à la victoire même une partie de ſes
ſuites , afin auſſi que la ſociété ait en elle-même un arbitre armé , qui , en vengeant l'autorité , en excluant ou en
contrebalançant avec avantage l'intervention de la force
étrangere , conferve au ſouverain Magiſtrat des ſujets ,
& l'eſpérance d'en recouvrer encore un plus grand
nombre , à la nation ſa dignité , à la conſtitution l'eſprit
de ſes meilleures loix , & prive le chef vengé du titre
odieux de conquérant , ou le peuple victorieux de la
gloire d'avoir tout fait , préſerve tout l'Etat du déſordre
affreux dont le triomphe du peuple n'eſt que le prélu-
de , lorſqu'il eſt tellement à lui , que le plus vil des individus croit y avoir la même part que tout autre individu , & veut en recueillir le fruit.

On pourroit dire encore que le corps judiciaire ,
comme corps intermédiaire , n'ayant d'énergie que par
la confiance du Souverain d'un côté , & de l'autre par
celle du peuple , & toute ſa conſiſtance étant dans la
loi que le Souverain peut abroger , & dans l'attachement du peuple à cette loi , lequel empêche qu'elle ne
ſoit abrogée , cette conſiſtance n'eſt qu'apparente , c'eſt-
à-dire qu'elle n'exiſte que comme les fantômes qui diſ-
paroiſſent quand on veut les toucher , ſi la durée de
la loi n'a pas un garant dans la faveur du peuple ; ce

qui arrivera ou lorsque cette faveur n'existera pas, ou lorsque le peuple ne fera rien : mais que dans le cas où le peuple ne feroit quelque chose que comme multitude, il ne pourroit prêter sa garantie que par le mouvement de toute sa masse, lequel équivaudroit à un désordre général, & conduiroit ou à une oppression entiere par l'accablement facile & violent d'une masse informe, ou à une anarchie sans remede par le triomphe de cette multitude, ou, si vous l'aimez mieux, à une Aristocratie démocratique, mais foible & sans consistance, si le corps judiciaire devenoit & restoit le chef du parti victorieux.

Il n'y a point de milieu ici, dès qu'on ne reconnoît qu'un organe du peuple, & qu'on le suppose réduit au silence. Dès-lors il faut que les forces se mesurent, & que les chefs de faction deviennent les organes de deux multitudes armées, mais comme le font des Souverains indépendants qui traitent d'égal à égal.

Je reviens donc à penser, qu'un corps judiciaire est & doit être l'organe des loix ; mais qu'à son appui doivent venir les organes de la nation ; que lorsque le Magistrat est réduit au silence, il doit y avoir un autre corps qui parle pour lui, & puisse le faire rentrer dans ses droits, en proscrivant aussi ses prétentions excessives, s'il en a ; & que lorsque la loi se tait, ou est méconnue, elle doit rester dans le cœur d'un ordre doué de force, & différent de la multitude.

Ainsi lorsque par la trahison d'une Reine forcenée, sous un Prince imbécille, & par l'oppression du corps sédentaire qui devoit réclamer les loix antiques, l'ordre de

la fucceffion fut profcrit , la formation d'un autre corps
judiciaire qui auroit fulminé contre le premier, auroit
été impoffible & inutile , la loi trahie pour un moment
par la force, auroit été fupprimée , & l'héritier légitime expulfé ou affaffiné , comme il avoit été profcrit ,
fi cette loi nationale n'avoit pas été dans le cœur des
peuples autant & plus que dans les regiftres de la Cour,
ou fi elle n'avoit été que dans le cœur d'une multitude
fans force, fans difcipline, & fans chefs autorifés. Mais
elle fe trouva dans le cœur d'une généreufe Nobleffe
qui avoit des armes, & favoit s'en fervir , des fujets,
& favoit les contenir, des fauteurs , & fut conferver
leur faveur. Elle appella au Dieu des batailles, de la
fentence injufte d'une Cour opprimée ; elle occafionna
la création d'une autre Cour , qui revendiqua ce qu'a-
voit laiflé perdre la premiere ; elle épargna à l'héritier
du trône la néceffité d'une abdication qui auroit anéanti
la loi la plus falutaire , ou la néceffité non moins funefte de donner des conquérants étrangers à fa nation;
elle épargna à celle-ci & l'infortune d'un joug étranger,
& le malheur de fubir un joug légitime comme on fuccombe fous la force qui accable ; enfin , elle fit triompher
la caufe du Souverain & celle de la nation. Charles VII
fut rétabli, & ne fut pourtant pas le conquérant de fon
Royaume. Cette Cour même qui avoit prévariqué fous
le glaive étranger ; qui avoit fenti combien il eft amer
de n'exifter que précairement , & en vertu d'un traité ;
qui n'avoit plus que le mérite d'avoir maintenu un refte
de police dans les murs qui lui fervoient de prifon ,
comme Jofeph fut l'arbitre de fes compagnons d'infor-

tune ; cette Cour , après avoir éprouvé ce que c'eſt que de n'exiſter que par la loi , ſans l'appui des mœurs ; cette Cour , dis-je, dut ſon rétabliſſement aux bras robuſtes qu'elle avoit voulu déſarmer , aux cœurs généreux à qui elle avoit fait une loi de la déſection , aux aïeux fiers & reſpectables de ces illuſtres citoyens qu'elle s'eſt depuis appliquée à dégrader , qu'elle a voulu confondre avec la multitude , afin que nulle hauteur ne s'élevât devant la ſienne , que ſes coups portaſſent également ſur tous , & qu'il n'y eût de privileges que les ſiens.

Voilà un exemple qui explique, ce me ſemble, ma penſée. J'en pourrois citer un autre non moins fameux, & dans lequel la loi du trône fut ſacrifiée à la loi d'une Religion dominante par la Cour dépoſitaire de toutes les loix, tandis que le même ordre qui avoit rétabli Charles VII, préta ſon bras, partie à la Religion d'où étoit né le fanatiſme, & partie auſſi, mais beaucoup plus conſtamment, à la loi du trône ; & par ſa réunion, qui fut le triomphe du patriotiſme, aſſura également celui des deux loix qui avoient couru un danger preſqu'égal, l'une, malgré l'appui du corps judiciaire, & par le zele d'une partie de l'ordre militaire pour le trône & contre le fanatiſme ; l'autre, malgré l'oppoſition aveugle de ce corps, & par l'aſcendant que prit ſur la haine l'intérêt de l'état, conciliable & bientôt concilié avec celui de la Religion.

Enfin, le corps judiciaire fit ſon triomphe de celui de la loi qu'il avoit combattue ; il auroit été accablé ſous un joug étranger, ſi la cauſe qu'il avoit ſoutenue avoit triomphé.

En vain vous m'allégueriez des foupirs, des vœux fecrets pour la loi, des profcriptions, des exécutions même qui énerverent le corps, la crainte même qui le fubjugua; vous feriez l'apologie imparfaite des individus, celle du corps, fi vous voulez, vous ne prouveriez que mieux fon infuffifance comme feul corps intermédiaire. Car fi, étant bon, il peut être inutile, il eft donc effentiellement infuffifant.

LE MAGISTRAT.

Vous avez parlé fi long-temps, que vous m'avez ôté le loifir de vous répondre. D'autres affaires m'appellent. Adieu.

Q iv

CHAPITRE VII.

De l'Ordre du Clergé.

De la nature de ses biens. De quel esprit il doit être animé.

AUTANT la raison s'oppose à la vénalité & à l'hérédité des charges de judicature, autant la Religion proscrit les mêmes moyens d'acquérir & de transmettre le Sacerdoce.

Le Clergé n'est donc pas plus une classe ou tribu que la Magistrature judiciaire; mais il est un ordre, ce que n'est pas celle-ci, parce qu'il a des fonctions qui lui ont tellement propres, qu'il ne peut les partager avec personne.

Sans Prêtres, point de Religion nationale; & sans Religion, les Prêtres ne seroient que des fainéants inutiles, un pésant fardeau, des hommes irrités de leur décadence, qui chercheroient un nouvel état dans le bouleversement de la société; les Apôtres de cent superstitions diverses, dont chacun flatteroit une espece d'hommes pour se l'attacher; des incendiaires enfin, qui allumeroient un feu que rien ne pourroit éteindre, & qui les dévoreroit.

Mais si la Religion est un bien nécessaire de la société; si celle, en particulier, que nous professons, est la plus favorable à l'humanité & à l'autorité, nous

devons nous borner à confidérer la néceffité & l'objet
du Sacerdoce, & ne penfer au befoin que les Prêtres
ont de la Religion, que pour nous mettre en garde
contre leurs vaines terreurs, compâtir à leur foiblefſe,
& réprimer leur zele, s'il vient à être trop exalté
par l'intérêt de leur ordre.

Quand l'Eglife n'avoit dans fon fein que des enfants choifis, qui ne lui étoient pas nés par la volonté
de l'homme, mais par la grace de celui qui fauve
& vivifie, elle pouvoit ufer contre eux d'une plus
grande rigueur, qu'elle ne doit s'en permettre aujou-
d'hui. Elle n'étoit nulle part la Religion nationale. Ses
arrêts de profcription étoient étrangers à l'ordre civil.
Celui qui ne lui obéifſoit pas, étoit regardé par elle
comme un payen & comme un publicain, ou comme
un Romain, & un receveur des droits du fifc. Mais
les Romains idolâtres étoient les maîtres du monde,
auxquels les Chrétiens obéifſoient, & avec qui ils vivoient, & Jefus-Chrift lui même paya le tribut dû à
Céfar entre les mains des publicains.

Voilà la loi de l'excommunication portée & limitée
par le divin Fondateur de la Religion. Il n'a point dit
à fes Apôtres, ni à leurs Succefſeurs; que le fils défo-
béifſant foit pour vous comme un afſafſin, un incen-
diaire, un malfaiçteur : qu'il foit pour vous, a-t-il dit,
comme s'il n'avoit jamais été votre frere dans la foi,
& ne lui rendez que ce que vous lui devriez s'il eût
toujours été payen ; fon état civil n'a point changé,
lorfqu'il a reçu la foi ; il refte le même, lorfqu'il la
perd. C'eft pour vous un payen; mais un payen eft

votre maître, & vous lui devez fidélité & obéiffance dans les chofes étrangeres à ma loi.

Nous n'avons pas dû omettre ces réflexions dans un endroit où nous traitons de la deftination du Clergé. Il n'eft pas fait pour rien changer dans l'état des hommes, ni pour envelopper la fociété civile dans fes querelles. Qu'il foit juge entre Dieu & les hommes fur la terre, mais non entre les citoyens & les citoyens, & moins encore entre lui-même & la République, entre lui-même & les citoyens. Tous fes arrêts, s'ils ne deviennent ceux de la puiffance civile, ne font pas fuffifants pour altérer l'état du dernier des citoyens, & il n'eft point du tout effentiel que jamais les fentences eccléfiaftiques deviennent des arrêts de la puiffance féculiere.

Ce font des maximes qu'on a trop long-temps perdues de vue, & dont l'oubli a expofé notre fainte Religion à bien des reproches qu'elle n'a jamais mérités.

Suivant fon inftitution toute divine, elle eft étrangere aux chofes de ce monde, hors par l'efprit de charité, qui en eft la bafe. Ses Miniftres peuvent donner des confeils au Souverain temporel, non comme tel, mais comme fimple fidele; ils peuvent le lier & le délier; ils ont perdu le droit de l'excommunier, depuis qu'ils ont dénaturé cette peine fpirituelle. Il ne leur appartient pas de rien prefcrire dans l'ordre civil, ni de prendre connoiffance de ce qui intéreffe le Gouvernement.

Mais la loi n'eft pas réciproque à tous égards; car

si toute l'Eglise est infaillible, chacun de ses Ministres ne l'est pas; cette prérogative n'appartient même
à aucune Eglise nationale, quelqu'étendue qu'on lui
suppose; il est donc possible qu'un ou plusieurs Ministres, & même toute une Eglise nationale, adopte de
fausses maximes. Si elles sont purement dans l'ordre
de la foi, le Magistrat doit garder le silence; car la
brebis n'en sait pas plus que le pasteur. Mais si elles
intéressent l'ordre civil, le Magistrat a droit d'en connoître; car, en ce point, il est lui-même pasteur, & les
Ministres de la Religion sont ses brebis.

C'est un grand mal pour la Religion & pour l'Etat,
qu'on ait ajouté la fonction civile aux loix pénales
de l'Eglise.

La discipline ecclésiastique en souffre, parce qu'elle
est gênée par l'effet civil qu'elle produit mal-à-propos,
& l'Etat en peut être ébranlé, parce qu'il est forcé à
prendre parti dans des démêlés qu'il devroit ignorer.

C'est encore un très-grand mal, qu'aux fonctions spi-
rituelles & gratuites du sacré ministere, on ait attaché des rétributions, qu'on appelle des droits, &
même des possessions. Il arrive delà que le desir de
conserver & d'assurer la perception des rétributions,
se joint au zele de la Maison de Dieu, & le dénature;
il arrive encore delà, que le Magistrat qui veille sur
tous les citoyens & sur toutes les possessions, est obligé
de prendre connoissance des affaires domestiques de
l'Eglise, de recevoir des sentences qui ne sont point
par elles-mêmes dans l'ordre civil, & de risquer des
entreprises malheureusement nécessaires, mais toujours

téméraires , souvent scandaleuses & très-dangereuses; en ce qu'elles fortifient la fausse opinion d'une liaison nécessaire entre l'ordre spirituel & l'ordre temporel.

Si j'avois à introduire notre sainte Religion chez un peuple qui ne l'eût jamais connue , j'établirois pour premiere regle , que nul bien fonds & nul droit lucratif ne seroit attaché au ministere sacré; que la charité des fideles seroit seule chargée de nourrir les Ministres de l'autel , & que , lorsqu'elle viendroit à se refroidir , on n'ordonneroit plus de Prêtres ni d'Evêques qui n'eussent assez de patrimoine pour vivre sans être mercenaires.

Ce ne seroit qu'à la derniere extrêmité que j'assignerois des pensions sur le trésor public aux Prêtres actuellement employés. Mais je ne le ferois pas sans prendre une autre précaution. Ce seroit de statuer que tout Prêtre, qui , sur une vocation légitime , auroit obtenu une pension de l'Etat , ne pourroit la perdre que pour avoir enseigné une morale pernicieuse , ou pour avoir commis un crime dans l'ordre civil ; mais jamais pour avoir erré dans la foi, ou désobéi à son supérieur. S'il étoit destitué pour de pareilles fautes, il garderoit la pension publique ; & tant qu'il vivroit , son successeur n'auroit rien à espérer de l'Etat. Ce seroit à ceux qui l'auroient institué à pourvoir à sa subsistance, ou par eux-mêmes , ou en sollicitant la charité des fideles.

Il me semble que par de pareilles loix , je préviendrois bien des querelles.

Mais dans tout Etat où la Religion Chrétienne est

dominante, deux chofes font indifpenfables. La premiere, de protéger fes Miniftres, comme citoyens, obligés à certaines fonctions; la feconde, de veiller fur leur enfeignement, afin qu'ils ne le négligent pas, & qu'ils l'exécutent comme il doit l'être pour le plus grand bien de la fociété.

Quand j'ai paru defirer que les Miniftres de la Religion, comme tels, n'euffent point de biens-fonds, j'ai feulement voulu faire entendre que leur miniftere tout fpirituel, appefanti, &, pour ainfi dire, enchaîné à la terre par des poffeffions, en eft moins libre, plus compliqué avec des foins profanes, & plus en danger de voir fon efprit & fes intérêts facrés, fubordonnés à un efprit très-étranger à la Religion, & à des intérêts fouvent deftructeurs de la charité, de la droiture, de l'élévation, qui doivent caractérifer les Interprêtes & les Miniftres du Très Haut.

Je ne conclurai point delà, & loin de moi, une pareille penfée, qu'où les Eglifes font dotées, il faille les réduire à la reffource peu fûre de la charité des fideles.

Mais pour rendre les inconvénients de cette inftitution les moindres qu'il eft poffible, il eft bon d'en retrancher tout ce qui peut fervir d'aliment à l'avidité, donner naiffance à des prétentions & à des procès, & produire une ambition qui n'eft pas louable.

De tous les revenus, celui qui convient le moins aux Prêtres de la nouvelle loi, ce font les dixmes.

Tout ce qu'on peut appeller profits, eft indigne du Sacerdoce. Mais, par des raifons particulieres, le cafuel eft une chofe qui approche de l'impiété & de l'inhumanité.

Les promotions d'un miniſtere à un autre, qui ont pour objet un accroiſſement de revenu, ſont auſſi profanes que le motif qui les fait deſirer.

Diſcutons ces trois aſſertions, pour ne laiſſer aucun doute ſur leur ſolidité.

Si je devois avoir les Apôtres pour juges ou pour parties, je ne les récuſerois pas dans la premiere qualité, & je ſuis bien ſûr qu'ils ne prendroient pas la ſeconde.

Mais leurs ſucceſſeurs ſont des hommes comme eux, & ont de plus des préjugés de près de quinze ſiecles, & une habitude de pluſieurs années, ainſi ils pourroient bien me condamner ſur le ſeul expoſé de mes principes. Peut-être même y en auroit-il qui m'accuſeroient de ne pas croire à l'ancien teſtament, ou à la miſſion de Moïſe, qui inſtitua les dixmes.

DIALOGUE

ENTRE L'AUTEUR ET UN SUCCESSEUR DES APOSTRES.

L'EVÊQUE.

Votre aſſertion ſur les dixmes eſt blaſphématoire; car elles ſont de droit divin. Liſez le Lévitique & pluſieurs Conciles : rien n'eſt plus clair.

L'AUTEUR.

Vous commencez par me faire trembler; car il y a des ordonnances très-ſéveres contre les blaſphémateurs, & le bon Roi Saint Louis ordonna, ce me ſemble, qu'on leur perçât la langue. Ce feroit le moyen de me faire taire. Mais ce moyen feroit-il bien apoftolique ?

L'Evêque.

Ce n'eft pas de quoi il s'agit. C'eft un grand mal qu'on ne tienne pas mieux la main à l'exécution des ordonnances. J'ai plus de trente mille huguenots dans mon Diocefe, qui me payent la dixme à contre-cœur, & Dieu fait comment ils la payent. Si on les tolere plus long-temps, & que le nombre en augmente, moi & plufieurs de mes confreres, nous ferons Evêques *in partibus.*

L'Auteur.

Vous redeviendrez donc ce qu'étoient les Apôtres ?

L'Evêque.

Comment ? Les Apôtres, Evêques *in partibus* ! Bon Dieu, à quel fiecle m'avez-vous réfervé !

L'Auteur.

Au fiecle d'or : celui des Apôtres fut pour eux le fiecle de fer. Vous n'avez qu'à voir dans votre Eglife la ftatue de Saint Paul. Où étoit-il Evêque, je vous prie ?

L'Evêque.

Il étoit Apôtre, Monfieur l'ignorant, & tous les Gentils étoient fes Diocéfains.

L'Auteur.

Ces Gentils étoient des Chrétiens, fans doute, & payoient la dixme de bon cœur ?

L'Evêque.

Vous qui faites le raisonneur, n'avez-vous pas honte d'ignorer que les Gentils étoient des payens qu'il falloit convertir, & que Saint Paul convertit, pendant que Saint Pierre convertissoit les Juifs?

L'Auteur.

Je crois que vous avez raison; mais il y avoit des Gentils par-tout, & des Juifs aussi. Saint Pierre & Saint Paul, du fond de leur palais apostolique, envoyoient, sans doute, des missionnaires chez tous ces gens-là, & en attendant, mangeoient la dixme de ceux qui étoient déja convertis.

L'Evêque.

J'imagine que cela devoit être ainsi, quoiqu'on ne le trouve pas dans l'Ecriture; mais tout n'a pas été écrit, & la tradition est un supplément nécessaire & suffisant de la sainte Ecriture.

L'Auteur.

Fort bien : & vous avez une tradition constante sur tous ces points?

L'Evêque.

Assurément. Mon Evêché subsiste depuis plus de douze cents ans, & j'ai fait démolir un palais épiscopal, qui devoit être aussi ancien que le déluge ; car les murs sembloient être d'une seule pierre, comme les rochers que le déluge doit avoir amoncelés.

L'Auteur.

C'étoit un bien beau monument; & vous avez souf-

fert

fert que de profanes maçons détruififfent ce témoin immuable de la tradition ?

L'E V Ê Q U E.

J'y étois trop mal logé. Il n'y avoit fi petit Gentilhomme dans mon voifinage, qui ne le fût mieux que
moi.

L'A U T E U R.

C'étoit donc la tradition conftante de votre Eglife
que les Evèques fuffent mal logés ?

L'E V Ê Q U E.

Vous plaifantez, je crois ?

L'A U T E U R.

Je tâche de faifir vos idées, & d'entrer dans vos
raifons. Mais dites-moi auquel des Apôtres ou de leurs
Miffionnaires furent donnés les biens dont vous jouif-
fez ? Car voici une autre tradition, qui n'eft pas la
moins effentielle, & fans laquelle vous auriez laiffé
fubfifter votre vieux palais.

L'E V Ê Q U E.

Mon fecretaire vous diroit mieux cela que moi. Mais
il me femble que nos plus anciennes chartes font du
huitieme fiecle, ou même du neuvieme.

L'A U T E U R.

Il y avoit donc alors plus de fept cents ans que les
Apôtres étoient morts ?

L'E V Ê Q U E.

Que concluriez-vous delà ?

Tome *V.*   R

L'Auteur.

Que ce que vous avez, il y eut un temps où vos prédéceſſeurs ne l'eurent pas.

L'Evêque.

Voilà encore de mes demi-ſavants. Ignorez-vous donc que les Wiſigoths avoient envahi tous nos biens, & qu'il fallut pluſieurs ſiecles pour qu'ils nous fuſſent reſtitués ?

L'Auteur.

J'ignorois que ces Wiſigoths euſſent été d'auſſi vilaines gens; il me ſembloit même qu'ils n'avoient pas touché aux biens des Egliſes, & que le pis qu'ils avoient fait avoit été de ſubſtituer des Evêques Ariens à quelques Evêques Catholiques ; je croyois même avoir lu quelque part que ce fut la cauſe de leur ruine, parce que ce qui reſtoit d'Evêques Catholiques aima mieux voir couler le ſang des Francs & des Wiſigoths dans une guerre injuſte de la part des premiers, que de riſquer ſes biens, ou d'entreprendre la converſion des Wiſigoths.

L'Evêque.

C'étoient apparemment des hérétiques obſtinés qu'il falloit détruire, puiſqu'on ne pouvoit les convertir.

L'Auteur.

C'eſt un terrible arrêt que celui-là. Je croyois que l'impénitence finale étoit la ſeule marque de réprobation, & que hâter la mort d'un homme impénitent, c'étoit uſurper les droits du ſouverain Arbitre.

L'EVÊQUE.

Vous vous écartez, & je dois vous ramener. Vous venez d'avouer qu'avant l'apostasie des Wisigoths, nos Eglises avoient des biens-fonds. Quelle tradition plus ancienne pouvez-vous encore prétendre ?

L'AUTEUR.

Je n'ai point parlé de l'apostasie des Wisigoths; mais je conviens qu'avant leur invasion dans les Gaules, vos prédécesseurs pouvoient avoir des biens-fonds, parce que la plupart des Eglises en avoient. Mais remarquez, de grace, que les Wisigoths n'entrerent dans les Gaules qu'au commencement du cinquieme siecle, & lorsque, depuis près de cent ans, les Empereurs étoient Chrétiens.

L'EVÊQUE.

Voilà de la chronologie bien inutile. Ne vous suffit-il pas que, depuis plus de treize cents ans, nous soyons en possession d'avoir des biens-fonds ?

L'AUTEUR.

C'en est plus qu'il n'en faut, s'il ne s'agit que de prouver l'antiquité de l'usage, ou même la légitimité de la possession. Mais il étoit question entre nous d'une tradition. Or, vous savez mieux que moi, qu'on ne doit reconnoître pour une vraie tradition que celle qui remonte jusqu'aux Apôtres. Or, je ne suis pas encore convaincu que, sous les Empereurs payens, l'Eglise ait possédé, ou un pouce de terre, ou une maison

L'EVÊQUE.

Qui vous empêche de le croire? Je le crois bien moi.

L'AUTEUR.

Ce qui m'empêche de le croire, est que je ne le crois pas.

L'EVÊQUE.

Plaisante raison!

L'AUTEUR.

Si celle-là ne vous suffit pas, j'ajouterai que la chose étoit impossible, puisque la communauté des fideles, ou le corps fictif, qu'on appelle Eglise, n'étant point reconnu par le Magistrat civil, il étoit essentiellement inhabile à recevoir une donation; parce qu'encore tout bien-fonds étoit affecté à la République, ou pour un service qui devenoit personnel au possesseur, ou pour une immunité qui émanoit de son état & dignité; d'où il s'ensuivoit que nul bien-fonds ne pouvoit appartenir qu'à un individu, ou à une communauté avouée par les loix. Or, c'en étoit assez pour qu'aucune Eglise ne pût posséder des fonds de terre.

L'EVÊQUE.

Je n'entends pas cela; mais ma réponse est toute prête. L'Eglise gémissoit alors sous l'oppression; & dès qu'elle en fut affranchie, elle reçut des donations. Preuve que la tradition y étoit formelle.

L'AUTEUR.

L'Eglise reçut des donations, j'en conviens. Un autre vous diroit que ce fut une imitation de ce que les payens avoient fait pour leurs temples, auxquels étoient aussi attachés des domaines pour les fraix du culte. Il ajouteroit que le culte des Chrétiens ne coûtoit rien alors. Mais je me borne à vous demander si l'Eglise exigea des donations.

L'Evêque.

Ma réponse est dans le mot même,

L'Auteur.

C'est-à-dire que ce qui fut donné, n'avoit point été exigé. Mais ce furent des hommes qui voulurent donner, & ils pouvoient ne le vouloir pas.

L'Evêque.

Assurément ; ce seroit une hérésie de dire le contraire.

L'Auteur.

Dites-moi maintenant comment ce qui, dans son principe, a été l'effet accidentel de la volonté libre de quelques hommes, peut être de droit divin ?

L'Evêque.

Il n'est pas de droit divin que tel bien appartienne à l'Eglise, ni même, si vous voulez, qu'elle possede des biens-fonds ; mais il est de droit divin que ce qui lui a été donné ne lui soit plus ôté.

L'Auteur.

Il falloit vous expliquer plutôt. Nous aurions épargné l'un & l'autre bien des paroles inutiles. Car il ne me reste qu'à vous demander ce que vous entendez par

droit divin, & comment vous concevez que ce qui,
dans son principe, a été arbitraire, soit l'objet d'un
droit divin; ou comment encore vous entendez le *gra-
tis accepistis*, qui exclut tout droit divin de ce qu'on appelle rétributions ou salaires; ou encore quelle différence
métaphysique vous mettez entre des biens-fonds que
reçoit une Eglise, & les aumônes que Saint Paul rece-
voit pour les aliéner aussi-tôt en les distribuant aux fideles, ou les vases sacrés qui ont été vendus par plusieurs saints Evêques; ou enfin comment un corps fictif peut avoir des droits plus sacrés à des choses profanes, que n'en ont les individus?

Vous me direz que le Prêtre doit vivre de l'autel.
Mais je vous prie de ne pas m'opposer cette citation.
Car pourvu que le Prêtre vive, il doit être content
comme l'étoit Saint Paul, qui souffroit la faim, lorsque ses ouailles étoient dans l'abondance.

L'E V Ê Q U E.

Vous avez trop de confiance dans votre savoir,
pour que je puisse espérer votre conversion. Car Dieu
hait les orgueilleux.

L'A U T E U R.

Il vous aime donc bien; car vous avez assez d'humilité pour ne me vouloir pas confondre.

L'E V Ê Q U E.

Je le pourrois sans peine, si votre opinion tiroit à
conséquence. Mais il est fort indifférent à l'Eglise & à
l'Etat, ce que vous pouvez penser.

L'Auteur.

Vous avez bien raison ; & quand vous aur'ez tort, je ne vous en punirois pas : car , relativement à l'Etat, je vous regarde comme un Magistrat chargé de fonctions très-importantes, & qu'il est bon d'entretenir convenablement.

L'Evêque.

Vous avez bien de la bonté. Je ne croyois pas être un Magistrat. C'étoit de vous qu'il falloit que je l'apprisse.

L'Auteur.

Aurois-je peut-être encore proféré un blasphême ? Il est si aisé d'en faire avec vous.

L'Evêque.

Je suis loin de vous rassurer là-dessus : car on peut aussi blasphêmer les Oints du Seigneur.

L'Auteur.

Vous avez raison, & c'est même de ce mot, employé par nos peres dans son sens primitif, que vient celui de blâmer. Or il y a bien des Oints du Seigneur qui sont très-blâmables.

L'Evêque.

Vous plaisantez ; & à la faveur de votre magistrature politique dont vous nous avez affublés, vous croyez avoir gain de cause contre nous & la divinité de nos droits.

L'Auteur.

Distinguons, je vous prie. Vous avez des droits de deux especes, que je n'ai garde de confondre.

Le miniftere de la parole, l'impofition dés mains, la miffion des Miniftres fubalternes, font l'objet d'autant de droits qui vous ont été donnés d'en-haut exclufivement à vos coopérateurs, qui ont pourtant auffi leurs droits divins.

L'ÉVÊQUE.

Et le droit de lier & de délier, à votre avis, n'eft-il pas divin?

L'AUTEUR.

Je n'ai pas voulu le joindre aux autres, parce que tout n'eft pas divin dans la maniere dont il s'exerce depuis environ mille ans.

L'EVÊQUE.

Paffons. Et le droit de vivre de l'autel, n'eft-il pas encore divin? Et celui de décimer les fruits, par lequel a commencé notre difpute?

L'AUTEUR.

Si vous faites un droit divin de tout ce qui a quelque fondement dans la fainte Ecriture, l'indigent qui meurt de faim à votre porte, pourra vous actionner, pour vous forcer à lui donner l'aumône, & fera autant & plus en droit que vous d'alléguer un droit divin. Il n'y aura pas jufqu'au bœuf qui bat le bled dans votre aire, ou le traine dans votre grange, qui, au même titre, ne puiffe exiger que vous lui en laiffiez manger tout à fon aife. Voyez, je vous prie, à quelles conféquences nous conduiroit votre maniere de raifonner.

L'EVÊQUE.

Je vois bien que tout eft mauvais pour les méchants;
mais encore quelle que foit votre malignité, je doute
qu'elle aille jufqu'à prouver que les dixmes ne foient
pas une inftitution divine & très-convenable.

L'AUTEUR.

Il eft de droit divin que tout le monde vive, même l'Hottentot, qui ne fait pas ce que c'eft que
droit divin, & le huguenot, qui regarde la dixme
comme une inftitution Judaïque. Les Lévites étoient
une des douze tribus, & n'eurent point de part dans
la terre promife. Il étoit jufte qu'ils fuffent nourris
par les autres. Il plut au Légiflateur des Ifraélites de
leur affigner la dixieme partie des fruits. Peu importe
que la proportion fût exacte, ou favorable aux Lévites;
mais il étoit jufte qu'ils euffent leur part, & il convenoit qu'ils ne fuffent pas détournés des fonctions
de leur miniftere par les foins affidus de l'économie
champêtre.

L'EVÊQUE.

Je vous devine. Pourvu que le Prêtre ait de quoi
vivre, ce qui eft de droit divin, il eft indifférent comment & fous quel nom il l'a. Ce peut être l'objet
d'une inftitution humaine.

L'AUTEUR.

Affurément; & entre les inftitutions humaines, les
unes font bonnes, & les autres font mauvaifes.

L'Evêque.

Nous allons voir que Dieu auroit dû assigner aux Lévites des pensions en argent.

L'Auteur.

Si vous plaisantez, il est inutile que je vous réponde; mais si vous parlez sérieusement, je dois vous faire observer qu'au temps de Moïse, on ne faisoit pas de l'argent l'usage qu'on en fait aujourd'hui; qu'on ne connoissoit ni les rentes que vous connoissez si bien, ni les caisses, ni les tributs en argent, ni les pensions; que la législation de Moïse fut unique, & pour autant de temps que devoit durer le Gouvernement civil & politique des Juifs, & qu'ainsi il étoit impossible, surtout dans le désert, d'évaluer en argent la subsistance des Lévites. L'usure ou le prêt à intérêt étoit condamné par une raison semblable, & cependant vous prêtez & vous empruntez à intérêt.

L'Evêque.

Quelques-unes des raisons que vous venez d'alléguer pour les décimes Judaïques, je puis les alléguer aussi en faveur des nôtres. La quantité plus ou moins grande d'argent ne devroit-elle pas influer sur la quotité des pensions?

L'Auteur.

Très-certainement.

L'Evêque.

Il a donc fallu y substituer une méthode qui ne fut pas sujette aux variations?

L'Auteur.

En ce cas, ce n'étoit pas la dixme qu'il falloit y substituer ; car elle est aussi très-sujette aux variations, par les changements dans la culture.

L'Evêque.

Je sais que c'est la matiere de beaucoup de procès, par la mauvaise foi & le peu de Religion des contribuables.

L'Auteur.

J'ai entendu dire que Monsieur votre pere, d'heureuse mémoire, avoit eu un procès de cette espece, l'avoit gagné, & que vous en profitez.

L'Evêque.

C'étoit une bagatelle qui ne vaut pas la peine qu'on y pense.

L'Auteur.

Oui ; quand on a un Evêché & une Abbaye, la dixme de cent arpents de bois est une bagatelle. Il n'y auroit pas-là de quoi faire cuire votre pâtisserie.

L'Evêque.

Allons au fait, mon cher Monsieur ; vous n'aimez pas que nous ayions des droits constants & solides. Vous avez attaqué nos biens-fonds par cette raison. Nos dixmes vous déplaisent par la même raison. Tout doit être précaire pour nous, afin que tôt au tard nous puissions être dépouillés de tout.

L'Auteur.

Appellez-vous cela aller au fait, mon vénérable

Seigneur? Pour moi, j'appelle cela une conséquence que je défavoue, & une mauvaise intention que vous me prêtez gratuitement. Or, tout cela ressemble parfaitement à un jugement téméraire, & est bien près de devenir une calomnie. Ecoutez donc la profession de foi que je vais vous faire sur cet article, & que je répéterai devant un concile général, si vous en faites assembler un à ce sujet.

L'EVÊQUE.

Voyons quelle elle est.

L'AUTEUR.

Il est juste que le Prêtre vive de l'Autel, quand il a renoncé à son patrimoine, pour desservir l'Autel, ou qu'il n'en a jamais eu, ou même lorsqu'il n'est pas suffisant pour lui procurer une subsistance honnête ; car il faut que tout le monde vive, & il convient que chacun vive suivant la place qu'il tient dans la société, & l'éducation qu'il a reçue : mais entre les moyens de faire subsister les Prêtres, l'assignation de biens-fonds est celui que je désapprouve le moins ; les dixmes sont un expédient bien plus fâcheux, & le casuel est le plus mauvais de tous ; car il est vicieux dans le fond, & impie dans la pratique.

Je crois de plus que la Religion est nécessaire ; qu'il ne peut point y en avoir sans Prêtres, & qu'ainsi tant qu'il y aura une Religion, il n'est point à craindre que l'on retranche aux Prêtres leur subsistance.

Je crois de plus, que si la Religion venoit à se perdre dans un Pays, il n'y auroit point de loix qui pussent assurer les possessions des Prêtres; & que si elle s'altéroit seulement, ou elle s'altéreroit dans les pasteurs comme dans leurs ouailles, auquel cas ces mauvais pasteurs ne mériteroient pas que vous plaidassiez leur cause; ou elle s'altéreroit dans les ouailles & non dans les pasteurs, & alors ceux-ci n'ayant plus de troupeau ne gagneroient plus leur salaire, & auroient, sans doute, trop de conscience pour vouloir partager avec des réprouvés, & se faire payer un travail ou nul ou infructueux. A ce dernier article près, qui n'est qu'une pieuse croyance, voilà ce que je crois très-fermement.

L'Evêque.

Et très-assurément vous êtes un mal-intentionné; car vous faites des projets de réforme, & tous les réformateurs sont des fourbes, qui disent une chose, & en pensent une autre.

L'Auteur.

C'est-là, sans doute, la raison pour laquelle vous n'avez entrepris aucune réforme dans votre Diocèse, & je veux gager que c'est encore pour éviter la tentation d'y réformer, que vous avez pris le parti de ne le pas connoître.

L'Evêque.

Vous invectivez, Monsieur; c'est la meilleure preuve que vous puissiez me donner de votre embarras.

Moi, ne pas connoître mon Evêché, après que je l'ai fait rebâtir à neuf depuis la cave jusqu'au grenier! En vérité, vous déraisonnez.

L'AUTEUR.

J'en conviens ; sur-tout si vous avez été vous-même votre architecte.

L'ÉVÊQUE.

Oui , je l'ai été , & ce fut sur une pierre angulaire & au milieu de mes ouvriers, que je signai mon instruction pastorale sur ***.

L'AUTEUR.

Très-bien. Vous bâtissiez , & un autre faisoit votre instruction pastorale. Il auroit dû être votre Evêque , & vous son Architecte.

L'ÉVÊQUE.

Apparemment vous n'avez pas lu cette piece ?

L'AUTEUR.

Vous voulez dire, sans doute , que si je l'avois lue, je ne donnerois pas un Evêché à son auteur.

L'ÉVÊQUE.

Elle a été fort critiquée ; d'où j'ai conclu qu'elle étoit très-bonne. Car, dans ce siecle pervers, tout ce qui vient de nous est mal reçu , pour peu que nous voulions nous opposer au débordement de vices & d'erreurs qui couvr: toute la face de la terre.

Mais vous, Monsieur, qui ne me paroissez pas encore tout-à-fait corrompu , voudriez-vous bien me réserver l'honneur de votre conversion ?

L'AUTEUR.

Je ne sais pas de quelle conversion vous voulez parl

ler. Mais s'il s'agit de celle dont je crois avoir befoin ; vous trouverez bon que j'en donne la peine & l'ennui à mon Curé, à qui je paye la dixme, & qui eft un très-honnête homme : car il ne feroit pas grace d'une demi-gerbe au plus pauvre de fes paroiffiens, de peur de préjudicier à fon Eglife ; & dans l'occafion, il donne tout ce qu'il a pour réparer le malheur d'une famille. Voilà comment il fait tout concilier. Mais il a commencé par avoir dix petits procès qui l'ont brouillé avec la moitié de fa paroiffe, & il lui a fallu dix ans pour perdre la réputation qu'il s'étoit faite de mercenaire avide & inhumain. J'ai eu un autre Curé qui ne la perdit point, parce qu'il l'a méritée jufqu'à fa mort. Comme il ne préchoit jamais, les procès étoient pour lui un paffe-temps néceffaire.

L'E V Ê Q U E.

On m'attend pour une partie de jeu. Nous reprendrons cette converfation une autre fois ; car j'ai fort à cœur d'ôter aux mal-voulants tout prétexte de dénigrer le Clergé.

SECOND DIALOGUE

ENTRE L'AUTEUR ET LE GRAND-VICAIRE
*DE ***.*

L E G R A N D - V I C A I R E.

Il eft vrai que Monfeigneur a les meilleures vues du monde, & une profonde érudition. N'en avez-vous pas été enchanté ?

L'Auteur.

On ne peut davantage ; mais j'ai tenté inutilement de pénétrer ses vûes.

Le Grand-Vicaire.

Il ne se découvre pas aisément. Mais quand il commence à s'ouvrir, ce font des traits de lumiere. Il y a bien peu de ces génies lumineux qui portent la clarté sur tout ce qui devient l'objet de leurs méditations.

L'Auteur.

M. l'Evêque a donc l'art de cacher son génie dans une enveloppe bien épaisse. Il n'en est pas venu un seul rayon jusqu'à moi.

Le Grand-Vicaire.

J'ignore quel a été le sujet de votre converfation ; car je n'ai entendu que ses dernieres paroles, après l'avoir averti qu'on l'attendoit.

L'Auteur.

Je m'étois propofé d'examiner avec lui quelle nature de biens convient le mieux au Clergé ; & quand nous aurions été d'accord là-deffus, je comptois lui propofer quelques idées qui me font venues dans l'efprit sur les moyens qu'il y auroit de remettre le Clergé sur un pied refpectable.

Le Grand-Vicaire.

C'eft auffi de quoi il s'occupe jour & nuit.

L'Auteur.

En ce cas, il doit avoir fait bien du chemin ; car
je

je crois en avoir fait beaucoup, moi qui ne m'en occupe que depuis une heure. Vous lui avez, fans doute, volé quelques-unes de fes idées ; voudriez-vous bien m'en faire part?

LE GRAND-VICAIRE.

C'eft vraiment un larcin, que je lui ferai, puifqu'elles ne font qu'à lui. 1°. Il voudroit qu'on fupprimât toutes exemptions monaftiques.

L'AUTEUR.

Fort bien.

LE GRAND-VICAIRE.

En fecond lieu, il defireroit qu'on rétablît l'indépendance des tribunaux eccléfiaftiques, en fupprimant les appels comme d'abus.

L'AUTEUR.

A merveille.

LE GRAND-VICAIRE.

En troifieme lieu, il croit que le Clergé, dans tout les cas, ne devroit être jufticiable que du Clergé.

L'AUTEUR.

Encore mieux.

LE GRAND-VICAIRE.

Quatriemement, il lui paroît que les Evêchés font en trop grand nombre, & plufieurs d'un revenu trop modique ; ce qui dégrade l'Epifcopat.

L'AUTEUR.

Rien n'eft mieux penfé. Quel relief n'en reviendrois

pas au haut Clergé, fi, raſſemblé dans la Capitale, il y effaçoit la haute finance par l'éclat de ſa dépenſe!

LE GRAND-VICAIRE.

Cinquiémement, Monſeigneur projette, & a déja commencé d'établir dans ſon Dioceſe la méthode des promotions; c'eſt-à-dire, qu'il fait paſſer les Paſteurs inférieurs d'une cure à l'autre, de maniere que chaque promu ſe trouve plus riche qu'il n'étoit auparavant.

L'AUTEUR.

Cette méthode doit être très-bonne, puiſque, depuis long-temps, on en uſe à peu près ainſi à l'égard des premiers Paſteurs. Quelle émulation un auſſi bel établiſſement n'eſt-il pas capable de produire!

LE GRAND-VICAIRE.

Mais vous ſentez qu'il ne peut être que très-imparfait, tant que les Evêques ne nommeront pas à toutes les cures; & c'eſt auſſi pourquoi Monſeigneur projette, en ſixieme lieu, d'engager tout le Clergé à demander au Prince l'abolition du droit de patronnage.

L'AUTEUR.

J'y vois quelque difficulté : car chacun aime à jouir de ſes droits; & comme le patronnage laïc dérive preſque par-tout de la fondation du village faite anciennement par les propriétaires défricheurs, & enſuite de la fondation de la cure, il ſe pourroit trouver de mauvais plaiſants qui diroient : ſi l'on nous ôte le droit de choiſir notre Chapelain, nous n'en voulons plus avoir.

LE GRAND-VICAIRE.

Nul établissement n'est sans difficulté. Mais celle-ci sera facile à vaincre, dès qu'on fera intervenir l'autorité sans bornes du Souverain.

L'AUTEUR.

Très-bien. Qui voudroit en effet tenir compte d'un droit qui n'est pas divin?

LE GRAND-VICAIRE.

Ce n'est pas encore tout. Les promotions seroient toujours bornées, & le plus souvent produiroient accroissement de travail, avec augmentation de paye; ce qui en diminueroit l'effet. Or, comme rien n'est tel que l'encouragement, Monseigneur est d'avis, en huitieme lieu, qu'il faut encore abandonner à chaque Evêque la collation des bénéfices simples, qui ne font pas épiscopaux.

L'AUTEUR.

Qu'entend-il par bénéfices épiscopaux?

LE GRAND-VICAIRE.

Il entend tous ceux qui font d'un revenu considérable, quel qu'en soit le titre. Encore voudroit-il que deux ou trois de ceux-là fussent aussi à la disposition de l'Evêque, afin qu'il pût en gratifier ses coopérateurs, pour autant de temps qu'ils resteroient auprès de lui.

L'AUTEUR.

Vous pouvez bien faire de ceci un neuvieme point du projet. Quel est le dixieme? Car mon admiration s'accroit à chaque mot que vous dites.

LE GRAND-VICAIRE.

Je vous demande fur-tout le fecret pour ce dixieme article, quoiqu'il ne foit ni le moins jufte, ni le moins beau.

L'AUTEUR.

Vous n'êtes pas fage de me demander le fecret. En pareil cas, il faut commencer par inftruire & échauffer le public. La chaleur monte, & paffe jufqu'à la Cour.

LE GRAND-VICAIRE.

Cela eft très-bien dit. Voici donc ce que c'eft. Rien n'eft plus injufte que l'abus dont profitent des moines fainéants. Sous le vain nom de Curés primitifs, ils perçoivent de groffes dixmes, qui, par leur inftitution, appartiennent aux pafteurs laborieux.

L'AUTEUR.

Votre Evêque voudroit qu'on les rendît à ceux-ci.

LE GRAND-VICAIRE.

Affurément; & voici comme il raifonne : Tout le revenu eccléfiaftique d'un Diocefe appartient à l'Evêque; & c'eft à lui, quand il a pris fa part, à faire celle des Miniftres, avec qui il partage le travail. Si vous en doutez, lifez Grégoire de Tours & autres anciens, & en particulier les actes des Conciles.

L'AUTEUR.

Voilà une citation un peu vague; mais continuez.

LE GRAND-VICAIRE.

Il y auroit quelque difficulté, & peut-être quelqu'inconvénient à rétablir toutes chofes fur ce pied-là. Mais le meilleur moyen de s'en rapprocher, feroit de rendre aux Evêques toutes les dixmes dont ne jouiffent pas les Curés. Il les affermeroient à ceux-ci pour un prix modéré ; & l'argent qui en proviendroit, groffiroit en partie le revenu de l'Evêque, & en partie lui feroit un fonds fur lequel il donneroit des penfions à ceux qui les mériteroient le mieux.

L'A U T E U R.

Après cela, quel feroit le Curé qui ne feroit pas tous fes efforts pour captiver la bienveillance de fon Evêque ? Voilà affurément des idées impayables.

L E G R A N D - V I C A I R E.

Quand tout cela feroit fait, on verroit ce que l'on pourroit encore faire pour rendre au Clergé fon ancien luftre. Vous favez que tous les Evêques font originairement & effentiellement les Confeillers du Souverain, & que c'eft en partie pourquoi ils lui prêtent ferment.

L' A U T E U R.

J'entrevois où cette idée pourroit nous conduire. Ce n'eft pas la moins heureufe de celles que vous avez bien voulu me communiquer.

L E G R A N D - V I C A I R E.

Il y a encore l'article de la faifie du temporel qui demanderoit une réforme. De plus, il faudroit fonger à des moyens efficaces, d'étouffer les héréfies naiffantes, de réprimer efficacement la licence dans les paroles, les écrits & les mœurs, toutes chofes qui appar-

S iij

tiennent à la Religion, & devroient être l'objet de la police eccléfiaftique, ainfi que le prouve bien le peu d'ordre qui regne dans cette partie par la connivence des Magiftrats.

L'Auteur.

Serai-je bien vieux quand tout cela fera exécuté ?

Le Grand-Vicaire.

C'eft felon. Si Monfeigneur parvient à faire approuver fon plan par un grand nombre de fes confreres, qui n'y paroiffent nullement difpofés, vous verrez bientôt cet heureux changement. S'il faut attendre la mort de ces confreres difcoles, je crains bien que l'affaire ne traine.

L'Auteur.

Vous me mettez dans un grand embarras.

Le Grand-Vicaire.

Comment donc?

L'Auteur.

Si je favois que votre réforme fût prochaine, je prendrois tout-à-l'heure votre habit. Si je la favois éloignée d'une vingtaine d'années, je me marierois fur le champ, pour donner des Prêtres à l'Eglife. S'il faut l'attendre plus long-temps, comme je ne ferois pas fûr de décider la vocation de mes petits-fils, je ne prendrois ni femme, ni tonfure.

Le Grand-Vicaire.

Vous croyez donc qu'il fera alors bien avantageux d'être d'Eglife?

L'Auteur.

Tout auſſi avantageux, & peut-être plus, qu'il ne l'étoit dans les onzieme & douzieme ſiecles, ou dans le ſuivant. Quel dommage qu'un auſſi beau plan ait échappé aux Apôtres!

Le Grand-Vicaire.

De leur temps, l'exécution en étoit impoſſible. Mais je ne doute pas que l'un d'eux ne vit, par un eſprit prophétique, ce qui devoit arriver un jour, lorſqu'il diſoit que celui qui deſire l'Epiſcopat, deſire une bonne choſe.

L'Auteur.

Par l'Epiſcopat, vous entendez un Evêché, n'eſt-ce pas? Car vous ne vous ſoucieriez pas d'être Evêque *in partibus*.

Le Grand-Vicaire.

Non, aſſurément; & j'ai connu un de mes confreres qui avoit refuſé un Evêché très-réel, parce qu'il étoit trop loin de la Capitale, & d'un revenu trop modique.

L'Auteur.

A l'aide d'une diſtinction, ce Grand-Vicaire-là expliquoit très-bien ſon Saint Paul.

Le Grand-Vicaire.

Quand un Evêché ne vaut rien, ce ſeroit une ſotte vanité de le deſirer.

L'Auteur.

Cependant tous les Evêques ſont également Princes

de l'Eglife; & fi leur Miniftere eft faint, s'il eft plus
augufte que celui des Rois, comme on le difoit dans
ces fiecles que vous regrettez; fi, après l'avoir exercé
dignement fur la terre, on eft fûr d'une place diftinguée
dans le ciel, parce qu'il porte avec lui un caractere in-
délébile, comment quelque revenu de plus ou de moins
peut-il faire defirer l'Epifcopat, ou le faire dédaigner?
Pour un homme qui feroit fûr de mériter ce caractere
facré, ne devroit-il pas être l'objet d'une fainte ambition, dût une mort prompte & cruelle attendre le nouvel Evêque à l'iffue de fon facre?

LE GRAND-VICAIRE.

Hélas! : ... vous avez raifon, fi nous envifageons
les chofes du côté de l'éternité. Mais ce n'eft pas ainfi
que l'on penfe aujourd'hui.

L'AUTEUR.

Vous dites pourtant que vous êtes nos guides dans
la voie du falut, & fans ceffe vous nous rappellez à
la confidération des biens éternels pour nous détacher
de ceux de ce monde, & pour nous faire fentir la fu-
blimité de vos fonctions, l'éminence de votre dignité,
& la grandeur de nos obligations envers nous; &
vous-même vous détournez les yeux de ces grands objets, pour vous remplir de penfées qui ne font pas
celles de Dieu, pour vous appuyer fur un bras de
chair, ou fur un rofeau qui vous percera la main, ou,
ce qui eft la même chofe, pour rechercher des moyens
humains, pour fubftituer à l'édifice de foi & de charité
dont vous devriez être les architectes & le faîte, un édi-

fice de paffions & de vues mondaines, d'avidité, d'ambition, de vanité, d'émulation profane, de fauffe gloire, toutes chofes qui font incompatibles avec les vrais fondements de votre grandeur! N'eft-ce pas-là la paille que le vent emporte, & que le feu dévore? N'eft-ce pas-là le fel qui a perdu fa force, & qui doit être foulé aux pieds?

LE GRAND-VICAIRE.

Vous me faites trembler, Monfieur; car c'eft-là ce que l'on m'avoit appris dans la maifon de mon pere, & ce que j'ai oublié depuis que l'ambition a rempli mon ame. Il me femble en effet que fi nous ne fommes pas affez pénétrés de la vérité & de la dignité de la Religion, pour qu'il nous fuffife d'être grands par elle, nous enfeignons aux hommes, ou l'incrédulité, ou cette tiédeur de foi qui en approche, & nous nous expofons à tout leur mépris; car dès-lors nous fommes des charlatans qui vantons & donnons à très-haut prix des drogues que nous ne prenons pas.

L'AUTEUR.

Voilà un aveu qui me furprend, autant qu'il me confirme dans mon opinion.

LE GRAND-VICAIRE.

Quelle eft-elle, je vous prie?

L'AUTEUR.

Que la fageffe humaine a défiguré & prefque détruit l'ouvrage de la fageffe de Dieu.

Le Grand-Vicaire.

Expliquez-vous, de grace.

L'Auteur.

Deux moyens vous ont été donnés pour faire votre salut, & travailler au nôtre : la foi, qui est l'objet du ministere de la parole ; & la charité, qui est l'ame de la Religion. Deux vertus vous ont été recommandées par votre Chef ; la patience & l'humilité. Vous avez pris le parti de ne pas croire en Dieu, puisque vous ne comptez pas sur ses promesses. Vous avez relégué la charité dans le cœur des simples fideles, pour en profiter. A la patience, vous avez substitué la vengeance, qui terrasse tout ce qui vous fait ombrage ; à l'humilité, la hauteur, la fierté, & tout le faste des pompes de ce monde. La foi & la charité réunies devoient vous animer d'un saint zele pour la maison de Dieu : vous n'avez plus de zele que par intérêt, & pour maintenir la foi, parce qu'elle vous est utile ; & votre zele est sans charité, parce qu'il ne naît pas de la foi.

Le Grand-Vicaire.

Ne prononcez pas contre tous un arrêt si terrible ; il est encore de dignes Pasteurs.

L'Auteur.

Il en est, je le sais ; mais ils sont en petit nombre, & ceux-là même sont entraînés par le torrent des préjugés, tant sont puissants l'éducation & l'exemple. Ils croyent qu'un peu de grandeur temporelle, un peu de faste, qu'ils appellent décence, un peu d'autorité féculiere, pour réprimer & intimider, font des moyens humains à la vérité, mais qu'il ne faut pas négliger, & ils ne confiderent pas que l'Evangile eft faux, ou que tout cela n'eft que vanité; que l'Evangile eft faux, ou que le travail & les fouffrances, l'humiliation, la pauvreté, font préférables à l'aifance, la délicateffe, la gloire mondaine & l'opulence. Lors donc qu'ils attachent quelque prix à ces chofes, lorfqu'ils y mettent une partie de leur confiance, n'eft-il pas clair qu'ils doutent de l'Evangile, & ne nous prêchent-ils pas l'incrédulité ?

LE GRAND-VICAIRE.

Mais encore voudriez-vous les ramener à la condition des Apôtres ?

L'AUTEUR.

Ce n'eft pas à moi à les y ramener : c'eft à eux à s'en rapprocher; c'eft à eux à faire effort pour qu'on ne les en éloigne pas; c'eft à eux à jouir, comme ne jouiffant pas. Ce n'eft point à eux à fe méfier de leur miffion, & de la promeffe qui leur a été faite. S'ils voyoient Jefus-Chrift avec eux & avec leurs Succeffeurs, jufqu'à la confommation des fiecles, ils banniroient ces inquiétudes également impies & fcandaleufes, qui prouvent trop la médiocrité de leur foi. Ils dédaigneroient les moyens humains; ils ne chercheroient point à faire du Clergé un corps politique, ni une milice terreftre.

LE GRAND-VICAIRE.

Je croyois que vous approuviez le plan de Monseigneur, qui tend à mettre cette milice sur un pied semblable à celui de nos armées, ou même plus parfait encore : mais je vois à présent que je me suis bien trompé ; vous êtes trop dangereux.

L'AUTEUR.

J'ai voulu voir jusqu'où pouvoit égarer l'oubli des principes, & quel édifice pouvoit élever la sagesse humaine sur un fonds qui lui est étranger. Prenez le contre-pied des maximes de votre Evêque, & vous approcherez des véritables.

LE GRAND-VICAIRE.

Vous allez me faire perdre ma place ; car Saint Pierre ni Saint Paul n'avoient point de grands-Vicaires.

L'AUTEUR.

Soyez tranquille. Nous ne sommes pas au temps de Néron ; & la Religion dont vous êtes les Ministres, est la Religion dominante de cet Empire. Je veux que vous soyez animés du même Esprit qui anima les Apôtres ; mais je ne veux pas que mon Souverain soit pour vous un Néron ou un Caligula.

LE GRAND-VICAIRE.

Comment arrangez-vous tout cela ?

L'AUTEUR.

Le mieux du monde, ce me semble. Ecoutez. Au temps des Apôtres, la Religion qu'ils préchoient n'é-

toit pas la Religion dominante de l'Empire, n'est-ce
pas ?

LE GRAND-VICAIRE.

Celà est évident.

L'AUTEUR.

Ainsi les Apôtres n'étoient dans l'ordre civil que
des Juifs, faisant partie d'un peuple subjugué & asservi.

LE GRAND-VICAIRE.

Il faut bien le croire.

L'AUTEUR.

Ainsi, à cela près qu'ils étoient sujets, obligés à
l'obéissance & au tribut, ils n'étoient que les Ministres de Jesus-Christ, & les Pasteurs des fideles.

LE GRAND-VICAIRE.

Précisément.

L'AUTEUR.

En cette qualité, ils étoient le jouet du monde, &
les Ministres du Très-Haut.

LE GRAND-VICAIRE.

Vous dites bien.

L'AUTEUR.

C'est donc sous cette époque qu'il faut considérer le
ministere sacré, pour voir distinctement ce qui lui est
essentiel, & ce qui lui est accidentel, de quoi il a besoin,
& de quoi il peut se passer.

LE GRAND-VICAIRE.

J'en tombe d'accord.

L'A U T E U R.

Vous conviendrez auſſi qu'en la même qualité, vous avez les mêmes moyens, & devez avoir les mêmes ſentiments qu'avoient les Apôtres.

LE GRAND-VICAIRE.

Je ne puis le nier.

L'A U T E U R.

Vous conviendrez encore qu'à cette qualité près ; vous êtes de ſimples citoyens, & que votre eſprit doit être celui de votre état conſtitutif.

LE GRAND-VICAIRE.

Je dois auſſi en convenir.

L'A U T E U R.

Ainſi vous n'êtes que ce qu'étoient les Apôtres, & vous ne devez faire & deſirer que ce qu'ils faiſoient & deſiroient, puiſque, de votre côté, il n'y a que Sacerdoce & Apoſtolat ; ce qui n'emporte eſſentiellement aucune conſéquence que n'ayent emportée les mêmes fonctions & les mêmes ſentiments dans la perſonne des Apôtres.

LE GRAND-VICAIRE.

Que concluez-vous delà ?

L'A U T E U R.

J'en conclus que, de votre côté, tout eſt en regle, quand vous penſez, agiſſez, & vivez apoſtoliquement.

LE GRAND-VICAIRE.

Je ne vois pas comment je pourrois nier le principe ou la conséquence ?

L'AUTEUR.

Mais maintenant, la Religion, dont vous êtes les Ministres, est la Religion dominante ; ce qui ne vous donne aucun droit de plus : car vos droits font fondés fur votre miffion, & ne doivent rien avoir d'accidentel. Or, c'est un accident que votre Religion foit celle de l'Etat.

LE GRAND-VICAIRE.

Cela me paroit ainfi.

L'AUTEUR.

Vos droits reftant donc les mêmes, votre état peut changer, & ce doit être, pour ainfi dire, malgré vous, puifqu'il vous est défendu de defirer ce changement.

LE GRAND-VICAIRE.

En quoi notre condition peut-elle changer ?

L'AUTEUR.

En ce que le Magiftrat politique peut avoir de bonnes raifons pour vous prefcrire des chofes qui vous foient indifférentes, auxquelles vous deviez vous foumettre, comme citoyens, & qu'il croye utiles à la fociété.

LE GRAND-VICAIRE.

Comment cela ?

L'A u t e u r.

Qui dit une Religion dominante, dit une Religion
relâchée dans le grand nombre de ceux qui la profes-
sent. Or, si elle est relâchée, elle n'a plus, pour la
plupart, toute l'énergie qu'elle devroit avoir. Par exemple, le petit peuple, qui croit foiblement, & par habitude, mais qui fait grand cas des richesses, sur-tout
dans ceux de qui il espere du secours ; le petit peuple, dis-je, pourroit ne pas écouter, méprifer même
un pasteur indigent, & respectera celui qui fera à son
aise. Où la Religion chrétienne n'est pas dominante,
comme au temps des Apôtres, tant pis pour celui qui
n'écoute pas, il ne devient pas Chrétien ou cesse de
l'être ; mais il a une autre Religion reconnue & avouée
du Magistrat. Ici, qui n'est pas Chrétien, n'est rien.
L'Etat a donc intérêt que le peuple écoute, croye &
se soumette par quelque motif & quelque moyen que
ce soit. Cet intérêt-là n'est pas le vôtre ; car il ne vous
faut que de vrais croyants, puisqu'il n'y a que ceux-
là qui fassent leur salut, objet unique de votre ministere : mais l'intérêt de l'Etat ne répugne point au vôtre.
Vous devez donc, par obéissance, entrer dans ses vues,
& consentir à être Magistrats pour les Chrétiens qui
le sont, parce qu'ils ne savent pas être autre chose,
tandis que vous êtes Prêtres & Pasteurs pour les vrais
croyants. Pour ceux-ci, vous êtes ce qu'étoient les
Apôtres pour ceux qu'ils avoient convertis ; pour les
autres, vous serez ce qu'étoient les Prêtres payens pour
ceux qui ne se convertissoient pas.

                                          L x

LE GRAND-VICAIRE.

Toute la différence fera, qu'il y avoit alors deux Religions, tandis qu'aujourd'hui il n'y en a qu'une, mais différemment profeſſée.

L'AUTEUR.

Vous avez bien faiſi ma penſée. Or, en qualité de Magiſtrats, vous êtes fous la direction du Souverain ; & comme tels encore, vous devez accepter, quoiqu'avec une forte de honte, ce qui eſt néceſſaire à des Magiſtrats, pour qu'ils en impoſent aux peuples.

LE GRAND-VICAIRE.

Pourquoi devons-nous avoir honte des bienfaits du Souverain ?

L'AUTEUR.

Parce qu'ils ſuppoſent que votre miſſion n'eſt pas heureuſe, en prouvant l'imperfection de la foi dans vos ouailles ; parce que ce font des ornements étrangers qui vous défigurent ; & parce qu'enfin il eſt honteux pour vous que l'Etat ait beſoin de fe mettre en frais, pour vous concilier le reſpect & l'attention des fideles. Je dirai même plus ; c'eſt que les bienfaits du Souverain doivent vous faire trembler.

LE GRAND-VICAIRE.

Cela peut être, mais cela n'eſt pas.

L'AUTEUR.

Vous êtes hommes & ſoibles, capables d'erreur & de relâchement, & il eſt à craindre que l'alliance des moyens humains avec les moyens divins, ne diminue

votre confiance dans ceux-ci ; que l'esprit de votre
état n'en soit altéré, & que votre cœur ne se corrompe. Je dis plus : c'est qu'où l'Etat gagne, vous perdez ;
car en acceptant des richesses, en vivant dans l'aisance
& le faste, vous ne prêchez plus d'exemple, & vous
affoiblissez vos paroles.

Le Grand-Vicaire.

Voilà de dures vérités.

L'Auteur.

Concluez-en que ce n'est jamais à vous à réclamer
les biens temporels ; que c'est par un abus très-grand
que vous avez été chargés de maintenir l'intégrité de
vos bénéfices ; que ce soin devoit être abandonné au
ministere public, parce que c'est un domaine public ;
que vous êtes sans intérêt dans les arrangements que
l'on peut faire par rapport à vos biens, & que c'est à
la société politique à voir si elle ne se nuit pas à elle-
même, en vous appauvrissant ou en vous enrichissant
outre mesure.

Elle vous a fait Magistrats malgré vous : soyez toujours prêts à donner votre démission, pour n'être plus
que Pasteurs ; & si jamais elle vous débarrasse du fardeau qui vous accable, remerciez-la de ce qu'elle vous
a rendus tout entiers à votre état. Si vous avez la foi
que vous exigez de nous, ce ne sera pas un sacrifice
pour vous.

Le Grand-Vicaire.

Je n'ai pas compté sur une pareille révolution, quand
j'ai choisi le Seigneur pour mon partage.

L'Auteur.

Vous avez compté, au contraire, que tout le reste vous seroit donné comme par surcroît. Mais ne craignez rien. Si la société est sage, elle ne vous remerciera point de vos services. Elle a besoin de vous, & elle continuera à exiger de votre obéissance, que vous ne ressembliez pas en tout aux Apôtres. Mais comme elle a des chefs qui connoissent l'esprit de la Religion, ne désespérez pas qu'elle ne prenne des mesures pour rétablir cet esprit dans votre ordre, en écartant de lui, autant qu'il est possible, tout ce qui pourroit y entretenir ce système de passions mondaines & de vues politiques qui l'a dégradé, & que votre Evêque paroît vouloir affermir par une législation insensée.

Le Grand-Vicaire.

Vous avez raison d'en parler ainsi, en partant de vos principes que je crois très-bons. Mais ne faut-il pas prendre les hommes comme ils sont ? Et quand, d'un côté, il faut au peuple un faste imposant, & que, de l'autre, il est si rare de trouver des sujets animés d'un vrai zele, sans mélange d'ambition & d'avidité, n'est-il pas mieux de condescendre à la foiblesse humaine, que de supposer la vertu & la raison où elles ne sont pas?

L'Auteur.

Vous me permettrez, Monsieur, d'être d'un avis différent du vôtre sur ces deux points. L'éclat & le faste en imposent au peuple, mais ce n'est point lorsqu'ils sont déplacés. Quoique sa raison soit quelquefois en défaut, il la retrouve pour critiquer amérement & l'homme nouveau qui tranche du grand Seigneur, & le Prêtre orgueilleux ou avare, & l'Evêque qui, au-lieu de foulager les pauvres, dépenfe pour fa table, fes équipages & fes domeftiques, plus qu'il ne lui en coûteroit pour relever cent familles indigentes.

Croyez-vous que le peuple ait jamais méprifé un Evêque, lorfqu'il l'a vu remplir exactement toutes les fonctions de fon miniftere; maintenir une difcipline févere dans fon Clergé; foulager les malheureux; fe dépouiller pour les vêtir; aller à pied chez les malades, lorfqu'il avoit vendu fes chevaux, pour réparer l'infortuné d'une famille; intercéder avec difcernement pour les opprimés; réconcilier les ennemis; rétablir la paix dans les familles, fans en vouloir pénétrer les fecrets; enfin, fe faire tout à tous pour gagner tous les cœurs, & les donner à celui dont il eft le Vicaire fur la terre? Si jamais le peuple a méprifé un tel homme, je paffe condamnation fur le premier article.

Quant au fecond, qui intéreffe l'honneur du Clergé, j'ofe avancer que ce n'eft pas le cas de dire qu'il faut prendre les hommes comme ils font, & je fubftitue à cette maxime, qui eft vraie dans un autre fens, cette autre maxime, que je crois beaucoup meilleure ici, qu'il faut faire les hommes tels qu'ils doivent être.

On ne nait pas clerc, n'eft-ce pas? Il y a donc un choix à faire entre les fujets qui peuvent le devenir; & quand on a commencé à les former, il y a encore un choix à faire entre ceux dont la vocation eft décidée ou équivoque. Lorfque leurs talents & leurs inclina-

tions commencent à se développer, il reste un quatrieme choix à faire entre les hommes & les différents emplois qu'on en peut faire. Or, si ces quatre choix sont
bien faits, & que l'éducation qui les dévance, soit
bonne, je vous suis caution que le Clergé sera tel qu'il
doit être, & non tel qu'il peut être, suivant la méthode
que l'on suit aujourd'hui.

LE GRAND-VICAIRE.

Ceci demanderoit des établissements qui nous manquent, & un plan que nous n'avons pas davantage.

L'AUTEUR.

J'en conviens ; mais encore faut-il savoir de quoi on
a besoin, & ne pas désespérer d'un ordre aussi nécessaire
& aussi respectable que l'est le Clergé. Or, c'est en
désespérer, que de convenir de ses imperfections, & de
n'en pas chercher le remede, sous prétexte qu'il faut
prendre les hommes tels qu'ils sont.

LE GRAND-VICAIRE.

A la difficulté de dresser un bon plan, se joindra celle
de l'exécuter, qui me paroît encore plus grande. Que
d'obstacles à surmonter de la part du Clergé même, de
la part du Magistrat ou de la Cour, & même de la
part des particuliers! Où trouvera-t-on les fonds? Car
il en faut. Où prendra-t-on les maîtres, dignes de former des éleves tels que vous les desiriez ? Comment
s'assurera-t-on que de loix nouvelles ne naîtront pas
de nouveaux abus?

L'AUTEUR.

Je sens que vos craintes sont fondées, & qu'il fau-

droit un courage & une patience apoſtolique pour ſur-
monter la multitude d'obſtacles que j'entrevois comme
vous. Mais l'importance de l'objet doit tenir lieu d'eſpérance. Laiſſez-moi le temps d'y penſer. Peut-être
trouverai-je un plan qui pourra être l'eſquiſſe de celui
que vous deſirez. Ce ſera toujours autant de fait. Si,
après l'avoir bien diſcuté, nous en ſommes contents
tous les deux, nous le publierons, & nous verrons ce
que le Public en penſera. Aujourd'hui qu'on écrit ſur
toutes ſortes de matieres, pourquoi ne nous ſeroit-il
pas auſſi permis de haſarder nos idées ſur celle-là ?

LE GRAND-VICAIRE.

J'y conſens, pourvu que je ne ſois pas nommé ; car
ſi la réforme n'a pas lieu, au moins veux-je faire mon
chemin comme les autres.

L'AUTEUR.

A la bonne heure. Allez rejoindre votre Evêque ; &
moi j'irai critiquer ſon plan, & préparer le nôtre.

CHAPITRE VIII.

Des perſonnes & des biens eccléſiaſtiques, ſuivant un plan conſéquent à l'hypotheſe d'une réforme générale, telle qu'elle a été propoſée.

APRÈS que les jeunes gens deſtinés aux profeſſions ſavantes, la cléricature, la juriſprudence & la médecine, auront fini les deux années d'études qui doivent ſuivre la vacance d'un an que je leur ai accordée, non-ſeulement leur vocation devra être bien décidée par l'examen qui en aura été répété à l'académie, au College provincial, & dans le ſein de leur famille, mais auſſi on aura pu s'aſſurer de leurs talents & de leurs qualités; en ſorte qu'avec un diſcernement ordinaire, il aura été facile de fixer leur deſtination.

Mais ici doit commencer, pour les Clercs, l'exercice de l'autorité épiſcopale, & voici par où il commencera.

Au commencement des trois derniers mois de la derniere année d'études dans l'Univerſité, tous les Evêques qui y auront leurs diocéſains, enverront chacun un homme de confiance pour examiner les Clercs candidats.

Ces députés, ſans faire un examen en forme, paſſeront tous les trois mois avec les éleves, ſans diſ-

T iv

tinction de Diocese, parce qu'ils feront le confeil les uns des autres, & devront, par conféquent, connoître chacun tous les éleves. Au bout du premier mois, ils s'affembleront avec les chefs du College, tous les vétérans & les profeffeurs, fous qui les éleves auront étudié, & formeront une délibération préparatoire fur la deftination de ces éleves. Ils continueront de vivre avec eux pendant le mois fuivant; & au bout de ce temps, ils délibereront encore entre eux. Mais la délibération finie, ils feront appeller tous les éleves, les uns après les autres, & le plus âgé des examinateurs leur dira ce qu'il penfe de leur vocation, & leur demandera fi telle eft auffi leur inclination. S'ils répondent affirmativement, on infcrira leur nom dans le rôle de cette deftination; finon on les priera de dire à quoi ils fe croyent le plus de difpofitions. Leur réponfe fera infcrite dans un rôle particulier, avec l'avis du Confeil d'examen.

Ce rôle fera celui des vocations douteufes, & ce fera à le réformer que fera employé le mois fuivant, & principalement la troifieme délibération, qui fera la clôture des trois mois d'examen.

Quand tout fera réglé, chaque député prendra un extrait des regiftres, & conduira fes con-diocéfains à leur Evêque. Celui-ci les recevra avec bonté, s'entretiendra avec tous, les admettra à fa table, & les conduira lui-même dans le Séminaire, où il leur affignera à chacun fon logement.

Je dois dire ici ce que j'entends par les différentes deftinations des jeunes gens, qui feront également deftinés à la cléricature.

Ce qu'on appelle grades & promotions doit être inconnu dans la hiérarchie, parce que tout y eſt égal, hors le caractere qui n'a ſa plénitude que dans les Evèques. Ainſi la promotion ne pourroit être que d'un bénéfice à un autre, ou d'un titre à un autre; ce qui entretiendroit néceſſairement ou feroit naitre l'ambition & l'avidité.

Il y a encore une autre raiſon pour laquelle cette maxime doit être conſacrée par la loi & par la pratique la plus conſtante. C'eſt que chaque miniſtere eſt de la plus grande importance, & doit être auſſi-bien rempli qu'il eſt poſſible. Il n'y a donc pas lieu à tirer un homme d'un emploi dont il s'acquitte bien, pour lui en donner un autre dont il s'acquitteroit bien auſſi. Une troiſieme raiſon, qui vient à l'appui de cette maxime, & qui en même-temps peut y motiver des exceptions, mais très-rares, c'eſt que chaque emploi différent demande des talents différents. Ainſi à moins qu'il n'y ait eu erreur dans les examens, chacun doit reſter dans la place pour laquelle il a été reconnu avoir des talents décidés, & non-ſeulement des talents, mais cette tournure d'eſprit qui en eſt preſqu'indépendante.

Les différentes deſtinations doivent donc être relatives à ces deux choſes. J'en compte ſept.

La premiere ſera pour les cures, & devra être la plus générale; la ſeconde ſera pour les Chapitres, & ne conviendra pas à un auſſi grand nombre de ſujets; la troiſieme ſera pour le miniſtere le plus actif, & comprendra les orateurs des cantons & leurs Vicaires, lesquels feront les Aumôniers des guerriers du canton, lorsqu'ils feront campagne, en paix ou en guerre; la quatrieme aura pour objet les fonctions épiscopales, ou d'infpection générale, ou les grands-vicariats; la cinquieme fera pour la Cour, & on nommera Aumôniers ceux qui y feront appellés; la fixieme, qui fe confondra avec les deux précédentes, fera pour l'Epifcopat; mais on n'en fera point un rôle; la feptieme fera pour l'érudition ou la fcience, & fe confondra dans celle des Chanoines; car on préndra parmi eux les Profeffeurs de théologie & les Supérieurs des Séminaires.

Il y aura donc cinq deftinations différentes, dont on tiendra des rôles particuliers. Voici maintenant quel fera l'ordre des épreuves & des fonctions.

Nul Prêtre ne fortira du Séminaire que pour être Vicaire d'une paroiffe, quelle que foit fa deftination, & il le fera pendant un an entier, ou même plus long-temps, s'il ne vaque pas au bout de l'an une des places auxquelles il aura été deftiné. Cette épreuve fera très-utile à ceux mêmes qui feront capables des fonctions générales, ou des emplois actifs.

Les Prêtres, qui auront été filleuls, & fur qui les parreins auront confervé leurs droits, refteront Vicaires, jufqu'à ce que ceux-ci ou les placent par droit de patronnage, ou déclarent ne pas s'oppofer à leur vocation. Il arrivera quelquefois qu'à l'occafion de l'examen, qui fera fait dans l'Univerfité, les parreins renonceront à leur droit, & ce fera lorfque les heureufes difpofitions des filleuls leur marqueront une deftination supérieure; mais le devoir des filleuls sera de ne point extorquer cette renonciation, & ils devront d'autant moins le faire, que leur vraie destination sera notée sur les regiftres, & qu'avant l'âge de quarante ans, ils feront toujours à temps de la reprendre, fi leurs parreins y confentent.

Je dirai un mot ici de chacun des miniſteres qui feront l'objet des fept vocations dont je viens de faire le dénombrement.

Le miniſtere des Curés eſt, à bien des égards, le plus important de tous, & celui qui demande les talents les moins extraordinaires. L'ambition ne doit point trouver d'entrée dans leur ame ; & où trouve-t-on des cœurs qui en foient exempts, lorfqu'une grande capacité paroît l'autorifer !

Ce ne feront donc ni des hommes de génie, ni des gens très-favants, ni des efprits actifs & inquiets, que l'on choifira pour leur confier le foin immédiat des ames. De bonnes études, jointes à de bonnes mœurs, & fur-tout à une affiette d'ame tranquille, feront les qualités effentielles que l'on recherchera dans ces Paſteurs fubalternes. Le zele ne leur manquera pas, quand ils feront vertueux, & qu'on leur aura ôté toute occafion de tourner vers des objets temporels, cette portion d'activité qui eſt dans l'ame de tous les hommes, à moins qu'ils ne foient ou imbécilles ou hypocondres.

Dans le Séminaire épifcopal, & même plutôt, ils auront appris le jardinage, un peu de pharmacie & de médecine, & la théorie de l'agriculture. La fcience & le goût du jardinage leur procureront un amufement utile ;

les autres connoiſſances dont je viens de parler, auront l'avantage plus grand encore de les rendre utiles à leurs paroiſſiens. Ils n'auront d'ailleurs aucun uſage à faire pour eux-mêmes de la théorie de l'agriculture, parce qu'aucun d'eux ne poſſédera de biens-fonds, s'il n'en a pas hérité de ſes parents. Mais tous auront un jardin aſſez étendu pour fournir abondamment leur ménage de toutes ſortes de légumes. Ils auront de plus un en-clos ou verger planté d'arbres fruitiers, & aſſez étendu pour que l'herbe qui y croîtra, les mette à l'abri de manquer de laitage, ou de l'acheter.

Tel ſera le domaine des presbyteres, dans les Paroiſ-ſes où les Curés ne ſeront pas obligés d'entretenir un cheval. Car s'ils en doivent avoir un, il faudra qu'ils trouvent ſur leur fonds de quoi le nourrir pendant toute l'année, le grain non compris.

Dans les Paroiſſes où le Curé n'aura point de cheval, la communauté, y compris le Seigneur, au prorata de ſon fonds, fourniront en nature pour le presbytere au-tant de bled qu'il en faudra pour la nourriture de cinq perſonnes pendant toute l'année ; & ainſi pour deux perſonnes de plus qu'il n'y en aura communément dans le presbytere. Le ſurplus ſera deſtiné aux hôtes que le Curé pourra recevoir, & aux malades qui ſeront reçus dans l'hôpital joint à chaque presbytere.

Dans les autres Paroiſſes, on donnera du bled pour ſept perſonnes ; & en ſus, autant de paille & d'avoine qu'un bon payſan du lieu en donnera par an pour un cheval.

S'il y a un Vicaire, comme il vivra avec le Curé,

en augmentera d'une portion, la provision de bled;
de trois, s'il y a deux Vicaires; de quatre, s'il y en a
trois.

Ce qui restera au Curé de ses provisions, ou il le
gardera pour l'année suivante, ou il le donnera. Mais
il ne vendra jamais rien, si ce n'est son cheval, s'il
veut s'en défaire, pour en acheter un autre.

Si, ayant droit d'avoir un cheval, il n'en veut point
avoir, on ne lui donnera rien pour le nourrir, & le
fourrage qui croîtra dans son enclos, sera à la disposition de la communauté. Car il ne devra pas se faire un
profit de la fatigue qu'il sera en état de supporter.

Il est déja entendu que les dixmes seront supprimées,
au-lieu de quoi la communauté donnera à chaque Curé
qui n'aura ni Vicaire, ni monture, une pension annuelle équivalente à quatre salaires annuels d'un journalier; à celui qui aura une monture, sans Vicaire, la
valeur de cinq salaires; à celui qui aura un Vicaire sans
monture, la même chose; à celui qui aura l'un & l'autre, un salaire de plus; à celui qui aura deux Vicaires,
huit salaires; à celui qui en aura trois, neuf salaires.

Chaque Vicaire aura un salaire & demi pour son entretien & ses aumônes.

Au-lieu des dixmes, chaque communauté rustique,
y compris le Seigneur, payera à la communauté régionnaire une taxe au marc la livre de la contribution
royale, dont le produit devra suffire pour l'entretien
de tous les Curés du district.

Un Noble recevra toujours la pension, parce qu'il
aura renoncé à son patrimoine, du moment où il aura

été nommé à une cure. Mais s'il a une penſion équivalente à deux ſalaires pendant ſon vicariat, il ne recevra point la penſion de Vicaire.

Un aiſé la recevra, quoiqu'il ait du bien ; mais dès
qu'il ſera Curé, ou il ne recevra plus de penſion, ſi
ſon revenu propre égale ou ſurpaſſe ce qu'il devroit
recevoir, ou il n'en recevra qu'autant qu'il ſera néceſſaire pour qu'il ait le revenu légal.

Le filleul aura ſucceſſivement l'une & l'autre penſion. Ce que la communauté régionnaire épargnera ſur
les penſions, reſtera dans la caiſſe eccléſiaſtique, pour
ſubvenir aux dépenſes imprévues, comme ſeroient celles qu'occaſionneroit un incendie, ou la réédification
néceſſaire d'une Egliſe ou d'un presbytere. Les moindres
réparations ſeroient à la charge de chaque Paroiſſe.

Comme il n'y aura aucune différence réelle entre les
cures quant au revenu, il n'y aura pas lieu aux muta-
tions, ni permutations. Mais, par cette raiſon même,
elles ne ſeront pas défendues, certaines circonſtances
pouvant les rendre ou utiles ou néceſſaires.

Un Curé vieux & infirme reſtera ſans cure; & s'il
eſt hors d'état de faire ſes fonctions, on lui donnera
un Vicaire, s'il n'en a point ; ou un Vicaire de plus,
s'il en a déja un, & qu'un ſecond ſoit jugé néceſſaire.
En pareil cas, le Vicaire unique ou le premier Vicaire deviendra perpétuel avec l'addition d'un ſalaire,
s'il eſt dans le cas de le recevoir.

Celui ou ceux qui l'auront nommé Vicaire, ſeront
obligés, lorſque ſa commiſſion viendra à finir, de lui
donner ou la même cure, ou une autre, afin qu'il

n'ait pas à souffrir de l'emploi qu'il aura fait de sa jeu-
nesse.

Pour l'ordinaire, la plus haute dignité à laquelle
pourra parvenir un Curé, sera celle de Doyen rural.
Il n'y aura d'exception à cette regle que dans des cas
singuliers, tels que la vocation immédiate du Souverain,
le concours de l'Evêque & du Chapitre pour appeller
un Curé à un canonicat, & le faire passer delà au grand-
vicariat, ou à une chaire de Professeur, ou bien à la
direction d'un Séminaire.

Je me suis étendu sur l'état des Curés, parce qu'il
est de la plus grande importance que ce corps soit bien
composé & animé de l'esprit qui lui convient.

On doit remarquer, au reste, que tous ceux dont
j'ai parlé jusqu'ici, auront passé par les académies des
cantons, & par les Universités, & subi plusieurs examens devant des personnes de tout état, avant d'entrer au Séminaire. On ne trouvera donc point que
j'exige trop de ces hommes choisis, si je veux qu'ils
soient aussi éloignés de la grossiéreté que de la frivolité
de l'ambition ; qu'ils soient assez versés dans les sciences, & sur-tout dans la connoissance des hommes,
des mœurs & des loix, pour que leurs prédications &
leurs instructions familieres, sans s'éloigner du véritable esprit de la Religion, s'accordent aussi parfaitement
avec celui de la constitution. Ils éviteront sans peine
ces déclamations, qui n'ont de fondement que dans une
fausse interprétation de l'écriture & de la morale évangélique, & qui ne servent qu'à confondre les limites
des conditions, à détruire la balance des devoirs, à

mécontenter une partie des citoyens, & à rendre les autres odieux.

Après ce que j'ai dit de la différence & de la deſtination des conditions, je n'ai pas beſoin, pour me faire entendre, d'entrer là-deſſus dans un plus grand détail.

Au reſte, on épargnera aux Curés le ſoin pénible, & preſque toujours infructueux, d'inculquer aux enfants les premiers éléments de la Religion.

Ce ſeront ſur-tout les meres, nobles & autres, qui ſeront chargées de ce ſoin; elles en ſeront plus capables que leurs maris, & plus auſſi que le Curé.

Outre que la piété dont elles ſont plus ſuſceptibles que les hommes, les engagera à ne pas négliger ce devoir important, leur amour-propre y ſera intéreſſé, puiſque, ſi leurs enfants ſont mal inſtruits pour leur âge, lorſqu'ils ſeront admis aux inſtructions communes, la honte en rejaillira ſur elles.

Les enfants des Nobles ne ſeront point diſpenſés de ſe trouver à ces inſtructions, où leurs meres les conduiront, dès qu'ils ſeront en âge. Mais les Curés obſerveront de ménager ces enfants dans les queſtions qu'ils leur feront, par deux raiſons très-ſolides. La premiere eſt, qu'il ne conviendroit pas de les confondre devant les autres enfants, qui doivent apprendre de bonne heure à les croire meilleurs qu'eux; la ſeconde, que s'il arrivoit ſouvent que les enfants des Nobles fuſſent plus mal inſtruits que les autres, ce ne ſeroit plus une honte pour les parents de ceux-ci de les avoir négligés, & qu'ils en concluroient plutôt au peu d'importance de ce devoir.

Le

Le meilleur moyen d'éviter cet inconvénient, sera, sans doute, que les enfants des Nobles soient en effet mieux instruits que les autres du même âge; mais un autre moyen peut-être plus sûr encore, sera que le Curé les prépare en particulier aux instructions communes. Ce que je dis ici des Nobles doit aussi s'entendre des aisés, par les mêmes raisons. L'âge où les enfants devront être admis aux instructions communes, sera celui de sept ans pour les filles, & de huit pour les garçons.

Je n'en dirai pas davantage sur cette premiere destination des clercs; mais avant de quitter cette matiere, je dois dire un mot d'une vocation qui deviendra peut-être nécessaire.

Jusqu'ici je n'ai admis dans le Clergé que les Nobles, les aisés & les filleuls, qui tous auront passé par les académies. Il est pourtant possible qu'il n'en sorte pas assez de sujets pour remplir toutes les places qui devront l'être : car je n'en admets point d'inutiles.

Ce sera aux Evêques à prévoir ce cas, & à prendre de justes mesures pour le prévenir. Ils en auront un sûr moyen dans la permission qui leur sera accordée, de choisir dans toutes les classes, hors celles de Nobles, des aisés & des cultivateurs, autant de sujets qu'il pourroit leur en manquer, & de les faire étudier ou à leurs fraix, s'ils sont sans biens, ou aux dépens de leurs parents, si ceux-ci sont en état d'y subvenir, & ont demandé la nomination épiscopale. Mais 1°. l'Evêque ne pourra nommer d'étudiants que jusqu'au nombre réglé entre lui & le Chapitre, d'après les informations que lui auront données les Présidents des cantons, les Chefs des Académies, & les Recteurs des Univerſités;

Si, dans toute la Province, il y avoit aſſez de candidats, en ſorte qu'il y en eût trop d'un dioceſe, & trop peu d'un autre, il n'y auroit point lieu aux nominations épiſcopales, un dioceſe devant ſecourir l'autre. Mais dans le cas où aucun n'en auroit trop, le ſecours mutuel n'auroit pas lieu, parce que les ſujets appartiendroient de préférence à leur dioceſe; & alors l'Evêque qui courroit riſque d'en manquer, ne devroit faire fond que ſur ſes diocéſains.

On ſent bien que ce ne ſeroit pas le cas d'un calcul rigoureux; & qu'il vaudroit mieux s'expoſer à avoir quelques ſurnuméraires, qu'à manquer de miniſtres.

Mais pour éviter les deux excés, les Evêques obſerveroient de donner par préférence leur nomination à de jeunes gens qui auroient déja commencé leurs études aux dépens & par la volonté de leurs parents.

Dès que ceux-ci auroient acquieſcé à la nomination épiſcopale, leurs enfants deviendroient filleuls de l'Evêque, qui les enverroit auſſi-tôt à l'Univerſité de la Province, où ils finiroient leurs études avec les éleves des académies, & de la même maniere. Ils paſſeroient delà au Séminaire, pour y reſter à la charge de l'Evêché, juſqu'à ce qu'il vaquât des vicariats, pour leſquels il ne ſe trouvât point d'autres candidats. Il en ſeroit de même des Cures, auxquelles ils ne parviendroient qu'au défaut de tous autres aſpirants; bien entendu que ceux-ci auroient paſſé par tous les examens & les épreuves qui devroient précéder leur promotion.

Une autre reſſource pour le Clergé, mais peut-être

peu confidérable , feroit le droit qu'auroît d'embraffer l'état eccléfiaftique tout guerrier & tout magiftrat, qui, après avoir vécu fans reproche dans fa profeffion pendant dix ans ou plus, dégoûté du monde, ou porté à ce changement d'état par des raifons pardonnables à la foibleffe humaine, voudroit fe confacrer au fervice de l'Eglife, & feroit affez inftruit pour lui devenir utile.

Il faudroit qu'à une vie fans reproche, felon les hommes, il eût joint de bonnes mœurs, & que, fur ce point, fa réputation fût entiere ; car il eft contre l'efprit de l'Eglife, que le Sacerdoce devienne un état de pénitence pour des pécheurs épuifés par le vice. C'eft dans un monaftere qu'ils doivent aller cacher leurs larmes, s'ils ne veulent pas réparer dans le monde le mal qu'ils y ont fait.

Le Séminaire épifcopal, où ces candidats pafferont dix-huit mois pour le moins, fera la feule épreuve à laquelle ils feront affujettis. Mais pendant ce temps, l'Evêque avec les fupérieurs du Séminaire, & quelques Chanoines, examineront à quel miniftére ils auront le plus d'aptitude, pour les y confacrer, fi leur penchant ne s'y oppofe pas invinciblement.

Les clercs de cette claffe auront encore la préférence fur les filleuls de l'Evêque, mais non fur les trois premieres claffes dont nous avons compofé la majeure partie du Clergé.

Je viens aux Chanoines, qui ne feront point pour moi des hommes inutiles à la fociété & à l'Eglife, qui louent Dieu pour de l'argent, & fcandalifent le monde, parce qu'ils n'en ont rien à craindre, ni à efpérer.

Un Chapitre fera le confeil de fon Evêque, un corps de réferve pour l'Eglife, l'affemblage de tous les talents réunis. Voici quelles font mes vues fur ces corps aujourd'hui fi inutiles, & pourtant fi multipliés.

Tout Profeffeur eccléfiaftique, tout Supérieur de Séminaire, y compris les Maîtres ou Directeurs, tout Grand-Vicaire, tout Aumônier du Roi, fera Chanoine de fa Cathédrale; en forte qu'il n'y aura, à proprement parler, que deux claffes dans le Clergé du fecond ordre, celle des Curés, qui comprendra les Vicaires & les Doyens ruraux, & celle des Chanoines.

Ainfi tout Eccléfiaftique, dont la vocation ne fera point pour les Cures, devra être aggrégé dans le Chapitre de la Cathédrale du Diocefe où il fera né, & il ne fortira du Séminaire que pour y entrer après fon année de vicariat.

On conçoit que les Chapitres devront être très-nombreux; & pour qu'ils le foient dans une jufte proportion, on commencera par fixer le nombre des prébendes dans une délibération qu'auront à ce fujet l'Evêque, deux anciens Curés, un Chanoine, l'Infpecteur Royal de la Province, un Député de chaque canton de la Nobleffe, & un députe de la Généralité. Pour fixer cette proportion, on aura égard 1°. à l'étendue du Diocefe; 2°. au nombre des Profeffeurs & Supérieurs qu'il devra fournir; 3°. à celui des Aumôniers qu'il devra au Souverain; 4°. à celui des Grands-Vicaires, y compris l'Official & le Secretaire de l'Evêque; 5°. à la néceffité indifpenfable dont il fera que le chœur de la Cathédrale & le confeil de l'Evêque foient toujours remplis par quinze Chanoines au moins: & comme chaque prébende fera de vingt falaires annuels, mais fans aucun cafuel, il faudra avifer en fecond lieu aux moyens de former un auffi grand nombre de pareilles prébendes.

Le premier de ces moyens fera la réunion au Chapitre de la Cathédrale, de toutes les Collégiales fituées dans l'Evêché, fans préjudice néanmoins du droit de préfentation que pourront y avoir des Seigneurs particuliers, lequel fera confervé en entier, s'ils n'ont préfenté qu'à une prébende, mais fera réduit fur le pied de la fomme totale de revenu qu'ils auront eu droit de conférer, s'ils ont préfenté à plufieurs.

Le fecond moyen de compléter le Chapitre unique & diocéfain, fera d'y appliquer le revenu de toutes les Chapelles & fondations particulieres, qui ont befoin d'un Prêtre, d'ailleurs inutile, pour être deffervies.

Enfin, on appliquera à la formation des prébendes, ce qui fe trouvera dans la manfe épifcopale au-delà du revenu, que nous fixerons ci-après.

La prébende tiendra lieu d'appointements à tous les Miniftres qui feront pris dans le fein du Chapitre, foit Profeffeurs, foit Grands-Vicaires, foit Aumôniers.

Nul Chanoine, nommé par l'Evêque, & la députation fecrete du Chapitre, pour un Miniftere, ne pourra le refufer, & il fera obligé de le remplir pendant fept ans, s'il doit l'éloigner de fa Cathédrale, & pendant dix ans, s'il ne l'en éloigne pas. Ce temps fini, il pourra refter de gré à gré dans la même place; & s'il la quitte, il aura un an de repos, après quoi il pourra être nommé à un autre ministere, & il le remplira encore pendant sept ou dix ans, suivant la distinction ci-dessus.

La Noblesse de chaque canton conservera ses droits sur les Chanoines natifs du canton; & celui qu'elle choisira pour son orateur, devra obéir à cette vocation, à moins qu'il n'en remplisse actuellement une autre. Sa prébende lui tiendra aussi lieu d'appointements. S'il manque de sujets dans le Chapitre pour les places d'orateur, la Noblesse élira qui elle voudra entre les Prêtres diocésains; mais celui qu'elle aura élu deviendra par-là même Chanoine de la Cathédrale, & aura droit à la premiere prébende qui viendra à vaquer, à quelque nomination qu'elle soit.

Comme les Vicaires des Orateurs devront être de jeunes gens, ils seront choisis par la Noblesse entre les Vicaires des Paroisses, & seront à ses gages. S'ils deviennent ensuite Orateurs, ils auront aussi droit à la prébende. Mais ils ne deviendront pas Orateurs, tant qu'il y aura des Chanoines actuels qui voudront & pourront l'être.

Où il y aura quatre Grands-Vicaires, & ce sera le nombre le plus ordinaire, il y en aura trois à la nomination du Chapitre, le droit de les refuser restant à l'Evêque; mais pour chaque place vacante, il ne pourra l'exercer que deux fois, & devra acquiescer à la troisieme présentation. La quatrieme place sera à la nomination de l'Evêque; & s'il choisit un diocésain non-Chanoine, celui-ci aura droit à la premiere prébende vacante, après pourtant les Orateurs, s'il y a concur-

rence ; s'il eſt étranger, l'Evêque fournira à ſon entretien de ſes propres deniers. Mais il ne pourra nommer
en dix ans qu'un ſeul Grand-Vicaire, avec expectative
ſùr la prébende.

Le Secretaire de l'Evêque ſera toujours un Chanoine
déja prébendé, mais à ſon choix. L'Official ſera au
choix du Chapitre. L'Evêque nommera, mais ne pourra
deſtituer les Supérieurs du Séminaire. Le Chapitre nommera les Profeſſeurs, que le Dioceſe aura à l'Univerſité
de la Province.

Chaque Evêché aura toujours deux Aumôniers pour
le moins auprès du Souverain. Mais, il pourra en
avoir trois, quatre & cinq, ſuivant le nombre de feux
nobles qu'il y aura dans le Dioceſe. Car les Nobles
auront le droit excluſif de devenir Aumôniers. Sur deux
Aumôniers, l'un ſera à la nomination libre du Souverain ; ſur trois & ſur quatre, deux ; ſur cinq, trois.
Pour les autres places, le Chapitre, conjointement avec
l'Evêque, qui aura deux voix, nommera trois candidats, entre leſquels le Souverain en choiſira un. Le
candidat préſenté deux fois, ſera Aumônier de plein
droit en vertu de la troiſieme préſentation. Le Souverain obſervera d'accompagner ſa nomination libre de la
collation d'une prébende dans une de ſes Chapelles,
ou d'un bénéfice équivalent, mais qui ne pourra être
d'un revenu double de la prébende. Les Aumôniers
diocéſains garderont la leur, & recevront un ſupplément, s'il eſt beſoin, juſqu'à la concurrence de vingt
ſalaires, ſur le pied où ils ſeront dans le lieu de leur
réſidence ordinaire.

V iv

On fera peut-être effrayé du nombre prodigieux d'Aumôniers royaux qu'il y aura dans une grande Monarchie, fuivant la proportion que nous venons d'établir ; car il ne feroit pas impoffible qu'il y en eût jufqu'à quatre cents : mais on va voir que ce nombre ne feroit pas exceffif.

En premier lieu, dans ce nombre d'Aumôniers, il y en aura toujours un qui fera grand Aumônier, avec le revenu d'un Archevéché, & les fonctions épifcopales par-tout où fera la Cour. Il aura fix affiftants, auffi Aumôniers. Lui-même ceffera de l'être, & fa prébende deviendra vacante.

Entre ces Aumôniers, le Souverain choifira les Aumôniers de fes flottes, de fes places fortes & des troupes de fa maifon ; ce qui fera, pour le moins, cent & vingt emplois. Outre leurs prébendes, que garderont ces Aumôniers, ils auront les appointements qu'il plaira au Souverain de leur affigner, & qui feront tels qu'ils puiffent fuffire à leur fubfiftance.

En troifieme lieu, il y aura toujours trente Aumôniers à la fuite du tribunal Souverain le plus vcifin de la Cour, en qualité d'auditeurs & de référendaires ; & ce fera entre ces derniers que le Souverain choifira librement les Confeillers clercs de tous les tribunaux fouverains.

En quatrieme lieu, il y aura en tout temps un Aumônier Doyen, & douze Aumôniers qui defferviront la Chapelle du Souverain.

En cinquieme lieu, il y en aura le même nombre qui feront le fervice ordinaire de la Cour, fans compter les précepteurs & sous-précepteurs des enfants qui appartiendront à la Couronne de près ou loin, & que l'on peut évaluer au même nombre, ou à peu près.

Il y aura un Conseil ecclésiastique composé de vingt-quatre Conseillers & d'un Président ou Doyen, lequel sera nommé par le Souverain. Les Conseillers le seront tour-à-tour par les Archevêques, qui eux-mêmes nommeront alternativement un Aumônier de chaque Diocese de leur Province.

Ce Conseil représentera l'assemblée du Clergé, & sera en même-temps une Cour à laquelle le Souverain renverra les affaires ecclésiastiques majeures.

Le Souverain sera libre d'employer quelques-uns de ses Aumôniers dans ses affaires, quand il leur trouvera les talents requis; comme aussi il pourra consentir à leur réception dans les académies de la Capitale; ce qui sera un état pour eux, si leur goût les porte à s'y fixer. Je compte dix-neuf sujets pour ces différents emplois; & trouve qu'en tout j'en ai employé deux cents quarante ou environ.

Or, sur trois ans, tous les Aumôniers devront passer une année entiere dans leur Diocese, tant à leur Chapitre, que dans leur famille, & il n'y aura d'exception à cette résidence que pour ceux à qui elle sera impossible; mais ils en seront dédommagés exactement, aussi-tôt qu'ils le pourront. Il ne pourra donc y avoir que les deux tiers de la totalité des Aumôniers, qui soient actuellement employés. Sur le pied de quatre cents, il en faut compter cent trente-trois en résidence. Restent deux cents soixante-sept à employer; & nous en avons employé deux cents quarante ou environ. Les vingt-sept restants doivent être comptés pour les malades & les infirmes.

Ce sera entre les Aumôniers, & concurremment entre les Grands-Vicaires que le Souverain nommera librement les Evêques & Archevêques, avec cette seule restriction, qu'aucun ne pourra être nommé à un Evêché, s'il n'a été Aumônier ou Grand-Vicaire pendant sept ans.

Il y aura aussi eu une restriction à la nomination libre des Aumôniers, que nous avons laissée au choix du Souverain. C'est qu'elle n'aura pu tomber que sur les nourrissons des académies provinciales : pour ceux qui n'auront pas été élevés dans ces académies, il n'y aura qu'une voye pour parvenir à l'Episcopat. Il faudra avoir été filleul, & ensuite Grand-Vicaire d'un Evêque. C'en sera assez pour qu'aucun sujet, s'il est excellent, ne soit exclus de l'Episcopat ; mais on ne fera aucune autre exception à la regle, afin que l'éducation nationale reste en honneur, & qu'elle réponde des talents, des mœurs & des principes du corps épiscopal.

Il ne me reste plus qu'à parler des Evêques ; car j'en ai déja assez dit sur la septieme destination, qui est celle des Professeurs. Il s'agit maintenant de la sixieme, dont on vient de voir la vocation. Elle est nationale dans son principe, & purement royale dans l'acte qui la consomme.

Suivant les principes que j'ai expliqués, ou seulement indiqués dans le Chapitre précédent, il n'appartient essentiellement à l'Episcopat que la garde du

troupeau de Jeſus-Chriſt, dont une portion a été con-
fiée à chaque Evêque ; & ce troupeau n'eſt néçeſſai-
rement ni une nation, ni un peuple, ni une aſſemblée de riches propriétaires, ni la totalité ou une portion de la magiſtrature.

Il n'eſt donc rien moins qu'eſſentiel à l'Epiſcopat d'ê-
tre joint à des revenus fixes, d'être une dignité dans
l'Etat, de fortifier, ou plutôt de dénaturer ſon pouvoir
tout ſpirituel par un mêlange d'autorité temporelle.

Un Gouvernement, dont tous les membres ſeroient
chrétiens, pourroit, par une raiſon ſemblable, méconnoître le chriſtianiſme dans l'Etat, & par conſéquent
le Clergé & ſes fonctions. Chaque individu ſeroit en
ſon particulier ce à quoi il croiroit être obligé en conſcience pour le ſalut de ſon ame ; mais la puiſſance ſou-
veraine, qui n'eſt inſtituée que pour le ſalut des corps
& bien-être temporel des hommes, ſe renfermeroit dans
les bornes de ſon inſtitution, ſans protéger, comme
auſſi ſans gêner, la Religion & ſes Miniſtres.

Les premiers Empereurs chrétiens ſe conduiſirent en
partie de cette maniere, & il n'eſt pas douteux qu'ils
ne l'euſſent fait plus généralement, & que leur conduite n'eût été plus conſéquente, ſi Conſtantin n'eût
pas fait de la Religion une machine politique, & n'eût
pas donné des exemples qui firent loi.

Ce doit être encore un principe certain, que les biens
que l'on dit avoir été donnés à l'Egliſe, ne ſont point une
propriété de l'Egliſe. Nul bien n'a été donné, & n'a
pu être donné à l'Egliſe en général ; car l'Egliſe n'eſt pas
une perſonne qui puiſſe uſer. Elle ne peut donc rien poſ-

féder. Mais, dira-t-on, on a donné à des perfonnes qui appartenoient à l'Eglife, & par droit de fucceffion, à celles qui lui appartiennent actuellement : ce qu'on leur a donné appartient donc médiatement à l'Eglife. C'eft encore-là ce que j'ofe nier; & pour juftifier ma négative, je demande ce qu'on entend par une perfonne qui appartient à l'Eglife? Je lui appartiens auffi, comme fidele; & cependant perfonne ne s'avifera de me faire une donation en ma qualité de fidele, & à mes fucceffeurs dans la foi; parce que ce n'eft point une qualité civile qui puiffe faire un titre, ni donner une capacité temporelle. En eft-il autrement des Miniftres de l'Eglife? Je ne le crois pas; car ils font Miniftres de l'Eglife comme je fuis fidele, gratuitement & pour leur intérêt fpirituel, comme auffi pour l'intérêt fpirituel des autres; ce qui n'a rien de commun avec les biens temporels.

A-t-on fait une donation à un homme pour qu'il devînt Clerc? La donation a été fimoniaque; mais la chofe donnée lui appartient en propre. L'a-t-il laiffée à celui qui lui devoit fuccéder, afin qu'il fe trouvàt un homme qui voulût être fon fucceffeur? C'eft encore une convention fimoniaque, qui n'opere point un droit. Un particulier a-t-il dit : Je confacre à Dieu un tel fonds? Mais ici je ne trouve plus l'Eglife; & de plus, ce particulier a fait une chofe contraire aux vues de Dieu. Son fonds eft un anathême, & la Religion profcriroit un pareil emploi d'un bien deftiné aux hommes.

S'il n'y avoit point de biens-fonds attachés au fer- vice fpirituel de la Religion, elle auroit pourtant des

Ministres, ou elle périroit, ce qu'on ne peut supposer. Ce n'est donc pas pour que l'Eglise trouve des Ministres, qu'on lui a donné des biens. C'est, dit-on, afin que ces Ministres ayent une subsistance assurée. A la bonne heure. Mais s'ils ne l'avoient pas, qui devroit les nourrir? Ou les fideles seuls, si ces Ministres n'étoient que Pasteurs; ou les fideles & toute la société ensemble, s'ils étoient aussi Magistrats. C'est donc à telle assemblée de fideles ou au Souverain qu'a été donné tel fonds par un fidele, afin que, du produit de ce fonds, ils entretinssent tel Ministre, sans qu'il leur en coutât rien : mais s'ils ne veulent pas être déchargés de cet entretien, ils refusent le fonds; ou, s'ils veulent reprendre sur eux le soin de faire subsister leur Pasteur, le fonds ou retourne aux héritiers du donateur, ou demeure à la communauté, ou devient un bien vague qui appartient au premier occupant, si le Souverain ne s'est pas réservé le droit d'occupation.

Mais, dira-t-on encore, c'est sur tel fonds en particulier que doit être pris l'entretien du Ministre. Qui a dit cela, qui a fait cette loi? Un particulier mort depuis mille ans. En avoit-il le droit? A-t-il pu priver toute la postérité du droit d'entretenir ses Pasteurs par les offrandes de sa charité? A-t-il pu obliger ceux-ci à être perpétuellement forcés de cultiver & de faire valoir, & de devoir leur subsistance au soc d'une charrue, & à une paire de bœufs, plutôt qu'à la reconnoissance & à l'amour de leurs ouailles?

Mais enfin, il faut que tel Pasteur mange les fruits de telle terre, parce que la pieuse intention d'un fidele, mort il y a mille ans , a confacré ces fruits à perpétuité: Voilà une finguliere confécration. Mais fi elle eft réelle , n'affermez pas ce fonds ; car on vous donnera de l'argent , & non les fruits qu'il produira. Le fermier en mangera une partie, & vendra l'autre, qui fera peut-être mangée par des hérétiques , des impies , ou même des payens. Ce fera donc une horrible profanation. Mais fi vous pouvez avoir un fermier, toute la communauté vaut bien un fermier ; le Souverain vaut auffi un fermier. Il peut donc prendre le fonds , & vous en payer les fermages. A cela il n'y a qu'une replique , qui même n'en eft pas une. La propriété fera anéantie , fi le fermier eft perpétuel. Qu'importe ce mot de propriété, qui eft ici fans objet ? Encore une fois , l'Eglife, ou tel miniftere n'eft point une perfonne , & le titulaire n'eft pas propriétaire. Je ne trouve donc ici de propriétaire que la communauté de tel endroit, ou la totalité de la fociété repréfentée par le Souverain. Eh bien , l'un ou l'autre réunira l'adminiftration à la propriété , & fe chargera de faire des gages pour le miniftere.

Mais fera-t-il néceffaire que ces gages foient précifément le montant du revenu que pouvoit rendre le fonds qu'aura retiré la fociété ? Si l'on prétend qu'elle doit tenir un compte exaft de ce revenu , je demanderai qu'il me foit permis de faire encore quelques queftions auxquelles cette prétention pourra donner lieu.

Premiere queftion.

Quel droit donne le Sacerdoce aux biens de ce monde, autre que celui de vivre de l'autel ; & vivre de l'autel, eft-ce la même chofe que nager dans l'opulence ?

Seconde queſtion.

Quand un bénéfice eſt vacant, qui a droit au revenu ? Si c'eſt le collateur, il eſt donc propriétaire, & n'eſt tenu qu'à donner ce qu'il veut, ſi ce n'eſt que la loi s'y oppoſe. Si ce droit eſt partagé entre tous ceux qui peuvent être promus, n'eſt-il pas certain qu'à la rigueur, tout fidèle peut être élu Evêque ? Donc tous les fideles auroient droit au revenu du bénéfice, quand il ſeroit vacant. Or, comme le droit de tous n'eſt pas différent de celui du repréſentant de la ſociété, n'eſt-il pas évident que ce repréſentant, ſur-tout s'il eſt encore collateur, eſt le vrai propriétaire du revenu ? S'il eſt propriétaire, qui peut l'obliger à donner tout à celui à qui une partie ſuffiroit?

Troiſieme queſtion.

Un certain revenu eſt-il néceſſaire à un Evêque, en forte qu'il ne doive avoir ni plus, ni moins? Et s'il faut qu'il ſoit riche, pourquoi tous ne le ſont-ils pas, ou ne l'ont-ils pas été ? & pourquoi encore voit-on ce revenu varier ſans ceſſe ? Les éléments ont tort de ne pas reſpeſter un fonds conſacré à Dieu. Mais vous, Paſteur déſintéreſſé, qui donnez vos fermes à un prix modique, vous êtes un ſacrilege; car vous laiſſez dans des mains profanes une partie de cet argent ſacré, dont la recette étoit néceſſaire à l'intégrité de votre Epiſcopat. Je dis bien : car c'eſt de l'Epiſcopat qu'il doit s'agir, dès qu'on parle de ſacrilege & de profanation. Il m'eſt impoſſible de rien imaginer, hors cela, qui ſoit ſacré en tout ce qui fait l'état d'un riche Prélat ; & vous, mercenaire avare, qui mêlez l'argent d'iniquité avec le produit ſacré de vos fonds eccléfiaftiques, n'êtes-vous pas auffi facrilege en alliant les chofes de Dieu avec les chofes de Bélial ?

Quatrieme queftion.

Doit-on pofer en principe que le revenu épifcopal doit être fixé en-deffous, mais qu'il ne peut l'être en-deffus ; c'eft-à-dire, qu'il ne peut devenir moindre, mais qu'il doit toujours pouvoir s'accroître ?

Ce feroit le moyen de déclarer abufives & tyranniques les loix modernes qui s'oppofent à l'accroiffement des biens d'Eglife.

Mais ne pourroit-on pas dire auffi qu'un pareil principe feroit une loi d'avidité & d'invafion, qui tendroit à changer le Royaume célefte de Jefus-Chrift en un Royaume terreftre ?

Cinquieme queftion.

Tout ce qu'on peut tirer de l'Ecriture fainte au fujet de la fubfiftance des Prêtres, ne s'étendant pas au-delà du néceffaire, eft-il poffible d'affigner au Clergé un autre titre de propriété que la fanction des loix civiles, qui a autorifé la fiction d'une perfonne légale dans telle & telle Eglife ?

Sixieme queftion.

En quoi confifte l'Eglife en général, & telle Eglife en particulier ? Si c'eft dans l'affemblée des fideles régie par fes Pafteurs, c'eft donc uniquement dans l'affemblée des fideles, lorfqu'elle eft privée de fon Pafteur. Il n'y a que cette affemblée qui foit perpétuelle, parce qu'elle fe renouvelle fans ceffe, & qu'une génération croife l'autre. Elle eft donc la feule perfonne légale

à

fi qui ait pu être faite une donation perpétuelle. Ou bien faut-il prendre à la lettre ce qu'on trouve dans les chartes de donation : Je donne à la bienheureuse Vierge Marie, je donne à Saint Pierre, à Saint Paul ; en sorte que l'immortalité de ces saintes ames soit le fondement de la perpétuité des donations qu'on leur fait ?

Jusqu'à ce qu'on ait répondu à ces questions, je poserai en principe, que la puissance civile toute seule a pu autoriser les fideles à donner des fonds, non à un autre fidele, mais à un être de raison, & que ce n'a été qu'un expédient pour former un fonds public, sur lequel pussent être entretenus les Ministres de l'Eglise, sans que le Souverain fût obligé d'y pourvoir, & aussi pour que leur subsistance ne fût pas exposée aux hasards de l'accroissement & du refroidissement de la charité des fideles, qui est essentiellement l'unique patrimoine des Pasteurs.

Que la nécessité de subsister ayant été le motif de cette loi, la même nécessité en limite l'étendue, & qu'au-delà tout a été ferveur & générosité mal-entendues de la part des donateurs, avidité ou superstition de la part de ceux qui ont accepté plus qu'il ne leur falloit ; qu'ainsi il n'y a de sacré que le nécessaire, parce que c'est-là tout ce qu'ont pu consacrer la loi, & la nécessité, plus forte que la loi.

Qu'on ne peut alléguer contre ce principe la loi de l'aumône imposée aux Pasteurs, parce qu'elle suppose le superflu, & que, celui-ci ôté, c'est une obligation dont ils sont déchargés ; que d'ailleurs cette loi a été un remede à l'excès des donations ; remede que l'expérience démontre nul ou infuffifant, & fur lequel on ne peut fa re fond, fi on n'eft pas réfolu à s'aveugler.

Que la dévotion mal-entendue des fideles n'ayant connu aucune regle, & ayant violé toutes les proportions dans la répartition des biens, en forte qu'un Pafteur eft dans l'abondance, pendant que l'autre eft dans la difette, c'eft au Légiflateur, obligé à diriger & réformer, qu'il appartient de redreffer les abus, & de rétablir les proportions violées, parce qu'il eft ridicule qu'un Pafteur foit un millionnaire, uniquement parce fon Eglife porte le nom d'un Saint qui eut jadis la vogue, tandis qu'un autre peut à peine fubfifter, parce que fon Saint ne fut jamais l'objet d'une dévotion bien fervente.

Que l'intention des fondateurs, qui fut bonne relattvement à certains temps, à certaines circonftances, à leurs préjugés & à leurs erreurs, ne peut être alléguée de bonne foi, quand l'abus eft manifefte, & que l'on doit fuppofer que, s'ils vivoient encore, ils redrefferoient leur intention; ce que le Légiflateur eft en droit de faire pour eux.

Qu'ainfi rien n'oblige la fociété des fideles, à qui les biens eccléfiaftiques appartiennent, comme chofe donnée à l'Eglife; rien n'oblige non plus le Légiflateur, dont l'autorité s'étend fur ces biens comme domaine public, de laiffer fubfifter ni une répartition vicieufe, ni l'effet d'une profufion abufive; mais qu'à tous égards, il eft très-permis de rétablir le bon ordre par de fages réglements, foit qu'on s'en tienne à l'ancienne méthode d'affignation de fonds, foit que reprenant ces fonds, on

pourvoye autrement à la fubfiftance de ceux qui doivent vivre de l'autel.

Je ne fuis pas accoutumé à rien outrer ; & fi j'ai
pouffé mes raifonnements fur les biens de l'Eglife auffi
loin qu'ils pouvoient aller en toute rigueur, je fuis
très-éloigné de tranfporter toute cette rigueur dans
l'ufage que je prétends en faire.

Plufieurs confidérations m'en empéchent. La premiere eft, qu'à la qualité de Pafteurs, les Evéques joignent celle de Magiftrats ; la feconde eft, qu'il ne fant
pas rendre trop précaire l'état des premiers Pafteurs, qui
peuvent protéger leurs fubalternes, mais qui eux-mêmes n'ont de protecteur que celui qui peut plus qu'il ne
doit, & qui font plus en but aux coups d'autorité que
les moindres Pafteurs. Ceux-ci ne s'élevent point au-
deffus du peuple, & ont l'avantage qu'a le peuple, d'ê-
tre trop au-deffous de la foudre pour la craindre.

D'ailleurs, ce n'eft pas un bien que la multiplication
des penfions ; & dès qu'on retranche l'excès & la dif-
proportion, il eft indifférent à la fociété qu'un Evéque
ou un autre citoyen foit poffeffeur de tel ou tel fonds.

Voici maintenant ce que je crois pouvoir propofer.
On fera un état exact du revenu de chaque Evéché, en
marquant dans quel diftrict fe trouve chaque domaine,
& l'on commencera par en retrancher les dixmes & le
cafuel des droits feigneuriaux, lefquels, ainfi que les
rentes feigneuriales, péages, affifes, refteront fupprimés à perpétuité. Le cafuel feulement aura lieu dans la
mouvance de l'Evéque, lorfqu'un roturier y achetera ;
mais ce fera au profit du College de la Nobleffe du canton.

On voit que, de cette maniere, il ne restera dans la manse épiscopale que des terres fructifiantes & des maisons. L'administration de ces biens sera aussi simple que peu embarrassante pour les Evêques.

Les maisons resteront sous leur régie immédiate, & ne payeront que la taxe ordinaire assise sur les biens de cette espece.

Quant aux terres, elles seront données à ferme, & on en passera chaque fois des baux de dix-huit ans, sans que la mort du titulaire en puisse opérer la restitution. Ces baux se feront de la maniere suivante. L'Evêque nommera deux députés, l'un Chanoine de son Eglise, & l'autre séculier. Le Président du canton, sur l'avis qui lui en sera donné, nommera pareillement deux députés ; les peres de la communauté rustique du lieu s'assembleront dans le chef-lieu de la ferme, où se rendront aussi, avec les députés ci-dessus, quatre commissaires de la communauté régionnaire. Il s'y trouvera d'ailleurs autant d'enchérisseurs qu'il voudra s'en présenter.

On commencera par lire le précédent bail à haute voix, & le second député de l'Evêque demandera s'il se trouve quelqu'un qui veuille prendre la terre à même prix. Les peres de la communauté rustique feront leurs offres & leurs observations. Après eux, les Commissaires parleront ; & après les Commissaires, chacun des enchérisseurs étrangers, en commençant par le plus âgé, & en finissant par le plus jeune. Cela fait, un député de la Noblesse résumera les offres & les observations, & en fera la critique, s'il y a lieu. Ensuite les offres recommenceront, & il n'en restera que trois auxquelles on fera attention : celle de l'étranger, qui, ayant offert le plus, sera en même temps solvable, ou aura une caution, autre pourtant qu'un Noble, un Ecclésiastique, ou un Bourgeois non-possessionné ; l'offre des peres de la communauté rustique, & celle des Commissaires.

Un député de la Noblesse, après avoir exposé ces offres, demandera en particulier l'avis de son collegue, celui des députés de l'Evêque, & le sentiment de quelques experts, qu'il aura amenés avec lui. Si les offres sont égales, & paroissent raisonnables, on donnera la préférence aux peres de la communauté, à qui on ordonnera de présenter leur preneur. Si les Commissaires offrent davantage, & que leur offre ne soit pas couverte par celle de l'étranger, ils auront la préférence sur celui-ci. Si l'étranger est le plus offrant, il aura la préférence. Mais si aucune des offres n'est raisonnable, le député de la Noblesse déclarera que tel est le sentiment de la députation ; & que si une troisieme enchere ne réussit pas mieux, il présentera un preneur.

Là-dessus on procédera à une troisieme enchere, à laquelle seront admis tous les étrangers.

Si elle produit des offres raisonnables, on suivra pour la préférence la même regle que ci-dessus. Si non un député de la Noblesse déclarera qu'il a un preneur qui offre telle somme : cette déclaration faite, on attendra la réponse des peres, des Commissaires, & du plus offrant étranger. Si tous consentent à donner la même somme, les peres auront la préférence, & présenteront

sur le champ leur preneur. Entre les Commiſſaires &
l'étranger, les premiers auront la préférence, & nommeront leur preneur.

Dans le cas où aucune offre n'égalera celle du député
noble, celui-ci nommera ſon preneur, & auſſi-tôt on
paſſera le bail.

Le preneur des Nobles ne pourra être qu'un roturier. Mais le College ſera caution pour lui, & il portera le prix de ſon loyer à la caiſſe des Nobles. Le
preneur des peres devra être membre de la communauté
ruſtique. Celui des Commiſſaires ſera domicilié dans le
diſtrict de la communauté régionnaire. Il ſuffira que
l'étranger ſoit de la Province, & y ait ſa caution. Mais
il portera le prix du loyer, comme les deux précédents,
dans la caiſſe de la communauté régionnaire.

Il y aura cette différence entre la priſe par le preneur
des Nobles, & celle par les autres preneurs, que la
premiere opérera une diſtraction d'une portion de la
contribution royale au profit du College des Nobles,
pour autant que l'offre de leur preneur aura ſurpaſſé
la plus forte des offres faites par les peres & les Commiſſaires; c'eſt-à-dire que ſi la contribution royale eſt
d'un cinquieme, & que le preneur des Nobles donne
trois cents pieces de plus qu'il n'aura été offert, avant
que ſon offre fût connue, il y aura ſoixante pieces
par an pour le College des Nobles, lequel même pourra
faire remiſe de la moitié à ſon preneur, s'il n'eſt pas
étranger.

On peut aſſurer qu'en ſuivant cette méthode, les
terres épiſcopales ſeront auſſi-bien affermées qu'il ſera
poſſible.

Comme l'évaluation des falaires fe fera tous les dix ans, l'augmentation des baux pourra concourir avec celle du revenu épifcopal, & même fe trouver dans la même proportion. Hors ce cas, le montant de l'augmentation des baux fera porté dans la caiffe eccléfiaftique de la Province, laquelle fera gardée dans la Capitale, fous l'infpection du Confeil provincial.

Ce Confeil qui ne s'affemblera que deux fois par an, pour huit jours feulement, fera compofé de l'Evêque diocéfain, d'un Chanoine de chacune des Cathédrales de la Province, de trois députés du College provinciale, de deux Commiffaires de la Généralité, & de l'Infpecteur royal. Les principales fonctions de ce Confeil feront l'infpection générale, la manutention, la balance & la répartition de toute la maffe des biens eccléfiaftiques qui feront dans chaque Province, & l'on va voir que fon inftitution & fes fonctions feront prefqu'indifpenfables.

La premiere répartition des biens d'Eglife fera ce qu'il y aura de plus difficile. Elle fera précédée de deux autres opérations. L'une fera l'évaluation des falaires, fi elle n'a déja été faite par autorité publique relativement à d'autres objets ; l'autre fera la fixation du nombre de falaires, auquel devra fe monter le revenu annuel de chaque Evêque & Archevêque.

Je propofe de fixer ce revenu à cent quatre-vingt falaires pour les Evêques, ou à dix fois la valeur d'un feu noble ; ce qui reviendroit à vingt-fept mille livres de rente, en fuppofant le falaire à cent cinquante livres : celui des Archevêques pourroit être fixé à un tiers en fus, ou à deux cents quarante falaires, &, dans la même fuppofition, à trente-fix mille livres.

Quand, par l'infpection d'un cadaftre déja fait, déduction faite des droits fupprimés, on fauroit à quoi fe monte le revenu de chaque manfe épifcopale, on verroit d'un coup d'œil ce qu'il y auroit de trop, ou ce qui manqueroit dans chaque manfe.

Mais, dans tous les cas, il faudroit encore examiner avant tout, s'il n'y auroit pas dans un Evêché des domaines qui appartinffent à un autre Evêché; car s'il y en avoit, on les joindroit à la manfe épifcopale du Diocefe où ils feroient fitués.

Toutes ces opérations, une fois faites, il feroit procédé à la location publique & folemnelle de tous les biens faifant partie des différentes manfes. La fomme totale du revenu de chaque manfe, calculée de nouveau après cette opération, & certifiée véritable par les baux paffés, comme il a été dit, donneroit le tableau exact de l'excédent ou du vuide de chacune d'elles. Lorfqu'il y auroit de l'excédent, on affigneroit pour la manfe diocéfaine les terres les plus voifines de la Ville épifcopale, jufqu'à la concurrence du revenu fixé, mais fans morceler les terres, en forte que, fi la dernière annexée à la manfe, comme la plus éloignée, étoit d'un produit trop fort pour remplir le vuide de la manfe, on partageroit ce revenu en deux : une partie feroit le fupplément de la manfe, & la communauté ou le Collège la feroit porter dans la caiffe de l'Evêque; l'autre partie feroit un excédent qui feroit porté dans la caiffe du Confeil eccléfiaftique, ainfi que

le revenu total des terres excédentes. Le tout enfemble s'appelleroit l'excédent de tel Evêché.

Il y auroit une exception à cette regle. Ce feroit
lorfqu'après réunion faite à la maffe du Chapitre de
toutes les fondations particulieres, elle fe trouveroit
infuffifante. Car, en ce cas, on annexeroit à cette maffe
autant de terres épifcopales qu'il en faudroit pour la
compléter.

Lorfqu'il y auroit un vuide dans la manfe épifcopale, ou bien on le rempliroit par la réunion de quelque bénéfice fimple, fitué dans l'Evêché, s'il n'avoit
pas une autre deftination néceffaire, ou bien on affigneroit le montant de ce vuide fur la caiffe des excédents.

On peut affurer que dans l'Empire, que j'ai en vue,
chaque Province fe fuffiroit à elle-même, & auroit
encore une caiffe des excédents, affez confidérable.

Le renouvellement des baux & de l'évaluation des
falaires produiroit des variations dont le Confeil eccléfiaftique auroit le bénéfice & la perte, parce que
ce feroit lui qui tiendroit la balance de toutes les manfes de la Province. Quand il auroit conftaté une va-
riation, il donneroit fes ordres en conféquence, mais
en les motivant par diminution ou par augmentation
de falaire, & de tels ou tels produits, afin que chacun pût vérifier & critiquer lefdits ordres.

Il ne s'agit plus que de favoir quel feroit l'emploi
des fommes qui refteroient dans la caiffe du Confeil.
Le premier feroit la grande réparation ou réédification,
par enchere au rabais, de toutes les maifons & édi-

fices nécessaires qu'il y auroit sur le domaine ecclésiastique de la Province.

Le second seroit la réparation au rabais de toutes
les Cathédrales, Séminaires & Colleges de l'Univer-
sité de la Province. Le troisieme seroit la réédification
des Cathédrales, non au rabais, mais sur des plans
approuvés par le Conseil, & sous la direction de l'E-
vêque, d'un Chanoine, d'un Noble & d'un Commis-
saire de la communauté bourgeoise, comme aussi la
réédification au rabais de tous les bâtiments ci-dessus.
Le quatrieme seroit une contribution proportionnelle
pour la construction des monuments nationaux, qui
seroient élevés dans la Capitale, & contribucroient à
la majesté du culte divin.

Le cinquieme seroit le subside que l'on donneroit
aux Evêques, lorsqu'ils seroient obligés de faire des
voyages pour le bien de l'Eglise ou de l'Etat, & que
ces voyages seroient autorisés par un ordre du Souverain, qu'ils seroient tenus de produire.

Ce qui resteroit dans la caisse, quand tous ces objets auroient été remplis, (& les restants seroient cons-
tatés tous les cinq ans par une députation extraordi-
naire) seroit porté dans la caisse générale du Clergé,
laquelle seroit dans la Capitale, pour le tout être employé au remboursement des capitaux dont il se pourroit que le Clergé fût encore redevable, lorsque cet
arrangement seroit fait, & pour, la libération faite &
parfaite, être employé au service de l'Etat dans les
occasions extraordinaires.

Il est à remarquer que la caisse des excédents dans

chaque Province, ne recevroit pas seulement ceux des Evêchés, mais encore ceux des Abbayes restées en commende, faute d'avoir été appliqués à l'établissement des académies.

Et, pour cette raison, il seroit procédé pour les fonds desdites commendes, comme pour ceux des Evêchés, quant à la location; & quant à la fixation de la manse, il seroit fait quatre classes des bénéfices à la nomination du Souverain. Ceux qui seroient au pair, ou au-dessous d'un feu noble, seroient incorporés aux Evêchés; ou il en seroit fait des bénéfices laïcs, qu'on joindroit à ceux du domaine royal, si ces derniers ne se trouvoient pas en nombre suffisant. Ceux qui seroient au-dessus d'un feu noble, & égaux à dix-huit salaires, suivant l'évaluation de la Cour, prendroient la nature de prébendes royales, & seroient donnés aux Aumôniers de nomination royale, qui n'auroient point de prébende, ou à ceux qui, en ayant, seroient dans le cas d'être appointés. L'excédent, s'il y en avoit, seroit porté dans chaque Province à la caisse des excédents. La seconde classe seroit pour les Conseillers clercs des Cours souveraines, & leur manse égaleroit les appointements que nous avons assignés aux Conseillers laïcs. L'excédent de chacune seroit porté à la caisse du Conseil ecclésiastique. S'il se trouvoit plus de bénéfices de cette espece qu'il n'y auroit de Conseillers clercs, le Souverain pourroit donner le surplus aux Aumôniers, qu'il employeroit dans ses affaires. S'il ne se trouvoit point d'emploi à en faire, leur pro-

duit iroit en totalité dans la caisse du Conseil, autrement dite la caisse des excédents.

La troisieme classe seroit celle des bénéfices épiscopaux, ou équivalents aux deux tiers d'une manse épiscopale. Ils seroient donnés aux Evéques qui voudroient
résigner après un long exercice de leurs pénibles fonctions; aux Aumôniers, qui auroient des commissions dis-
pendieuses; aux Evêques, qui dirigeroient les missions
chez les infideles; enfin, à ceux que le Souverain &
la nation jugeroient mériter une récompense extraor-
dinaire pour services politiques ou civils.

La quatrieme classe seroit celle des grands bénéfices,
depuis le revenu épiscopal, jusqu'au revenu archié-
piscopal. Il y en auroit un pour le grand Aumônier,
un pour chacun des Commandeurs de l'ordre du Souverain, deux, & non plus, pour chacun Prince du Sang
royal qui embrasseroit l'état ecclésiastique. S'il en restoit, ils seroient donnés aux Aumôniers qui auroient
des commissions très-dispendieuses; & dans le même
cas seulement, & pour aussi long-temps qu'il existeroit, aux Chevaliers des ordres religieux, qui en seroient susceptibles. Ce cas cessant, les mêmes Chevaliers ne pourroient avoir un bénéfice plus fort que la
prébende royale. Je pourrois me dispenser de répéter
que tous les excédents des susdits bénéfices, & le revenu total de ceux qui ne seroient pas conférés, seroient portés dans la caisse des excédents.

J'ajouterai encore, que dans la manse des Evéchés
& des bénéfices, ne seroit point compris le palais épis-

copal, ou manoir principal du bénéficier, ni les cours, jardins & vergers y attenants, & dont le revenu, fuivant la culture ordinaire, ne paſſeroit pas deux ſalaires du Pays.

En outre, chaqne Evêque auroit & entretiendroit à ſes fraix une maiſon de campagne, dans celui de ſes domaines qu'il voudroit choiſir; bien entendu que ce ſeroit ſans le détériorer, comme auſſi ſans pouvoir embraſſer un terrein plus grand que celui qui vient d'être ſpécifié.

Au moyen des arrangements propoſés, il n'y auroit aucun motif d'intérêt qui pût faire deſirer les tranſlations d'un Evêché à un autre; & auſſi n'auroientelles jamais lieu que ſur un avis de l'aſſemblée du Clergé, & dans des cas tout-à-fait extraordinaires.

Je n'ai jamais vu d'un œil envieux l'opulence de mes peres en Jeſus-Chriſt, je n'ai jamais gémi que ſur le mauvais emploi de cette partie du domaine public, qui eſt conſacré à l'entretien des Magiſtrats eccléſiaſtiques, & je proteſte, devant Dieu & devant les hommes, qu'en propoſant l'arrangement que je viens d'eſquiſſer, j'ai été très-éloigné de la penſée impie d'affoiblir l'Egliſe, ou d'affliger ſes Miniſtres; que ma ſincere intention a été, tout au contraire, de rendre un ſervice important à la Religion, en banniſſant du cœur de ſes Miniſtres, les paſſions humaines, qui, trop ſouvent, y étouffent le feu ſacré dont ils doivent avoir la plénitude.

Il ne m'appartient pas de détailler les devoirs de

mes peres & de mes maîtres, & ce travail feroit inutile. Quand ils feront rendus tout entiers à leur faint
miniftere, & qu'ils n'auront d'autre efprit que celui de
leur état, ils connoîtront mieux que moi ces devoirs,
& les rempliront avec un zele vraiment apoftolique.

Je ne crains point la cenfure de ceux d'entre eux,
qui connoiffent & aiment la Religion. Les clameurs des
autres feront l'éloge de mes principes, & leurs ana-
thêmes fe changeront en bénédictions devant celui qui
fonde les cœurs.

FIN DU TOME CINQUIEME.